电子教材的教学适用性研究
实践与展望

龚朝花 著

清华大学出版社
北 京

内容简介

新冠肺炎疫情防控期间，教育部倡导各大中小学校实施“停课不停学”的举措，鉴此，重新审视电子教材的教学适用性，具有重要的实践意义。本书主要内容包含：电子教材的涉众认知研究；电子教材的课堂教学潜在障碍研究；电子教材的课堂容量及行为研究；基于iPad的电子教材课堂教学应用实践研究；利用电子教材开展有效翻转课堂教学研究；基于微视频的电子教材对学习者心智游移的影响研究；适应智能时代的电子教材研发及实施展望。本书探讨了电子教材借助人工智能相关技术如何助力智能教育发展，探究电子教材的教学适用性为规模化使用电子教材提供实践参考依据。

本书既可以作为教育技术学专业学生的教学材料，也可以为在职教师和培训相关人员提供参考。

图书在版编目(CIP)数据

电子教材的教学适用性研究：实践与展望/龚朝花著. —北京：清华大学出版社，2021.10
ISBN 978-7-302-59299-0

Ⅰ. ①电… Ⅱ. ①龚… Ⅲ. ①教材—数字化—适用性—研究—中国 Ⅳ. ①G423.3-39

中国版本图书馆CIP数据核字(2021)第203174号

责任编辑：刘 利
封面设计：常雪影
责任校对：李建庄
责任印制：宋 林

出版发行：清华大学出版社
网　　址：http://www.tup.com.cn，http://www.wqbook.com
地　　址：北京清华大学学研大厦A座　**邮　　编**：100084
社 总 机：010-62770175　**邮　　购**：010-83470111
投稿与读者服务：010-62776969，c-service@tup.tsinghua.edu.cn
质量反馈：010-62772015，zhiliang@tup.tsinghua.edu.cn
印 装 者：三河市龙大印装有限公司
经　　销：全国新华书店
开　　本：185mm×260mm　**印　　张**：12.25　**字　　数**：297千字
版　　次：2021年11月第1版　**印　　次**：2021年11月第1次印刷
印　　数：1～1000
定　　价：69.00元

产品编号：091290-01

前言

FOREWORD

"互联网＋教育"理念正在引领教育变革，而学习资源是变革的核心，尤其是新冠肺炎疫情期间实施"停课不停学"的举措，使得电子教材正在作为变革课堂教学方式的一种重要工具和资源发挥作用，如何应用电子教材应对后疫情时代的课堂常态化学习活动正成为课改关注的焦点。面对电子教材课堂应用的紧迫性，还存在许多阻碍因素。电子教材广泛应用存在着从数字化阅读到数字化学习的鸿沟，尚不能有效满足教育领域的专业需求。因此，电子教材深入教学实践，如何在智慧学习环境中发挥其功效，需要对实践中使用电子教材的学与教微观问题进行细致研究。

教材作为课程的重要组成部分，其先导性和基础性作用日益突出。传统纸质教材在走向具体的教育情境时，其所固有的稳定性、封闭性和静态性与现代教育情境的多样性、开放性和动态性之间存在的必然冲突和矛盾日益显著。2019年爆发的新冠肺炎疫情给原有的教材形态与教学方式带来了极大影响。为响应教育部"停课不停学"号召，各级教育主管部门、学校和相关教育服务机构为广大学生提供在线教育方式，实现"人人皆学、处处能学、时时可学"的教育环境，这对当前的教材形态带来根本冲击，适合数字一代的电子教材成为未来教材建设的趋势。后疫情时代电子教材的普及应用还面临一系列教学与技术难题。因此，我们重新梳理和审视电子教材的教学适用性研究，必将为当前教育教学改革提供实践价值。

本书各章包含的主要内容如下：

第1章绪论。主要介绍了电子教材走进课堂教学的社会背景和时代诉求，并对电子教材教学适用性研究目标、思路、内容、方法和意义进行了阐述，交代了本书的总体写作框架。

第2章文献综述。主要从学理层面分析了当前教材研究的诸多方面，并梳理了电子教材的发展历史和国际上开展电子教材研究取得的相关成果；从理论层面夯实了研究电子教材的基础。

第3章电子教材的涉众认知研究。采用访谈和问卷的方式调查教师、学生、家长、专家、管理者、教材出版社等群体对电子教材的内涵、功能特征、使用需求、优势以及面临的挑战等方面的观点。教师、学生和家长对于电子教材应用普遍关注两个问题，即师生在课堂中是否能够流畅地使用电子教材，以及使用电子教材的课堂教学活动能否促进学生有效学习。

第4章电子教材的课堂教学潜在障碍及影响研究。从技术障碍、教师使用电子教材体验、学生使用电子教材体验和课前准备面临的挑战四个维度对电子教材应用于课堂的潜在障碍进行了深入研究，结果表明，那些对纸质教材课堂教学习惯的依赖较弱，而且还具有较高的技术操作技能的教师比较容易满意于电子教材的课堂教学效果。学生的信息素养以及对电子教材课堂的好奇心，使得他们对电子教材课堂具有较高的满意度。为了更好地满足师生教学需求，有着丰富教学设计经验的教师能够更好地完成电子教材课前准备任务。

第5章电子教材的课堂容量及行为研究。研究对电子教材的课堂活动量、课堂行为和技术角色等进行界定和深入分析，从有效学习视角比较了在技术丰富的教室中实施电子教材课堂教学与纸质教材课堂教学的差异。结果表明，就课堂教学活动量来说，电子教材课堂教学中有效完成的课时数比例高于纸质教材课堂。从课堂行为来看，在电子教材课堂中，教师行为所占用的时间低于其在纸质教材课堂中的时间，且学生在电子教材课堂中参与课堂活动的主动性和积极性明显提高，参与小组合作学习的时间显著增加。研究还发现，新媒体技术在内容呈现、环境管理、资源访问、实时交互等方面对电子教材课堂活动的有效实施发挥了重要作用。

第6章基于iPad的电子教材课堂教学应用实践研究。研究探索了三种教材应用情境下电子教材对日常课堂教学过程及结果产生的影响，即在常态课中独立使用电子教材、在常态课中混合使用电子教材与纸质教材和独立使用纸质教材进行常态课教学。研究结果表明，尽管是否采用电子教材对学生的成绩没有显著的影响，但学生在电子教材课堂中的自我效能感和满意度显著高于对应的纸质教材课堂。研究提出的iPad电子教材融入日常课堂教学的使用建议将为未来开展电子教材的课堂教学提供理论依据和实践基础。

第7章利用电子教材开展有效翻转课堂教学研究。研究采用电子教材与翻转课堂结合的方式，从课堂过程和课堂结果两个层面围绕学生的学习结果、学习动机、学习态度、电子教材的教学功能、电子教材支撑环境下的翻转课堂优势和面临的问题进行了探索。研究表明，利用电子教材开展翻转课堂教学可实现新型线上线下教学闭环模式。

第8章基于微视频的电子教材对学习者心智游移的影响研究。微视频是电子教材的重要组成部分。目前人们对学习者微视频学习过程中的注意力状态认识不够全面和深入。基于此，通过两个小研究探索微视频类电子教材对学习者的心智游移影响，研究一比较了交互功能支持下的微视频自主学习活动和常规微视频下的自主学习活动之间的差异。结果表明，学习者在微视频电子教材学习过程中都会发生与任务无关的心智游移现象，但交互功能支持的微视频组发生心智游移频次显著低于常规组。在学习绩效方面，心智游移与学习绩效呈显著负相关。研究二探究学习者在微视频学习中的心智游移发生过程及特征。实验结果表明，学习经验越强，心智游移越不容易发生。心智游移容易发生在视频中人物角色是虚拟的情况，且在出现托脸、打哈欠这样的表情时，学习者有很大概率出现了心智游移。

第9章适应智能时代的电子教材研发及实施展望。从多技术融合环境的电子教材设计原则、设计方法、开发流程和常态化实施模式等方面进行了阐述，并通过一些典型案例阐释了未来的电子教材样态。

本书特色：

第一，从学生、教师、家长、专家、管理者等较大范围的涉众群体对电子教材的认知，较为全面地考察其内涵、特征和功能，为电子教材的设计提供了切合性保障。

第二，从技术环境、师生对电子教材的用户体验和课前准备来考察电子教材应用于课堂教学的可行性及潜在障碍，形成了一种考察信息技术在课堂教学中应用有效性的分析方法。

第三，以学生共同参与的有效学习活动作为考察课堂活动和行为的基础，提出了课堂活动量的计算方法和一种课堂行为分析框架。

第四，从课堂实践探索电子教材对教学模式和影响学生心智的应用价值，为科学考察与肯定电子教材的教学功能和潜在课堂成效提供实践证据。

第五，从电子教材形态的典型案例挖掘出适合智能时代的电子教材设计、开发及应用一体化操作方式，为后疫情时代规模化使用电子教材提供实施路径。

最后，本书在策划过程中，得到了西南大学学生位凯强、刘小会、王正等的支持，他们参与了本书部分实验材料的准备；在书稿最后写作阶段，得到了西南大学教育技术学硕士生熊天爱的支持，她参与查找了1万字左右的案例材料，并校对了书稿。此外，我们还得到了西南大学教育技术学博士生农李巧，本科生周明艳和周海燕的支持，她们参与了本书图片和格式校对。

本书在出版过程中获得以下项目资助：2019年度教育部人文社会科学研究一般项目(青年基金项目)“基于多模态特征数据的学习者心智游移状态智能监测方法研究”(项目编号：19YJC880026)；重庆市教育科学“十三五”规划2017年度重点委托课题“区域教育信息化影响高等教育现代化的内涵及路径研究”(项目编号：2017-WT-01)；西南大学教育学部青年教师专著出版基金。在此表示衷心感谢！

撰写这样一本书需要付出大量的努力，耗费相当多的时间和精力。但限于水平，恐怕仍难免有疏漏不当之处，敬请读者朋友批评指正！

CONTENTS

第1章

绪　论

1.1　研究背景

1.1.1　“互联网＋教育”时代学与教方式变革迫在眉睫

2015 年 3 月 5 日，李克强总理在政府工作报告中首次提出制定“互联网＋”行动计划，“互联网＋”概念的提出，意味着越来越多的传统行业需要拥抱互联网。“互联网＋教育”也将使我国教育经历一场由互联网及其移动终端主导的深刻变革，“一块黑板＋一本教材＋一支粉笔”的传统教育模式正逐渐发生转变。互联网对教育模式的变革已经超越了传统的工具论，而是正在作为一种创新思维和文化，融入学与教方式中。“互联网＋教育”是信息技术推动下的转型升级，从思想源泉和变革途径两方面支撑起教育信息化进入 2.0 时代。2018 年 4 月，教育部提出的教育信息化 2.0 行动计划指出，到 2022 年基本实现“三全两高一大”[1]的发展目标，进一步强调未来技术与教育深度融合的发展关键方向之一就是优质数字资源内容在教与学中的常态化应用。

据工信部介绍，截至 2020 年 9 月底，我国累计开通 5G 基站达 69 万个，基本实现地市级城市的 5G 覆盖，已有 1.6 亿个终端连接到 5G 网络上[2]。中国互联网络信息中心(CNNIC)2020 年发布的第 46 次《中国互联网络发展状况统计报告》显示，截至 2020 年 6 月底，中国网民规模达到 9.40 亿，其中在线教育用户规模达 3.81 亿，互联网普及率达 67%[3]。为此，在这种时代背景下出现了一种“新”的学生，他们被形象地称为“数字一代”(Digital Generation)或“数字土著”(Digital Natives)[4]。我们不能忽视今天的学生，从幼儿园到大学，他们的生活被电脑、视频游戏、数字音乐播放器、手机和其他数字时代的产品包围着，并经常使用。他们具有如下典型特征：接收海量信息，擅长多任务并行处理，参与快捷的网上互动与反馈，对电脑的熟悉程度超过纸质教科书。

由于成长环境不同，对于年轻的“数字土著”一代，信息技术正在持续地改变着他们的基本思维方式和获取知识的方式[5]；同时，未来要面对的信息化社会对他们的综合素质和学习能力提出了新的要求。这将给传统学习方式带来巨大冲击[6]，促使学习方式以适应信息时代学生发展的需要。人们普遍认为信息化学习方式将是未来学习方式发展的主流趋势[7,8]。面对这样一种趋势，现有的课程教材面临巨大挑战[9]。一些发达国家认识到：在21世纪，教育信息化对于国家发展的作用巨大，他们已经在课程教学方面进行了相应改革。为此，我国教育现行的课程体系和教学内容必须进行相应的改革。当然，在谈论教学改革时，必须认识到一个基本事实：不深入课堂、不能改变课堂教学的教育改革充其量是"只开花不结果的树"[10]。

1.1.2 纸质教材在适应信息化学习方式中存在不足

早在1964年，著名的媒介研究学者马歇尔·麦克卢汉(Marshall Mcluhan)在《理解媒介：人体的延伸》一书中就指出图像时代已经来临。图像时代与之前的文字时代相比，最重要的变化就是出现了一批以阅读图像为主的"图像人"。"图像人"把更多的阅读时间用于观看电视、电影、电脑游戏和卡通漫画等，而不再是以阅读文字为主。可见，图像时代将引起人们的阅读习惯发生嬗变，从原来的习惯于文字语言阅读转向对图像语言阅读的依赖，图像将取代文字成为建构心智的主要资源[11]。在当前，以期刊、图书、视频、音乐、动画等数字化内容为核心的阅读内容为人们提供了多元化的阅读体验，促使人们的阅读方式和阅读内容变得越来越丰富和个性化。

各国教育信息化项目实践研究已经表明，信息技术在中小学校的应用经历了计算机教育、信息技术教育、基于资源交互的研究性学习活动和跨学科综合实践活动等几个阶段的变迁，而最终面临最艰难的领域将是信息技术与各类学科课程日常教学的深度融合，即在常态课的教学中深度融入信息技术。如何使千百万的中小学教师在每一天的常态课堂面授教学中实现信息化，是21世纪全球基础教育改革和发展面临的重大课题[12]。随着信息技术不断走进课堂，在支持信息技术与课程深度融合的过程中，纸质教材已面临如下问题[13]：

(1) 在教材设计理念上，重视教师的"教"而忽略了学生的"学"。

(2) 教材内容不新颖。处于知识爆炸的世界，科学技术与信息技术急速地发展，纸质教材却不能将这些知识内容随时编入，致使教材的知识内容瞬息便会陈旧不适用。

(3) 教材呈现形式单一，忽视学生的个体差异。纸质教材大都是为中等程度学生编写的，不能满足学生的个性化需求。因此，学习能力弱的学生赶不上进度，学习困难；学习能力强的学生则觉得太肤浅，感到无聊厌烦。

(4) 教材容量有限。在篇幅有限的情况下，可容纳的内容非常有限。

(5) 教材的呈现主要是静态的图文，无法很好整合视频、音频等动态媒体，即使随书有配套的在线教学资源，也因缺乏整体连贯性而效果不佳。

教材的呈现方式在很大程度上决定了教师怎样教和学生怎样学，引导着学生的学习方式和教师的教学方式，影响着学生的学习和发展[14]。纸质教材在走向具体的教育情境时，它所固有的稳定性、封闭性、静态性与现代教育情境的多样性、开放性、动态性之间存在的必然冲突和矛盾却日益显著[15]。现代心理学的研究结果也表明，学生的学习过程不是简单的接受，课堂教学过程也不只是在教材—教师—学生之间进行的单向传递，而应该是在教师、教材、学生和学习环境之间进行的多向互动与探究的过程。为此，为顺应数字一代对信息化学习方式的需求，教材的建设工作被逐渐提上日程。

1.1.3　电子教材是适应信息化学习方式的一种必然趋势

当前，我们不能忽略的事实是，电子书的应用推广速度越来越快。2007 年 11 月，全球最大网络书城亚马逊（Amazon）推出电子书阅读器 Kindle。Kindle 推出后，从原先仅有 9 万册电子书快速增加到 30 万册。在 2009 年推出的第二代电子书阅读器 Kindle DX，其具有接近纸质教材的阅读体验，且有亚马逊书店几百万本图书的支持，受到许多用户的青睐。苹果公司创建了拥有数百万本的 iBooks 电子图书王国。当前电子书正在从单一媒体（simple eBook）走向富媒体（rich eBook）发展时代，在这种新媒体时代电子书快速发展的背景下，学生可以在自己需要学习的任何时间、任何地点，通过手持式移动设备和无线通信网络获取学习资源，与他人交流和学习，一浪又一浪的数字技术发展高潮推动了电子书不断向教育领域渗透，引起了新时期电子教材研究热潮。

美国、韩国、日本、新加坡等发达国家已经在探索和关注电子教材给教学改革带来的益处。在我国，早在“十二五教育信息化”规划中，北京、上海等地的规划纲要中就纳入了电子教材和电子书包作为研究项目。比如与电子教材相关的主要计划有：①2010 年 6 月，上海市教委表示将率先试点电子课本项目，力争五年内覆盖上海市的全部中小学校。②2010 年 7 月，国务院颁布了《国家中长期教育改革和发展规划纲要（2010—2020 年）》，其中第六十条明确指出要强化信息技术的应用，鼓励学生利用信息手段主动学习、自主学习。③2010 年 9 月，国家教育部基础教育二司组织召开“电子教材和电纸书在教育领域的应用前景专家研讨会”，委托北京师范大学开展课题研讨我国电子教材研发的框架和发展路径，制定实验方案。④2010 年 10 月，新闻出版总署下发《新闻出版总署关于发展电子书产业的意见》文件，决定成立电子书内容标准工作组，研究制定电子书格式、质量、平台、版权等方面的国家标准，将对从事电子书相关业务的企业实施分类审批和管理。⑤2010 年 11 月，全国信息技术标准化技术委员会和教育部教育信息化技术标准委员会联合成立了“电子课本与电子书包”标准专题组，将联合相关企业和研究机构共同研制电子课本与电子书包相关的技术标准。⑥2012 年 9 月，ISO/IEC JTC1/SC36（信息技术学习、教育和培训）第 25 届全体会议及工作组会议在韩国召开，中国代表团主持的“电子课本标准”项目顺利推进，标准类型由国际标准改为技术报告。⑦2020 年以来，受新冠肺炎疫情影响，教育部提出“停课不停学”工作思路，各级教育部门积极响应，开展在线教学活动。教育部教材局在 2020 年 2 月 14 日统一公布了各中小学教材编写出版单位提供的免费电子教材链接。此次电子教材包含的学科达到 27 门，版本数量为 96 种，可见电子教材的普及推广非常迅速，且规模庞大。以英语学科来说，就达到了全学段、多版本的全覆盖，具体如表 1-1 所示。

表 1-1　教育部在 2020 年公布的免费电子教材汇总（以英语为例）

学　段	年　级	版　本
小学	3～6 年级	北京出版社
小学	3～6 年级	北京出版社
小学	3～6 年级	北京师范大学出版社
小学	3～6 年级	重庆大学出版社
小学	3～6 年级	福建教育出版社
小学	3～6 年级	广东人民出版社

续表

学 段	年 级	版 本
小学	1～6 年级	河北教育出版社 (一年级起始)
小学	3～6 年级	河北教育出版社 (三年级起始)
小学	3～6 年级	湖南少年儿童出版社
小学	3～6 年级	教育科学出版社
小学	3～6 年级	教育科学出版社(EEC)
小学	3～6 年级	接力出版社
小学	3～6 年级	科学普及出版社
小学	3～6 年级	辽宁师范大学出版社
小学	1～6 年级	清华大学出版社
小学	1～6 年级	人民教育出版社 (一年级起始)
小学	3～6 年级	人民教育出版社 (三年级起始)
小学	3～6 年级	人民教育出版社 (三年级起始，精通)
小学	3～6 年级	山东教育出版社、湖南教育出版社
小学	3～6 年级	陕西旅游出版社
小学	3～6 年级	上海教育出版社
小学	3～6 年级	四川教育出版社
小学	1～6 年级	外语教学与研究出版社 (一年级起始，陈琳主编)
小学	3～6 年级	外语教学与研究出版社 (三年级起始，陈琳主编)
小学	3～6 年级	外语教学与研究出版社 (三年级起点，刘兆义主编)
小学	3～6 年级	译林出版社
初中	7～9 年级	北京师范大学出版社
初中	7～9 年级	河北教育出版社
初中	7～9 年级	科学普及出版社
初中	7～9 年级	人民教育出版社
初中	7～9 年级	上海教育出版社
初中	7～9 年级	上海外语教育出版社
初中	7～9 年级	外语教学与研究出版社
初中	7～9 年级	译林出版社
五四学制	3～5 年级	山东科学技术出版社
五四学制	6～9 年级	山东教育出版社
高中	高中年级	人民教育出版社
高中	高中年级	北京师范大学出版社
高中	高中年级	外语教学与研究出版社
高中	高中年级	译林出版社

续表

学 段	年 级	版 本
高中	高中年级	河北教育出版社
高中	高中年级	重庆大学出版社
	高中年级	
高中	高中年级	教育科学出版社
小学	3～4 年级（含低视力学生使用）	人民教育出版社

综上可以看出，电子教材在国内掀起了研究热潮，主要发达国家及我国的科研人员、政府部门、设备厂商、出版单位等都对电子教材表现出极大的热情，希望顺应数字时代的发展，借助电子教材提升教育质量。为此，研究人员需要对电子教材相关领域进行系统的研究。

1.2 问题提出

迈克尔·富兰(Michael Fullan)在探讨“实践中的变革”时指出，实施任何一种新的课程计划或政策至少有三个要素：使用新的教学材料、使用新的教学方法和改变教学观念。当前在教学实践层面，一些研究者认为课程标准与教学实施存在“两张皮”现象，比如目标与标准的偏差，教学活动与课程标准的脱节，有效课堂教学评价的缺失[16]。笔者曾有幸参与教育部基础教育二司委托课题“我国电子教材发展战略研究”和北京师范大学自主科研基金重大项目“电子教材(e-Textbook)的开发技术及适用性实验研究”，这两个项目通过对电子教材的需求进行调研，并探索电子教材在何种范围，以何种方式、何种进程进入课堂教学领域，为国家制定电子教材的相关政策提供支持。

自从进入电子教材课题组后，笔者发现支持电子教材的终端设备和软件产业有了很大的进步与创新，研究者从学理层面探索电子教材的诸多优势促使其成为未来教育发展的一种趋势。电子教材所具有的突出优势和使用愿景主要体现在两个层面，如图 1-1 所示。

图 1-1 电子教材的突出优势与使用愿景

(1) 学习心理层面：①用电子教材进行教学，可以更好地开展合作学习、发现学习等学习活动；②个性化教学可了解学生个体学习状况，有利于因材施教；③通过高互动教学加强师生、家校间的沟通与互动；④培养学生的信息素养和 21 世纪技能；⑤具有动机诱导作用，可激发竞争兴趣，维持学生的学习；⑥不受时空限制的主动学习，能够增加学习机会；⑦培养学生终身自我学习的能力。

(2) 硬件设备层面：①减轻学生书包重量的负担；②扩充性高且适用性广，可大量存储学习资料,快速索引搜索,多媒体的交换运用以及互动式的双向学习；③打破学习时空限制,提供移动和高互动学习环境；④节省纸张更环保；⑤多媒体教学,以配合学生的多元智慧；⑥提供特殊功能以教育和帮助特殊学生；⑦提供个性化学习设置,针对不同使用习惯改变显示内容。此外,使用电子教材可更好地整合教育资源,改善教育水平,提高学校和学生的竞争力,节省教育经费等。电子教材既可在硬件设备上阅读,也可下载或按章打印。

尽管在新冠肺炎疫情期间在各级各类学校对电子教材进行了应急尝试,然而电子教材要想规模化进入学校课堂教学中作为常态化使用,还有一些问题需要解决[17],这也使得当前一些与教材相关的群体(教材设计者、研究者、使用者等)对电子教材能否作为学生课堂学习使用的课本还存在一些疑问,对新时期电子教材如何进入课堂、引领信息化学习方式等问题至今尚未达成共识,也未找到突破口。为此,电子教材的教学适用性问题就是急需研究的课题。本书致力于从实践层面探索电子教材的教学适用性,并对未来电子教材发展提出展望,主要包含以下几个研究子问题：①面对电子教材的发展趋势,教材涉众是如何认知电子教材的？②电子教材如何进入课堂,将面临哪些潜在障碍？③从有效学习视角来说,使用电子教材的课堂与传统课堂有怎样的区别？将带来哪些新变化？④电子教材融入日常课堂教学将有哪些实践价值？⑤电子教材使用过程中学习者注意力和心智状态如何？⑥适应智慧学习环境中的电子教材如何研发？有哪些新样态？

1.3 关键概念

1.3.1 电子教材

电子教材是一类遵循学生阅读规律、利于组织学习活动、符合课程目标要求、按图书风格编排的电子书或电子读物。遵循学生阅读规律,要求电子教材的内容呈现、软件功能和阅读终端操作符合学生阅读习惯；利于组织学习活动,要求电子教材提供课后习题、作业和随文笔记等功能以支持教学活动；符合课程目标,要求电子教材满足课程标准、教学大纲、教材编写规范等；按图书风格编排,要求电子教材在结构编排上接近传统书籍风格。从组成要素来看,电子教材包含“内容＋软件＋终端”三部分；从实践角度来看,电子教材可理解为一种符合教育教学规律的教学资源包,内容结构表现形式包含课文、插图(静态和动态)、习题、实验、注释等,在此基础上整合多种支持阅读和教学的辅助工具,如字典、计算器、笔记本、参考书等[18]。

1.3.2 教学适用性

关于适用性的理解,新华字典(1990 年版本)指出,“适用”是指“符合客观条件的要求,适合应用”。在质量管理领域,质量管理大师约瑟夫·莫西·朱兰(Joseph M. Juran)博士指出质量就是适用性。他指出影响一件新产品的适用性,实际上有两个相互关联的方面需要考虑：一是技术要素,产品特征将如何发挥功能；二是人的要素,顾客从使用产品中得到的益处,它们构成了适用性的基础。还有学者认为,适用性是指一种产品在其使用过程中对客户要求满足的程度。2000 年,ISO9000 把产品适用性理解为产品的固有特性满足顾客需要的程度。因此,适用性主要指人们对一种产品提出的“使用要求”被满足的程度。它包含两层含义：第一，需要了解使用者、环境等客观条件的要求；第二，在使用过程中用户要求被满足的程度。本研究考察电子教材的教学适用性，其中教学适用性特指电子教材应用于课堂教学的可行性、潜在障碍及其对课堂容量与行为的转变带来的影响，以及电子教材对课堂带来的价值，对学习者注意力和心智状态的影响等。

1.3.3 涉众认知

涉众，英文为“stakeholders”，这个概念在经济学领域一般被翻译为“利益相关者”。关于涉众的定义，有研究者把涉众界定为“能影响组织行为、决策、活动或目标的人或团体，或是受组织行为、决策、政策、活动或目标影响的人或团体。”本书从教材的应用情境出发，认为电子教材的涉众主要包含教师、学生、家长、政府官员、专家和教材出版社。“认知”一词起源于心理学，它作为心理学中的重要概念，主要指个体进行的认识活动，即个体对信息进行一系列加工处理的过程。本研究的涉众认知是从社会认知视角来理解，指的是教师、学生、家长、政府官员、专家等在实际调查过程中表现出来的对电子教材的内涵、功能特征、使用需求、潜在优势和挑战等一系列问题的看法。

1.3.4 潜在障碍

《现代汉语词典》解释“障碍”指挡住道路，使不能顺利通过。2001 年，世界卫生组织《国际功能、残疾和健康分类》中将障碍称为“参与限制”。本研究主要指阻碍或约束电子教材课堂教学正常进行的各种影响因素。就电子教材应用于课堂教学的障碍分析维度，本书特指从课前准备、技术环境和师生用户体验三个维度来分析电子教材应用于真实课堂情景所带来的影响。

1.3.5 有效学习活动

通常一个完整的学习活动包含学习目标、学习任务、学习操作步骤和过程方法、角色和任务分工、学习活动组织形式、学习成果形式、活动过程监管规则、学习评价规则和评价标准等要素。本研究的有效学习活动是相对学习者来说的，指的是学习者在教师的指导下，运用恰当的学习方法，在规定的时间内完成学习任务，达成学习目标的过程。

1.3.6 心智游移

认知心理学界认为一些注意力不集中现象通常反映出人们会不自觉地将注意力转移到与当前环境或任务无关的一些内部思维、想象或体验中去，并把这种现象称为“心智游移”(mind wandering，MW)，俗称“走神”。心智游移的产生常伴随注意力转换，被看作一种注意解离状态。当个体发生心智游移时，其注意力通常会从外界知觉信息加工过程中分离，转向内部思维和感受。实验者通常把这种内部思维和感受分为两种状态：一种称为与当前“任务相关思维”(task related thought，TRT)活动，包含与任务相关的各种认知活动；另一种称为“任务无关思维”(task unrelated thought，TUT)活动，指与当前任务无关的内部意识体验，如大脑突然闪现某个情节。TUT 表明注意力已经从当前任务中解离出来，并出现对当前任务加工深度的减弱甚至中止状态，是心智游移的一种重要表现。由此可见，心智游移是一种注意力偏离正在进行的任务目标转向加工大脑内部信息的心理过程。

1.3.7 智慧学习环境

智慧学习环境是一种能感知学习情景，识别学习者特征，提供合适的学习资源与便利的互动工具，自动记录学习过程和评测学习成果，以促进学习者有效学习的学习场所或活动空间[19]。它能够实现物理环境与虚拟环境的融合，能更好地提供适应学习者个性特征的学习支持和服务。

1.4 研究目标

本书旨在通过调查研究，了解教材涉众对电子教材的认知，获取他们对电子教材的功能、特征、使用需求、优势与面临的挑战等方面的观点；并以此为依据，在真实课堂情境下考察电子教材应用于课堂教学的可行性及面临的潜在障碍，进而从有效学习视角，考察电子教材的课堂容量和课堂行为的变化，以及电子教材给真实课堂带来的实践价值，学习者使用电子教材其注意力和心智状态有什么变化等；通过多种研究途径探索电子教材的教学适用性，并对电子教材的未来发展进行展望。

1.5 研究思路

本系列研究思路以探索利用电子教材促进学与教方式发生转变为目的，首先，通过调查研究获取教材涉众对电子教材的认知，为电子教材能否进入课堂开展实验研究提供重要依据；其次，从电子教材的课堂教学潜在障碍考察电子教材应用于课堂的可行性及面临的潜在问题；再次，从有效学习视角考察电子教材的课堂容量和课堂行为等发生的转变；此外，从课堂实践探讨电子教材价值以及对学习者心智状态的影响；最后，展望电子教材的未来发展趋势。由这些研究成果集成的电子教材教学适用性结论，将为以后的研究者、实践者和设计者等在课堂教学中推广应用电子教材提供一些有价值的参考建议。

1.6 研究方法

选择恰当的研究方法通常是依据研究目的和研究性质而定的。当前从实证角度考察与课堂教学相关的研究有多种可选的研究方法。不同的方法各有优劣，可获得不同的研究发现。值得留意的是，单一的研究方法并不足以捕捉本研究所考察的电子教材的教学适用性的丰富性，为此，本系列研究整合多样方法以促进研究者和实验对象进行深度交流。

基于上述考虑，研究主要采用混合式研究设计方法，通过多种途径收集数据，以服务于不同研究阶段的中心问题。这些方法包含访谈法、问卷调查法、课堂观察法和内容分析法。

1.6.1 访谈法

访谈法是常用的社会科学研究方法，社会科学研究社会现象离不开对人的调查，访谈法可以对人的行为及其心理因素进行调查。因此，访谈法是访谈者通过对访谈对象进行调查，有目的、有计划地搜集研究对象的材料，从而形成科学认识的一种研究方法。访谈法的基本程序一般包括：

(1) 明确访谈目的、必要性和可行性。在访谈之前研究者首先应该提出一些研究问题或假设，通过访谈的形式收集数据信息来解决研究问题或证明研究假设。

(2) 拟定访谈计划，做好访谈的准备工作，包含培训人员、准备访谈器材等。

(3) 进行预访谈，得到访谈对象的一般认识，修改访谈提纲及工作方案。

(4) 实施正式访谈。

(5) 整理访谈数据，分析访谈结果，得出访谈结论。

本系列研究子问题的调查，普遍采用了访谈法。如第 3 章的研究问题通过访谈的方式对中小学教师、学生、家长、政府官员、专家、教材出版社等相关人员和机构进行了深度访谈。第 4 章和第 5 章的研究问题对参与实验的教师和学生进行了半结构化的访谈。

1.6.2 问卷调查法

问卷调查法也是一种常用的社会科学研究方法，它是通过书面形式间接搜集研究材料，可作为测量个人行为和态度倾向的手段，对态度倾向的测量较多采用李克特量表(Likert Scale)作为测试工具。问卷类型通常包含结构化问卷和开放式问卷，一般来说，问卷的设计和问卷调查的实施是两个重要的步骤。

问卷设计的质量直接影响问卷调查的效果，一般来说，问卷设计包含以下几个步骤：

(1) 确定调查的主题和问卷发放的对象。

(2) 确定问卷调查的具体内容。

(3) 设计表述问题题项的语句。

(4) 确定问题或语句的呈现方式与顺序。

(5) 试测，检测问卷的信效度，并进一步修订问卷。

问卷调查的实施需要考虑两个因素：问卷的回收率和问卷的有效率。对于回收的问卷必须认真审查，剔除无效问卷，以保证问卷调查结论的科学性。

书中提供有自编的问卷，调查了教师和学生对电子教材的认知，除此之外，还通过改编或直接采用已有的成熟量表对实验学校的学生进行调查，并收集学生在采用电子教材进行课堂学习后的有关数据进行分析处理。

1.6.3 课堂观察法

课堂观察法通常是通过感官或借助一定的设备，有目的、有计划地对自然条件下所出现的现象进行考察的一种数据收集方法。在课堂观察过程中，必须注意两个问题，即观察的客观性和全面性。观察的客观性是指观察者不能对观察对象带有偏见或个人感情色彩；观察的全面性指观察记录的过程应该保持完整，包含事物发展的全过程。

本研究中，课堂观察类型包含现场观摩教学(直接观察)和观察课堂实录(间接观察)。

进行结构化的观察通常不能包罗万象,需要根据研究目的设定观察记录的对象和界定观察范围,通常研究者在进行观察活动前会事先设计好结构化观察表格,把课堂观察时间划分为若干时间间隔,有选择性地记录师生的课堂教学双边活动、教学行为等。

1.6.4 内容分析法

内容分析法是社会学科领域的研究者借用自然科学进行定量分析的一种研究方法。明显、客观、系统和量化是它的四个典型特征。内容分析的步骤通常包含两方面的任务:第一是对一份内容材料进行量化分析;第二是选择一种分析模式,对量化分析获取的结果进行比较,通过定量的方式说明研究结果。通常内容分析的量化处理步骤包含内容抽样、评判记录和信度分析。

内容分析的信度指两个以上研究人员对相同类目判断的一致性程度,它将直接影响内容分析的效果。通常,内容分析的信度公式如下:

(1) 相互同意度

$$P = 2M/(N_1 + N_2) \tag{1-1}$$

其中:P 为相互同意度;M 为完全同意数目;N_1 为第一位编码员应有的同意数目;N_2 为第二位编码员应有的同意数目。

(2) 信度$= n * P/(1 + (N-1) * P')$ (1-2)

其中:n 为评分员人数;P 为相互同意度;P'为平均相互同意度。

值得注意的是,在进行内容分析时,需要提前制定好内容分析类目表格,不能一边分析,一边适应性地修改补充类目分析表格。类目分析要有明确的界定,避免对分析单元的判断出现模棱两可的情况,导致类目之间出现重叠的现象。分析方法必须保证每一个分析单元都有一个归口,不能出现有一些分析单元无法放置的现象。

1.7 研究意义

美国学者托马斯·库恩(Thomas Kuhn)认为“任何一门科学中第一个范式兴起的附带现象,就是对于教科书的依赖。”本书涉及的系列研究旨在探索电子教材的教学适用性,研究意义体现在以下几方面。

第一,为国家课程教材改革方向提供有价值的参考。国家课程教材改革历来是教育改革的一个核心问题。电子教材的教学适用性研究,对于教育主管部门、社会公众正确把握未来教材改革方向具有重要的现实意义和参考价值。

第二,探索促进教与学方式转变的重要途径。众所周知,我国学校传统的教与学的方式,仍以被动接受式为主要特征。具体表现为:课堂上以教师讲授为主,学生自主探究、合作讨论的学习活动很少;教师布置的作业多是与知识记忆相关的背诵或书面习题,而很少有观察、实验、探究、调查等实践性活动作业;学生在课堂上通常以一种被动、接受式的方式获取知识,这样的学习方式不利于培养学生主动学习的习惯。因此,探索利用电子教材改变学生的学习方式,促进学生主动、富有个性地学习,是课程改革的必然要求。电子教材具有的潜在优势为满足数字一代的学习需求提供了可能,有利于促进教与学方式发生转变。

第三,将有利于提升数字一代的学习质量。一般认为,高质量的学习存在几个典型的特征,如具有内在学习动机、灵活运用学习策略和深度认知加工活动等。在我国传统的课堂学习活动中,学生往往是在外部驱动或压力下强迫自己学习,课堂学习枯燥无味,很少能感受到学习的快乐。他们比较习惯于听教师讲、抄板书、做练习等学习方式。因此,电子教材富媒体、强交互等特征有利于激发学生的学习兴趣,提升学习动机,引发学生深层次思考,促使当代学生的学习更加轻松、投入和高效。

在当前课程改革的过程中,无论从课堂的教学实际看,还是从学生的学习要求、学习的本质属性看,电子教材的教学适用性对于转变学习方式和提升学习质量都具有特别重要的现实意义。

参考文献

[1] 教育信息化 2.0 行动计划[DB/OL]. http://www.moe.gov.cn/srcsite/A16/s3342/201804/t20180425_334188.html.

[2] 国新办举行网络扶贫行动实施情况新闻发布会[DB/OL]. http://www.scio.gov.cn/xwfbh/xwbfbh/wqfbh/42311/44157/index.htm. 2020-11-10.

[3] CNNIC(2020)第 46 次中国互联网络发展状况统计报告[DB/OL]. http://www.cnnic.net.cn/hlwfzyj/hlwxzbg/hlwtjbg/202009/P020200929546215182514.pdf. 2020-11-10.

[4] Prensky M. 胡智标,王凯. 数字土著数字移民[J]. 远程教育杂志,2009(2):48-50.

[5] 吕世虎. 新课程学习方式的变革[M]. 北京:中国人事出版社,2005:10.

[6] 何克抗. 我国教育信息化理论研究新进展[J]. 中国电化教育,2011(1):1-19.

[7] 黄荣怀,陈庚,张进宝,等. 论信息化学习方式及其数字资源形态[J]. 现代远程教育研究,2010(6):68-73.

[8] 黄荣怀,张晓英,陈桄,等. 面向信息化学习方式的电子教材设计与开发[J]. 开放教育研究,2012(3):27-33.

[9] 费朗索瓦·玛丽·热拉尔,易克萨维耶,罗日叶. 为了学习的教科书编写、评估、使用[M]. 汪凌,周振平,译. 上海:华东师范大学出版社,2009:96-101.

[10] 孙卫国. 数字化聚合环境中的课堂教学研究[D]. 上海:华东师范大学,2007:10.

[11] 李政涛,吴玉如. 新基础教育语文教学改革指导纲要[M]. 广西:广西师范大学出版社,2009:5.

[12] 丁兴富. 基础教育信息化的突破口:从校校通到班班通——革新课堂教与学的新生代技术[J]. 电化教育研究,2004(11):8-12.

[13] 黄显华,霍秉坤. 寻找课程论和教科书设计的理论基础(增订版)[M]. 北京:人民教育出版社,2005:113.

[14] 高凌飚. 基础教育教材评价:理论与工具[M]. 北京:人民教育出版社,2002:62.

[15] 王俊宏. 电子教材:信息时代教科书设计的新形态[J]. 中国教育信息化(基础教育),2011(2):91-92.

[16] 李锋. 我国课程标准与教学实施一致性的现状、反思及策略[J]. 课程·教材·教法,2012(8):9-14.

[17] Davy T. E-textbooks: opportunities, innovations, distractions and dilemmas [DB/OL]. http://uksg.metapress.com/media/4gpnwgwvrgxbb8xh8r4h/contributions/9/y/8/0/9y80hac8w4ynmnm9.pdf. 2011-4-10.

[18] 陈桄,龚朝花,黄荣怀. 电子教材的概念、特征及关键技术问题[J]. 开放教育研究,2012(2):28-32.

[19] 黄荣怀,杨俊锋,胡永斌. 从数字学习环境到智慧学习环境——学习环境的变革与趋势[J]. 开放教育研究,2012(1):75-84.

第2章

电子教材相关研究回顾与进展

为了解电子教材相关领域的研究成果,进一步确定研究重点,笔者对国内外相关领域的电子教材研究文献进行了检索和梳理。从教材研究、电子教材研究、教与学方式及其变革研究、理论基础研究四个方面对文献进行了梳理。

(1) 教材研究。对于用户而言,一种新事物能延续用户的使用习惯比创新功能体验更为重要。因此,我们从教材的内涵、结构、功能和使用方式等方面入手,重新审视并提炼教材的主要功能特征。研究结果对于发掘电子教材的核心功能和基本特征非常重要。

(2) 电子教材研究。电子教材是一种特定应用情境下的功能特殊的电子书,电子书教学应用的许多研究结论将是电子教材教学应用的重要参考来源。因此,我们首先跳出电子教材自身视野,从可谓“汗牛充栋”的电子书研究成果入手,从更大的电子教材应用视野理解电子教材的学术价值,着重梳理电子教材的发展脉络、重要研究项目和课堂教学探索的经验。

(3) 学与教方式及其变革研究。引入电子教材进入课堂教学系统的主要目的是为了促进教与学方式发生转变,使课堂学习活动更加有效。为此,我们梳理了当前教学方式、学习方式的研究成果,归纳整理了教与学方式变革的文献,这对于指导电子教材的课堂应用非常有必要。

(4) 理论基础研究。由于本书是探索电子教材这种新技术产物对课堂带来的影响,需要以技术革新课堂的相关理论作为有效支撑。为此我们试图从技术革新课堂的理论中寻找一个能支持电子教材教学适用性研究的理论支撑点。

2.1 教材相关研究

长久以来,教材一直是教室里师生教学互动的主要甚或唯一的依据,教材的内容几乎等于教师讲授与学生学习的全部。成立于 1967 年的美国教育产品信息交流协会(Educational Products Information Exchange Institute,简称 EPIE 协会)在 1976 年的研究结果显示,教室内有 90%的教学时间集中在教学材料的使用上,而其中三分之二的时间主要花在教科书上。通常，教师持有什么样的教科书本质观，基本上决定着他进行怎样的教育。如果教师将教科书仅仅看成是知识的载体，基本就进行“教师中心”“书本中心”“课堂中心”的教育教学；如果教师将教科书看成是经验，一般就开展“儿童中心”“直接经验中心”“活动中心”的教育教学。因此，从20世纪80年代以来，随着教科书本质观认识的不断演进，出现了“教学用书”“教学材料”“对话者”“社会经验”“活动本质观”等几种观点。对已有教材的深刻认识将有助于我们更加准确理解电子教材的教材本质属性。

2.1.1　教材的内涵

教材有广义和狭义之分(图2-1)，广义教材指教师和学生在课堂内外使用的所有教学材料，比如教科书、练习册、拓展资源、教学卡片、多媒体资源和活动手册等。通常凡是有利于增长学生知识和开发学生能力的一切教学材料都可称为教材。而狭义教材通常指教科书，也称为“课本”。由于人们习惯上喜欢把教科书称为教材，所以，为顺应人们的习惯，本书讨论的教材特取教材的狭义定义，称教科书(课本)为教材。那么，究竟何谓教科书？顾明远教授从教科书的服务对象、内容标准、基本结构、使用目的等方面给教科书下了定义。他认为教科书指的是根据各科教学大纲(课程标准)编写的教学用书，是师生教学的主要材料，是考核教学成绩的主要依据，是学生课外扩大知识领域的重要基础，通常按学年或学期分册，划分单元或章节。主要由课文、注释、插图、实验和习题等构成，其中课文是最基本的部分[1]。钟启泉教授指出教科书应体现国家意识形态，表明教科书应具有法律约束效应。因此，他把教科书界定为“学科课程范畴之中系统编制的教学用书”。教科书是学校教育中最重要的教材，是衡量一个国家或地区基础教育水准的重要标志[2]。关于教科书的结构，有研究者认为是指教材的组成部分及其形式。王策三在《教学论稿》一书中对教科书结构的认识侧重从编写体例来理解，指出教科书的表层结构包含教材目标、文本、作业、图表和附录等。

狭义教材:

广义教材:

图2-1　教材的分类

可见，教材概念涉及的外延比教科书宽泛，教科书只是教材家族中最基本、最主要的一种。综合上述观点，本研究把教科书界定为：以课程标准为基础，依据教学规律，经由经验丰富的专家编写，系统反映学科内容，通过权威组织审定的教学用书。它主要由课文、插图、习题、实验和注释等构成。教材为学生用的课本，它不同于学校教学工作中的其他教学用书，如教师用书、学生手册、学习指导书等。为此，不难看出教材与普通图书在内容表达方式上有本质区别，教学性是教材的本质属性，也是教材区别于其他图书的重要标志。教材的教学性主要是指教材内容与教学目标的吻合程度、与课程标准的吻合程度，以及内容的编排和表述对教学的影响程度[3]。它是人们按照一定教学目标，遵循教与学的规律进行有序编排，并持续发展着的科学理论和技术的知识系统，在教学活动中具有重要的地位和功能。

2.1.2 教材的功能

1. 教材的教学功能

在课堂教学环境中，教学是由诸多要素构成的非常复杂的动力性过程系统。通常，教学的结构包含四大要素——教师、学生、教材、教学媒体，如图 2-2 所示。这四个要素通过在教学过程中相互作用、相互联系，形成一个有机的整体。教材是其中最有代表性的、最基本的教学要素，其教学功能是教材满足教学需求的基本形态，它构成了教材的基本价值。简而言之，教材的主要教学功能包含如下几点[4-6]。

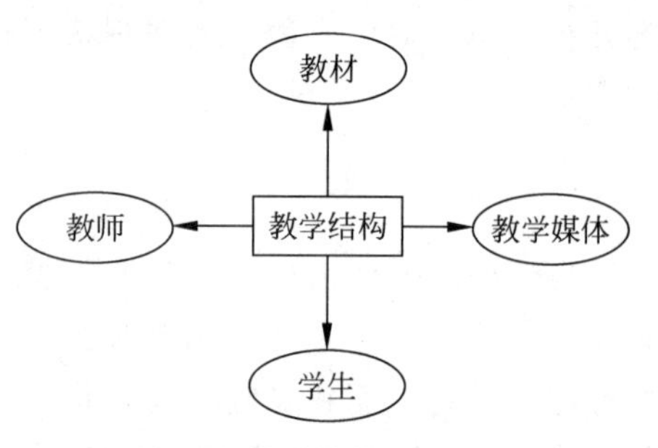

图 2-2 教学结构四大要素

(1) 从教材的教学属性出发，规定了学生应掌握的知识和技能体系，是重要的教学资源。从教材的教学资源功能出发，将以选择符合社会发展需要和学生身心健康发展需要的内容为基础。

(2) 教材规定了学生应培养的思想品德。教材中包含的知识直接或间接地以奠定学生正确的世界观为前提，贯穿有关政治和伦理道德等方面的认识、观念和规范。教材的教学政治功能尽管是间接作用于教学，但是对直接改善教学关系也意义重大。

(3) 教材是学生知识建构的重要工具。教材的教学工具功能与教学资源功能同样重要。教材是帮助学生实现深度阅读、搜集资料、进行图表学习等任务的重要资源。教材有抵制遗忘，促进知识迁移、知识重组，促进学习和培养学生能力的功能。

可见，在教学实践中，教材是设计和实施教学活动的最主要依据。它不仅是知识的载体，也是传递课程理念的重要工具，是选择和表达课程内容的主要媒介，是完成教学活动的最基本手段，多数教师几乎可以完全根据教材的内容顺序进行教学。因此，教材的功能需要超越知识，研究者应该重新审视教材的功能。另外，对于课程和教学来说，教材具有承上启下的功能。传递课程理念、表达教学内容、选择教学手段、实现教学目标等都需要教材设计者和使用者根据实际需求对教材功能进行重新定位。对于任何一本教材来说，会在这些功能之间有所侧重，实现方式也不完全相同。

2. 教材对教学模式的作用

教学模式是指“在一定的教育思想、教学理论和学习理论指导下的、在某种环境中展开的教学活动进程的稳定结构形式。”[7]教学模式对教材内容设计和栏目呈现方式具有限定作用，同样，教材的功能对教学模式也有限定作用。具体而言，表现在两个方面。

一方面，教材影响教学模式中的教学活动组织形式。教材内容来源和呈现方式约束了教学活动的组织形式。比如，有些内容适合独立自主学习，有些内容适合合作讨论学习，有些内容适合观察探究学习等。

另一方面，教材与课堂教学方法之间相互影响。教材作为重要的教学内容，将对师生的教学组织或教学方法带来重要影响。比如通过教学活动的方式来设计和组织教学内容，根据学生学习的实际需求来编排教材内容的顺序，将教材的知识传递和学习方法、情感态度的渗透结合起来，从教学模式和学习模式双重视角设计教材内容[8]。

2.1.3 师生教材使用方式研究

1. 学生与教材的互动方式

有研究者收集了来自大学校园租书店里的410本旧教材，经过考察后，总结了这些教材上的批注笔记形式，提出了与之对应的功能和作用(表2-1)。

表2-1 教材上不同批注形式与功能之间的对应关系表

形　式	功　能
给章节目录和标题加下画线或高亮；个性化的笔记符号(如高级星号，删除线)	提醒以后需要注意
简短的高亮、字词画圈、夹批(文本内标记)段落边缘处特殊符号(用星号)	位置标记和辅助记忆
在页边空白处、图表或者方程附近添加注释	问题解决
在页边空白加简短的笔记，在文本行距间距之间记录很长的内容，在文本行距批注词、短语	解释
拓展高亮或下画线	使用复杂的叙述跟踪过程
笔记、画画、涂鸦及其他与内容本身不相关的标记	阅读材料过程中附带的反思

从笔记轨迹的属性来说，这些教材上的笔记内容包含正式的课堂记录、自学时的私密提示记录、显性的知识重点和隐性的学习感受等[9]。此外，国内学者由经验出发，总结发现教材上的批注笔记包含两种形式：①勾画圈点；②文字批注，包含随文批注和单独的笔记本摘录，其中随文批注包含辅助学生学习的质疑式批注、联想式批注、感悟式批注等[10]。可见，在教材上进行批注是学生与教材之间的一种最主要的互动方式。

2. 教师课堂使用教材的方式

教材是教师建构教学活动计划和实施课堂教学活动的主要基础。已有研究者发现，不同教师在课堂上使用教科书的方式存在差异。有研究者指出，教科书有三种使用方式，分别是照本宣科；根据学生特征有选择性地使用教科书；配合学习目标有选择性地使用教科书[11]。关于照本宣科的情形至今还相当普遍，教科书等于教师教学的全部内容。也有研究表明，在多数教学时间里，城乡教师都是遵循教材上的内容和结构进行教学。在中小学的教学实践中，教师中心、书本中心、课堂中心仍然是最基本的特征。学生在教师的带领下，一课一课(一章一章)跟着教科书学习，教师使用相当有限的教学策略——重点在阅读课本与回答每课(章)的问题。专家学者的研究结果显示，大多数中小学教室情境中的活动，仍以教师为中心，以教科书为主要的教学内容，讲述和问答为常见的教学方式。通过研究教材的角色发现，教材深深地影响着教师的教学方式与教材内容的选择。对于教材的使用方式，包含直接依据课本内容教学，参考课本信息教学和拓展课本信息。也有研究者指出，教师使用教科书的三种形式为直接教教材，注重教材内提供的学习技巧，以及使用多种资源(含教科书)教学。按照教师的角色，指出当前常用的两种教科书使用方式：第一，教师为课程导引者，将教科书内容忠实地传递给学生；第二，教师为课程代理人，选择或调整教科书内涵[12]。

综合上述学者的看法，无论是在国外，还是国内，教材在课堂上的使用方式总体而言，没有本质区别。主要可归纳成两类：其一是完全依照教科书，教科书是教学的主要或唯一资源；其二是参照教科书，选择或调整教科书内容，教科书只是教学资源的一部分而非全部。

2.1.4 综述小结

教材是设计和实施教学活动的最主要依据，它不仅是知识的载体，也是传递课程理念和表达课程内容的工具，还是完成教学活动的最基本手段和资源。课本内容和作业是教材最基本的组成部分。以上对传统教材的分析为本研究带来的启示为：

(1) 教材的本质不会因其存储介质发生变化而有所改变，当教材的存储介质变为电子介质后，教材的内涵和形式结构不会发生改变。当然，电子教材会拓展传统纸质教材的外延，可通过集成多种虚拟学习工具辅助教材发挥更大的作用。为此，在电子教材的研发过程中需要考虑教材的本质特征及其构成要素，并借助信息技术有效拓展教材的外延功能。

(2) 教材作为学校教育活动的主体要素之一，其教学功能对电子教材研发能提供重要参考。要想教材继续发挥课堂教学的重要资源和认知工具的功能，成为教师"教"和学生"学"的得力助手，需要从教与学两个角度深入研究电子教材的相关问题。

(3) 教材是课堂教学重要的教学工具。学生与教材的最基本互动方式就是在教材上做笔记。教师使用教材主要包含两种方式：一是完全依照教材，教科书是教学的主要或唯一资源；二是参照教材，选择或调整教材内容，教材只是教学资源的一部分而非全部。当前对于教师的教材使用方式并没有达成共识，课堂教授和师生问答是普遍采用的教学形式，把教材当作教学工具而非完全依照教材授课是未来的一个发展方向。为此，在电子教材的使用方式中，如何延续师生的使用习惯并创新应用电子教材是需要研究者关注的。

2.2 电子教材相关研究

电子教材经历了怎样的一个发展历程，研究文献将按照时间线索进行回顾。

2.2.1 电子教材研究缘起

电子教材的研发源于电子书的发展，自从用户语言接口方面的先驱者安德里斯·范·达姆(Andries Van Dam)在20世纪70年代创造了一个新词——"electronic book"(电子书)[13]后，伴随着数字化技术和计算机网络技术的发展，大量出版物从单纯以纸和光盘为媒介的出版模式发展到以互联网为平台的创作、出版、发行、阅读模式，出现了"电子书"(eBook)的新形态。整个电子书的发展与电子书内容、软件、硬件等产品的更新换代是不可分割的。本研究通过分析1945—2012年的数据，发现影响电子书发展的有如下几个关键事件，如表2-2所示。

表2-2 国外电子书发展关键事件回顾(1945—2012)

年代	作者	事件
1945	Vannevar Bush	首次提出电子阅读器硬件原型产品的构想
1968	Alan Kay	第一部在线阅读电子图书的原型产品：Dynabook
1971	Michael Hart	第一个数字图书馆计划：古登堡计划(Project Gutenberg)
1987	Michael Joyce	第一本电子书《下午》(Afternoon)出版

续表

年　代	作　者	事　件
1993	Adobe 公司	电子书阅读软件 Adobe Acorobat Reader
1998	Nuvomedia 公司	第一款商业电子书阅读器 Rocket 问世
2004	Sony 公司	出现第一代采用电子墨水的电纸书 LIBRIé
2007	Amazon 公司	推出电子书阅读器 Kindle 第一代
2010	Apple 公司	出现 iBooks 商城和平板电脑 iPad
2011	国际数字出版论坛	发布电子书格式标准 ePub 3.0,支持自动重新编排内容
2012	Apple 公司	发布用于教科书制作的工具 iBooks author

表 2-2 显示,从推动电子书发展的一系列关键事件可以看出,技术的发展加速了各种手持式智能终端和电子书阅读器的更新换代,使电子书呈现出新的优势：电子教材内容制作趋于简单,阅读体验更加人性化；更新方式快捷,出版周期缩短；呈现内容多媒体化,且媒体具有可操控性；阅读软件提供笔记、书签、查询、分享等人机交互功能,实现互动式的电子阅读等；阅读内容可在不同设备之间同步。电子书的这些优势引起教育工作者对教材改革的关注,推动了纸质教材向电子教材研究的进程。

2.2.2　国外电子教材相关项目与实践

许多国家都在努力探索如何利用电子教材进行教学改革,总体来说,有超过 50 余个国家对中小学电子教材相关的项目进行过探索与实践,其中比较典型的实践项目整理结果如表 2-3 所示。

表 2-3　国外电子教材发展及实践项目

国　家	实施政策或项目计划
新加坡	1999 年,教育部推出“EduPAD-教育电子簿”试验计划； 2006 年,教育部推出 “IN2015 教育目标”计划,全面实施“实验学校”和“未来学校”信息化教育改革方案,将在 2015 年为所有学生提供网络课本
法国	2000 年,哈瓦斯公司就生产出一种适用于中小学学习的“电子教材阅读器”,并且率先在东部城市斯特拉斯堡一所学校投入试用
英国	2000 年,联合信息系统委员会 JISC 资助电子书屏幕界面研究(Electronic Books ON-screen Interface)项目,经过两年时间,该项目提出 22 条电子教材设计原则； 2008 年 7 月开始,教育与通信技术局公布了新的教育信息化策略“利用技术：新一代学习(2008—2014)”,该计划的核心目标之一就是利用信息技术提供不同的电子教材和课程来满足学生的个性化需求和提高学生的学习能力； 2010 年以来,政策重点在于建立健全的技术服务支持,体现电子教材的应用需求和未来发展的规划
马来西亚	2001 年 4 月,在吉隆坡及其周边地区 200 所中小学试验电子教材,探索电子教材的可用性； 2010 年,与英特尔公司合作采购 5 万台学生电脑,用于在较富裕的省份实施电子书包和电子教材项目试点计划
韩国	2002—2006 年,电子教材的基础研究； 2007—2011 年,把电子教材发展愿景描述成“为未来培养卓越的领导人做准备”,开发约 25 本电子教材,在约 100 所试验学校开展试点研究； 2015 年,在全国推广电子教材

续表

国　家	实施政策或项目计划
美国	2007年，市场占有率达85%的全世界五大教科书出版商共同组织了电子教材出版公司CourseSmart，致力于电子教材的制作与销售； 2009年，加州发起自由使用电子教材的计划(Free Digital Textbook Initiative)； 2010年，一些非营利机构组织的电子教材出版公司(如CK-12 Foundation、Flat World Knowledge)和专业电子教材软件公司(如Inkling、Scrollmotion)致力于研发支持学生自学为主的电子教材
日本	2010年10月，计划在10所小学进行电子教材试验计划，预算经费达10亿日元

美国新媒体联盟早在2010年发布的新媒体技术发展未来两到三年的趋势预测中就已提到电子书的创新应用前景。这些年，新媒体技术创新在加速移动式电子书的发展方面有了巨大的进步，这为电子教材的发展与应用潜能提供了广阔的前景。

2.2.3 国内电子教材发展脉络

为便于有条理地梳理国内电子教材发展脉络，我们对电子教材发展历程相关文献进行了整理，综合这些观点[14-16]，可发现电子教材的发展主要经历了以下四个关键阶段。

1. 电子教材的萌芽阶段：电教教材

20世纪五六十年代出现的"电教教材"可算作电子教材的萌芽，它主要是利用幻灯、投影、电视、广播、录音和录像等媒体制作、播放的辅助教学材料，能为学生提供形象生动的感知来提高教学效果，弥补纸质教材的不足，这其中，相对完整、系统的录音、录像(后来是VCD)等教材开始被称为"电子教材"。这类早期的电子教材与今天我们提及的电子教材有根本的区别，从本质上来说，电教教材是采用模拟信号进行编码和解码的电子音像教材，存储介质为磁带、录像带等。这类电子教材在当时已经引发了教育者对利用丰富、灵活的形式来呈现教学内容，开展教学活动的探索。

2. 电子教材的初级发展阶段：纸质教材原版复制

我国从2000年开始就启动了"校校通"工程，当时出现了直接把纸质教材搬到网络上，并通过PC或笔记本电脑阅读的电子教材。这类电子教材基本上只是用简单的网页呈现纸质教材内容，内容的表现形式以文本为主，多媒体化程度不高，很少用图形、图像、音频、视频、动画等形式来表现知识。如福州第八中学推出的在电脑上阅读的"高一地理电子课本"。此外，这时期的电子教材把课本内容与互动通过预先植入，进行相互绑定，这种"紧耦合"关系使得学生的自由度相对有限，人机交互和人际交互性差，导致难以提供丰富化的个性化教学支持和学习支持。祝智庭教授曾经指出，如果电子教材只是书本网上搬家，算不上什么稀奇事物，仍然是对传统教材的改头换面，不具备高创新价值。

3. 电子教材的快速成长阶段：电子教材立体化发展

随着电子阅读硬件技术的发展，出现了把硬件设备、软件平台和教材内容与资源集合在一起进行立体化开发的电子教材。从文献得知，这个时期典型的电子教材为"手持式电子教材"，其中人教社2002年研发的手持式电子教材在9个省的10所学校开展实验，约千余名学生参与实验，学习如何使用电子教材。此外，我国香港和台湾地区也在2002年左右对电子教材展开过热烈的讨论，主要是把手持式电子教材作为电子书包的内容进行研讨。如香港石钟山纪念小学发布的电子书包计划期终报告；台湾地区从2008年就有推广电子教材的计划等。

考察这一时期的电子教材项目，通过整理一些研究者的观点，发现这些项目之所以并没能实现当初的愿景，可归咎为如下原因：规划平板电脑作为电子教材的移动硬件设备，成本过高；教材出版社参与不积极，仅仅是硬件设备商在推动；无线网络技术刚起步，覆盖率不高，带宽不足，影音文件读取不流畅；计算机软硬件不够稳定、出现故障等情形经常发生，阻碍课堂进展；屏幕显示效果不佳；文档格式不兼容；只有部分热心教师支持；家长反对。此外，学习资源匮乏和学生背着书包和电子书包上学，并没有减轻书包的重量也是一个原因。

4. 智能时代电子教材发展新阶段：电子教材一体化研发

由于电子教材立体化发展阶段并没有关注电子教材内容、软件和硬件的整体发展，为此，在智能阅读终端快速发展的推动下，智能时代的电子教材发展转向电子教材一体化研发。尤其是移动学习和终身学习的理念盛行，加速了电子教材一体化研发的步伐。在这种情况下，要体现和发挥电子教材的独特创新作用，转变学生的学习方式，研究者正在探索如何通过改变介质、扩充内容、提供指导等方式，打破原有学科课程材料的结构方式，对教材内容进行科学的重构，改善学生的学习体验，落实新课程理念下的自主、合作、探究等新型学习方式，进而促进教与学的方式发生变革，符合信息时代的学习需求。当前阶段出现的研发大军中，有硬件厂商（如苹果、戴尔、联想、汉王等）、软件制作公司（如创而新、金太阳等）、各大教材出版社（如人教社、北师大出版社等）、科研机构等。

2.2.4 电子教材与电子书的区别

相当一部分学者和专家认为电子教材是一种特殊的电子书。为此本书考察了电子书和电子教材的区别与联系。

为了凸显电子书的功能优势，研究者把电子书的基本特征概括为如下几点：全文检索；个性化设定；实时更新；多媒体呈现；方便携带。并且从学习设备和内容两个层面对电子教材与电子书的区别进行了比较，从学习设备来说，根据研究者的研究[17]，电子书的功能主要包含页面滚动、背景颜色设置、翻译和工具选择菜单等。研究者和管理者认为电子教材的功能特征应该超越电子书，除了具有基本的电子书功能外，还应该考虑容量、屏幕大小、重量、触摸屏、笔记功能、电池寿命等[18]。就内容来说，电子教材内容有其独特性，包含明确的结构，比如根据学生的认知风格来设计导航提示信息，根据学习习惯来设计学习活动等[19]。研究发现电子教材与电子书存在六个方面的不同，分别是学习与阅读的区别，电子墨水屏幕与平板电脑液晶屏的区别，服务和产品的区别，版权与开放性的区别，接口功能区别，成本的区别。他们认为电子教材的内容设计必须考虑学习活动的基本需求。因此，成功的电子教材产品依赖于是否抓住了学习者的特征。一般来说，电子教材是一个跟许多教材涉众相联系的系统而不是一个孤立的产品[20]。

与电子书相比，研究者[21]认为电子教材有四类关键特征，分别是教材导入、窗口操作、网络搜索和测试题。已有一些研究者的实验结果[22,23]指出，电子教材功能在满足基本的个人阅读基础上还需更进一步优化，以支持集体阅读和多样化的学习活动。因此，电子教材功能需要考虑如何适应教学的需要，比如如何组织和编排数字化内容，如何呈现导航信息，如何设计版式、指导语和搜索功能，如何嵌入内置词典，如何设计学生操控方式（笔记或高亮的功能），如何提供用户定制功能，等等。

可见，电子书的功能只关注如何支持阅读，而电子教材的功能需要兼顾对阅读和教学的支持，除实现基本阅读功能之外，还需要关注如何设计活动和支持教学。

2.2.5 电子教材功能特征研究

1. 从学理角度研究电子教材的功能特征

普林斯顿大学于 2010 年发布的研究报告指出，未来电子教材需要关注批注和翻译功能，且内容组织形式需要遵循纸质书本的版式，设计更为自然的人机交互方式，让用户实现与使用纸质教材相似的体验，发挥电子教材的优势。早期专家对电子书阅读软件具有的 35 个功能进行优先级评比，结果搜索（search）、批注（annotations）、声音（audio）、书签（bookmarks）、章节标题（chapter headings）名列前五项[24]。有研究者从阅读特性和功能特性对休闲类电子书和学术类电子书进行比较[25]，结果发现，用户对休闲类电子书和学术类电子书在阅读性和功能性上已经表现出明显不同的需求，期望学术类电子书具有搜索、批注、目录、书签等功能。

真正让电子书在学术界应用的原因是电子书提供的附加功能优于纸质书本的功能，如电子书便于携带和相对容易获取。在 2000 年，英国联合信息系统委员会（The Joint Information System Committee，JISC）旗下的国家分布式电子资源工作组（The Distributed National Electronic Resource，DNER）的教学项目部（Learning and Teaching Programme）资助了一个叫作“屏幕界面的电子图书评价（Electronic Books ON-Screen Interface，EBONI）项目”，此项目于 2002 年完成了电子教材设计指南（Electronic Textbook Design Guidelines）。该项目提出了关于屏幕设计的 17 条原则和关于硬件设计的 5 条原则。EBONI 提出的电子教材设计指南，从本质上来说，还是针对电子图书的一些通用设计规范。这个指南对处理电子教材与纸质教材功能之间的映射有一定的借鉴价值。

研究者调查了 276 名使用过电子教材长达一学期的大学生对电子教材功能的认识，研究结果发现，学生们认为最重要且使用频率最高的四个功能依次为术语表查询、书签、高亮和批注功能[26]。还有相当多的研究指出电子教材应该包含一些重要的功能，如搜索、超链接、笔记分享、超媒体呈现等。关于学生期待的电子教材功能，Project Tomorrow 于 2008 年对 281000 名 6～12 年级的中小学学生进行调研，统计结果显示，学生期望电子教材具有如下功能：高亮和笔记（63%），自我评估（62%），采用游戏方式进行概念学习（57%），链接辅助内容学习的 PPT 文档（55%），在线辅导教师（53%），链接实时数据（52%），自定步调的指导（46%）等[27]。英国 JISC 项目组 2009 年的实验结果指出，学生希望电子教材交互功能更强大，资源访问更容易，并且能够与其他设备进行同步等。从这些研究结论可发现，用户对电子教材的功能特征需求已经大大拓展了纸质教材的外延，而且整合了便于用户随时、随地进行学习和管理的工具。

有研究者选取了 54 名 10 年级学生为研究对象，研究学习成就高低与电子教材特征的关系，结果表明，学习成就低的学生比学习成就高的学生更依赖于电子教材的功能特征，研究者提出了 35 个对学习成就有影响的电子教材特征，如表 2-4 所示[28]。

表 2-4　电子教材功能特征对学习效果的影响

特征维度	影响因素
关于文本	①符号比例　②公式比例　③学科术语比例 ④学科术语个数　⑤打比方　⑥举例
关于图表	①图表类型的个数(表、图示、鱼骨图、象形图、草图和照片) ②三维图表数量(照片、视频、动画) ③图表和配套文本在同一屏幕显示的百分比 ④图表和对配套文本多余的图表在同一屏幕显示的百分比
学生的自我评估	①自我评估的问题类型和内容　②呈现问题 ③学生选择回答问题的自由度　④回答教学问题 ⑤反馈的类型　⑥可能的响应　⑦表扬的可能性
导航	①标题页的导航指南　②菜单的层级　③关键节点的个数 ④下拉菜单的个数　⑤菜单的个数　⑥相似图标的百分比 ⑦滚动条和翻页　⑧检索的可能性　⑨网络版和本地版 ⑩相似命令的百分比　⑪相似按钮的百分比 ⑫控制命令的个数(图标、按钮)
标题页特征	①显示内容信息的屏幕百分比　②文本框　③扉页的信息个数
阅读器正常尺寸	①控制位置　②基本字体大小　③背景颜色

研究者[29]就韩国的电子教材功能概括出了 34 个维度,比如备忘录“memo”,笔记“note”,下画线“underline”,高亮“highlight”,语音“voice”,文本框“textbox”,书签“bookmark”,术语表“glossary”,公式“formula”,辅助菜单“additional menus”。从支持课堂教学来说,韩国电子教材包含 9 个功能,分别是呈现教材内容“showing textbook contents”,编辑功能“editing function”,教学材料呈现“showing teaching materials”,信息分享“sharing information”,教学材料创作“authoring teaching materials”,学生支持“student support”,电子档案袋“portfolio”,自主学习“self learning”,教师支持“teacher Support”。同样,日本电子教材提供六类功能来帮助师生完成教学活动,分别是内容呈现“showing textbook”,编辑功能“editing functions”,教学材料呈现“showing teaching materials”,帮助提示“training basics”,信息分享 “sharing information”,学生支持“student support”。

有研究者从工具论角度出发,提出电子教材是一个学习工具包(learning kit),包含三个要素:课本(为了获取新知识);作业本(为了复习和检测知识掌握情况);学习工具(为了完成实践活动)[30]。面向家校使用的电子教材功能特征包含如下一些详细内容:①课本内容的呈现元素应包含视频、音频及带有交互功能的媒体元素。就交互的层次来说,既有支持视音频自由播放的低级交互,也有自动检测习题答案的中级交互,还有用户与系统之间的多种高级交互方式,当然交互层次本身与教学法的高低并没有对应关系。②作业部分需要设置大量的练习题。这些练习题主要用来检测学生对所学知识的理解程度。③学习工具应包含支持学习活动的所有工具,其形式有课堂教学法、游戏、描述活动的文档等。

此外,电子教材功能特征应该从内容——教学法维度来考虑,具体指标见表 2-5 所示。

表 2-5 电子教材的功能特征(内容——教学法视角)

维 度	描 述
内容覆盖面	教材必须包含该学科所涉及的所有知识、能力和技能方面的内容
交互性	实现高交互(如多种与学生互动的方式)是电子教材内容开发的重要目标
多媒体	应该提供一些与文字相匹配的丰富的视音频信息，设计上需要考虑避免对学生注意力产生干扰
归纳法	包含把基本的知识转化成个人的内在知识
吸引力	让学生从头到尾都保持高度集中的注意力，如章节开始部分设计学习内容对实践的意义，正文表达要直接清晰，结束部分描述重难点知识，提供关键术语回顾，总结、问题和作业也应该仔细设计
深度沉浸	创设具有深度沉浸式体验的环境，比如交互式组件的体验
概览	单元结束处或每组知识点后提供一个概念图，帮助学习者从整体上回顾和复习知识

归纳学理角度对电子教材功能特征的研究，不难看出，研究者普遍认为电子教材的功能特征应该继承纸质教材的功能特征和尊重用户的使用习惯；应该聚焦结构化呈现、交互式媒体、笔记、作业等要素如何满足师生课堂使用电子教材的需要。

2. *从典型产品分析电子教材功能特征*

对于当前典型的电子教材，我们选取了韩国电子教材、Apple iBooks textbook、Course Smart、Scroll Motion、Kno、Inkling、创而新、明博、人教社等多个机构的电子教材产品进行考察，发现这些产品的功能在呈现、媒体、笔记、作业、管理等几个方面表现出一些典型的特征，分析结果如表 2-6 所示，归纳出以下三点重要启示。

表 2-6 典型电子教材产品功能特征分析

产 品	呈现形态	媒体类型	笔记工具	作业工具	管理工具
韩国电子教材	与纸质教材相同的页面	图片、视频、图形、声音、动画、3D	记笔记、备忘录	作业诊断、选择题、支持纸质教材上的题型	字典、学习评价、内容创作、链接外部资源
iBooks 电子教材	横版或竖版显示，图书仿真、目录索引	图片、视频、图形、声音、动画、3D	多种颜色高亮、下画线、随文批注、书签	选择题、匹配题自动诊断	笔记管理、学习卡、术语表
Inkling 教材	页面滚动 图书仿真 目录索引	图文混排、音视频播放	支持书签、下画线、高亮显示、自由笔记输入、共享笔记	选择题、即时提供反馈	云服务支持平台
Course Smart	图书仿真 目录索引	图文混排	支持书签、圈选笔记	无此功能	云服务支持平台
人教社网络教材	网络版教材	声音、文字、图像、flash 动画	调色板、荧光笔、注释、学习档案	选择题、即时提供正误判断	互联网平台
明博教育电子教材	原版教材形式 支持翻页 导航清晰	图文混排、音视频播放	热区翻页、页码查找、书签检索、批注标记	无反馈	无此功能

续表

产　品	呈现形态	媒体类型	笔记工具	作业工具	管理工具
景山中学电子教材	页面滚动	图文混排、flash动画、音视频播放	无此功能	词汇、句型、阅读的能力检测、连线题	网站学习平台
人教社电子教材	页面滚动，图书仿真、纸质课本原版形式呈现，色彩鲜明	图片、视屏、图文混排，视音频与文字相得益彰	书签、笔记、摘录、学习记录、荧光笔、橡皮、调色板	课本上的习题同纸质书相同，另配以专门的习作指导	无此功能

(1) 电子教材功能上的共性特征：在呈现形态方面，具有图书仿真功能，能够实现原版纸质教材的再现；在媒体类型方面，支持图文混排，提供音视频；在笔记工具方面，大部分都具有高亮、书签和随文笔记记录；在作业工具方面，对客观题(选择题、判断题)提供及时反馈；在管理工具方面，大部分提供有电子教材支持服务系统。

(2) 电子教材的特性得以突出：与纸质教材相比，电子教材不是纸质教材的简单搬家，电子教材对教学和学习支持上的优势集中体现在对学习过程的记录和管理、媒体表征的多样化以及对数字化学习资源的整合，其功能特色主要体现为：在人机交互和人际交互方面，电子教材的功能与用户的需求匹配程度越来越高，给学习者提供了许多类似于纸质教材的阅读体验，通过跟随其他用户可分享笔记，提升学习的兴趣；在学习设计和教学设计方面，提供灵活的教学支持，便于学生自主学习和教师个性化定制教学活动；在基本形态方面，主要有两类，一是直接对纸质教材进行富媒体加工，二是先重构教材内容，再进行富媒体加工。

(3) 电子教材的产品仍需改进：这些典型电子教材产品也有一些不足，存在不少需要改进的地方，体现为：在教材功能上，尽管提供了许多功能，但是多数功能并没有被师生使用；在使用方式上，教师还主要是以课堂演示型课件的使用方式为主，学生参与不多；在教学支持上，教师个性化备课支持不足，许多功能与教材内容绑定在一起，教师不能灵活地增添资源和习题；在访问方式上，实时依赖于网络访问，不能下载到本地存储，使用者经常因为网络带宽不够，导致重新登录，视频播放不流畅；在载体形式上，部分以U盘为载体，尽管访问不受网络环境影响，但是一旦U盘丢失，电子教材内容与用户笔记会全部丢失。

综上所述，电子教材的功能特征可以从结构化呈现、交互式媒体、笔记工具、作业工具和管理工具五个维度考察。这五个维度中，结构化呈现和交互式媒体主要是从“媒体内容——功能”维度提出了电子教材内容的重要特征，重在发挥电子教材作为电子读物的可阅读性作用。后三个维度从“使用方式——功能”维度提出了电子教材的功能，突出电子教材的可教学性特征。

2.2.6　电子教材与在线课程的区别与联系

从数字化资源的角度来说，电子教材与在线课程(网络课程)都属于数字化课程资源体系中的一类资源，但是从功能来说，电子教材与在线课程还是存在较大的差别，研究者从呈现方式、交互媒体、笔记功能、作业功能和管理功能五个维度对电子教材与在线课程的区别进行了比较，结果如表2-7所示[31]。

表 2-7 从功能比较电子教材与在线课程的区别

项　目	电子教材	在线课程
呈现方式	教材内容需要以特定文档格式进行封装，形成一个电子文档，有书本的感觉，内容呈现结构化	教学内容以网页形式呈现，内容由多个文档组成，呈现形式没有特定的结构
交互媒体	用户可直接对媒体进行操控，具有很强的用户交互体验效果，可实现双向交互	用户很难直接对媒体进行操作，仅支持单向传递媒体信息
笔记功能 作业功能	笔记与页面内容一一对应关系 通常作业是一个必备的属性，与内容封装在同一电子文档	笔记与页面内容处于分离状态 作业不是一个必需的属性，作业与课程内容通常是分离的，通常呈现在网络教学支持平台中
管理功能	通过支持服务系统对笔记、作业等进行管理，支持学习内容和学习记录同步，安全性要求很要	通过网络教学支持平台管理所有在线课程资源

2.2.7 电子教材在教学中的应用研究

研究者整理关于技术整合教学的实证论文进行元分析，发现影响技术整合中小学课堂教学的因素有资源、制度、学科文化、教师态度和观念、教师知识与技能、评价等六方面，其中资源是被提到最多的影响因素[32]。电子教材作为一种重要的学习资源，当这种新事物进入教学现场，教师最关心的问题就是该如何使用的问题。学者对电子教材的教学应用研究主要体现在如下几方面。

1. 电子教材与传统纸质教材特征比较研究

为了探索电子教材与传统纸质教材相比的优势特征，一些学者从表现形式、组织结构、内容更新、学习方式等方面对电子教材和纸质教材做了一个对比，详见表 2 8。电子教材与传统纸质教材在表现形式、组织结构、内容更新、学习方式、内容收集、媒体、与其他学科的关系、方法、课堂效果、师生关系和便携性等诸多方面存在差异。电子教材比传统纸质教材具有更多的灵活性，对学生的学习过程可提供更多的有差异性、多样性、选择性的内容，促使整个教学的要素在一个良好的系统中动态发展。

表 2-8 电子教材与传统纸质教材的比较

比较项目	电子教材	传统纸质教材
表现形式	除了纸质教材的文本和图片外，还提供多媒体资料，动态与静态结合	二维的、静态的，只有文本和图片
组织结构	线性与非线性	线性
内容更新	可以快速反映新的事实和知识，动态更新	内容固定，很难改变
学习方式	自定步调	统一步调
内容收集	能够与多样化的教育资源或者公共数据库相连	查找课本以外的资料需要持续投入时间和金钱
媒体	IT 设备(平板电脑/桌面电脑)	印刷纸质媒体
与其他学科的关系	相同学科不同年级、跨学科之间的衔接	专业内容，学科之间无衔接

续表

比较项目	电子教材	传统纸质教材
方法	教师、学生和计算机之间的良好互动式学习，同步或异步交流	单向学习，关注知识传递
课堂效果	以学生为中心，自导式学习	单向课堂，很难适应不同学习者的学习水平
师生关系	教材、教师、学生三者之间网状关系	教师-教材-学生直线式关系
便携性	需要携带硬件阅读设备	纸质介质携带方便

2. 电子教材支持阅读方面的研究

电子教材的可阅读性可以追溯到早期的电子阅读发展研究。与纸质阅读相比，早期在计算机屏幕上进行电子阅读存在速度慢、精确性低、容易疲劳等问题。原因一方面是由于这些研究年代较早，当时的电子阅读使用的是单色显示终端，刷新率低，效果较差，而随着显示硬件技术的发展，以往的研究结论已不成立。另一方面是由于这些研究大多为小规模实验室横向研究，结论能否推广值得商榷。此外有研究者发现[33,34]，阅读材料的类型和难度也会对学生阅读成绩产生影响。为此，研究者对多年形成的纸质阅读习惯如何适应电子阅读展开了大量的研究。研究发现，通过控制阅读内容的长度、阅读任务难度分别对电子阅读和纸质阅读的比较展开研究，并通过阅读行为、阅读态度、阅读反应等指标来检验学习者的阅读效果，研究结果表明，大多数学生还是喜欢阅读纸质材料，并且认为相对简单的阅读任务（名词解释、填空）不易采用电子阅读方式，后者在这些任务上反而降低了学生的认知水平。也有研究表明从元认知研究框架出发，比较不同自我调节学习条件下，学生的电子阅读和纸质阅读成绩，结果发现在固定的学习时间内，两种条件下的学生阅读成绩没有显著性差异，在自我调节学习条件下（学习时间自由掌握），电子阅读的成绩比纸质阅读低。一些学者也通过对阅读目的、阅读内容、感知特点、阅读策略等方面比较了电子阅读与纸质阅读在阅读行为、阅读习惯和阅读态度方面的差异性。研究者对每天待在屏幕前两小时以上的儿童进行观察，发现他们容易出现情绪问题，过度兴奋以及与人交往方面的障碍。研究者普遍认为电子阅读是阅读活动的一种，其本质仍是获取知识和信息，因为电子阅读的载体兼具知识和娱乐功能，阅读者需要明确目标，调整注意力的分配，增强信息检索和利用能力。纸质阅读仍是主要的知识获知方式，但人们的阅读方式正在发生嬗变，很长时间内电子阅读将和纸质阅读共生[35,36]。

已有研究表明阅读传统教材，学生通常是被动阅读课本，他们阅读老师指定阅读的部分，主要目的只是完成阅读任务。许多学生会在阅读过程中高亮部分文本，很少有一边阅读一边做笔记的习惯，然而，一本适合学生阅读的电子教材会让学生从传统的被动阅读课本转变为主动与文本互动。好的阅读者（那些显示出高水平的复述和理解的人）是主动积极的阅读者，这些人渴望理解文本而不是简单的解读文字。他们使用主动阅读的技术工具（如高亮），记笔记，用自己的话重新写概念，主动识别文档的核心观点。学生在非正式学习环境下阅读电子教材的研究结果表明，学生对电子教材的好奇心随着使用时间的增加而减退，要想长时间使用电子教材，还面临一些挑战，比如屏幕小、阅读图表不方便、电池耗电快等[37,38]。

3. 电子教材支持教学方面的研究

韩国忠北国立大学的钧熙柳（Kwan-Hee Yoo）教授带领的研究团队为了验证电子教材

的教学效果和审查数学电子教材在学校推行的可行性，在三所小学开展了为期一学年的五年级数学课堂教学试验，研究结果如下[39]。

1）关于课堂学习过程

使用电子教材的班级比使用纸质教材的班级在理解教师操作步骤方面节约了许多时间，学生有充足的时间在课堂上呈现他们的作业。

成绩较差的学生善于利用电子教材的多媒体特征主动学习，并取得了一定的进步。

在遇到不理解的问题时，使用纸质教材的学生只能接受教师的额外教学指导，使用电子教材的学生可利用教材进行自导式学习，拥有了更多学习机会。

学生能够熟练地使用电子教材的各种功能，特殊情况下教师还需要向学生咨询如何操作。

有效学习的障碍不是来自电子教材本身，而是来自教室环境。使用相同的电子教材，采用笔记本电脑的学生满意度明显高于采用台式电脑的学生。

2）关于学习效果

对学生的学习成绩进行考查，通过对实验数据进行分析，得出了如下结论。

第一次测试结果表明，使用纸质教材与电子教材没有区别，学习能力曲线参数与学习效果没有直接相关关系。第二次测试结果表明，使用电子教材的学生成绩低于使用纸质教材的学生成绩，只有成绩处于中偏下的学生使用电子教材的效果略高于使用纸质教材的学生。第三次测试结果表明，使用电子教材的学生成绩明显高于使用纸质教材的学生，尤其针对中等偏上的学生。

此外，研究者[40,41]将幼儿或大学生作为被试对象，将故事书或大学课本作为阅读内容进行比较分析，发现基于电子教材的学习对学习者帮助更大，但是电子教材的学习效果与任务难度和学习时间高度相关，不过研究者并没有深入进行基础教育电子教材的比较研究。还有研究者[42]对商学院本科生使用电子教材的效果进行了验证和评价，结果显示，学生能够通过使用电子教材完成学习目标。此外，还有研究人员[43]研究大学生的学习成绩是否在纸质教材和电子版本+CD光盘环境下有区别。研究分为三种形式：纸质教材和配套学习活动光盘；电子教材加配套学习活动光盘；基于问题解决的学习活动光盘。研究结果表明，三种学习方式下的学习成绩没有显著差异。美国加利福尼亚州在2010年秋季选取了400名八年级学生尝试借助iPad开展电子教材试验研究，学生主要通过预装在iPad中的课本和视频进行学习，目前还没有发布相关的实验成果。

有研究者[44]对大学生使用电子教材进行了长达两年的跟踪研究，在2009年秋季的一个学期观察中，发现学生们普遍认为电子教材产品还没有为课堂教学做好准备。参与实验的学生一致认为当前学生对于电子教材的态度出现两极分化，小学生非常喜欢使用电子教材，当前的设备也支持小学生的教学活动，然而初中生和高中生目前还不能使用电子教材，他们需要在纸质本子上做笔记。在2010年的春季和秋季的两个学期中，学生们使用的阅读终端也发生了变化，这些阅读器已经能够支持基本的笔记输入、高亮和搜索功能。在2010的秋季这个学期中，他们为学生提供了iPad和entourage eDGes（一款配备双屏，支持安卓系统的电子书阅读器），调查发现学生们普遍对这两款设备上的电子教材持积极态度，认为这就是他们想阅读的电子教材。学生们提出了电子教材的几个优势：可以在火车上阅读，可以随时随地访问电子教材。在2011年的跟踪实验中，研究者发现随着技术更新的加快，电子教材出现了更多高级的笔记功能：基本的笔记输入、笔记分享、高亮和笔记搜索。而且一些学生也拥有了自己的电子教材阅读设备。三个学期下来，基本上每个学生都认可当前的电子教材阅读设备或平板电脑的价值，认为它们可以作为主要的或者辅助的教材。

有研究者[45]从电子教材的可学习性、效率、效果和满意度考察了韩国开发的电子教材的功能可用性程度，这四个指标能够很好地反映出电子教材对用户的操作行为和学习体验过程的支持程度。研究发现，移动设备(iPad)在课堂上使用对学生学习的优势体现在学生投入学习过程的主动性增强，学生参与项目的时间增多，提升学生的信息素养；对教学的影响包含促进了以学生为中心的学习活动的开展和提升了教学资源更新的速度[46]。

研究者[47]对大学生如何利用电子教材促进学习进行了实验研究，结果显示，电子教材能够对学生的学习起积极促进作用，主要体现在：第一，学生使用电子教材对学习结果有直接的帮助作用；第二，学生在课堂上的参与程度是电子教材对学习结果产生积极作用的重要中介。该研究建议要想在课堂上成功使用电子教材，学校必须提供能够激发学生主动投入电子教材学习中的师资力量。

可见，电子教材的教学应用研究，既有电子教材与纸质教材对比的研究，也有直接观察电子教材的课堂应用结果的研究；既有长时间的追踪研究，也有短时间的课堂使用研究；既有实验室研究，也有常规课堂使用研究。这些研究的重点是从电子教材的可阅读性和教学性来考察电子教材能否有利于促进学生学习，关注电子教材作为一种学习工具带来的学习结果是否有效。

4. 实施电子教材存在的问题

当前在校园实施电子教材的实验，主要存在以下问题[48]。

(1) 只重视硬件发展，忽略软件开发。大部分的产品，基本上只停留在有没有高亮、书签、批注等功能上。如果只是有这些功能，却没有考虑这些功能如何才能适应用户的使用需求，那么在使用者体验上，就注定不会有好结果。

(2) 只考虑功能多样，不考虑课堂需求。在电子教材中嵌入非常多的媒体效果，各种内容交互功能让人眼花缭乱。问题是课堂上需要这些功能吗？这些功能可能适合个人休闲阅读，但在课堂情境下使用将带来严重的干扰。一个电子教材需要仔细区分上课情境(更直觉的笔记功能)、做功课情境(各种工具书、搜寻支持)、复习情境等。在教学中需要使用能够符合教学需要的电子教材，而不是功能丰富的教辅材料。

(3) 忽略对使用者注意力的关注。以麦克鲁汉的媒体冷热理论来说，冷媒体需要人们全神投入，而热媒体反之。由此看出纸质书本是标准的冷媒体，阅读的时候它完全占有读者的心智和情感，提升了阅读者的体验和专注程度。然而数字媒体的功能越丰富，热量就越高，阅读者的注意力就会受到干扰，因此如何让学习者保持注意力值得探究。

(4) 教材的存储方式需要考虑。教材编制的成本非常高，在纸质教材时代，教材印刷问题就是一个多年无法解决的问题。如果只能将一部分内容以电子媒介的形式存储在电子设备中，那就意味着学生既要带其他教材，也要带阅读设备。为此，关于书包减负的问题还是不能解决。

此外，关于电子教材阅读终端对学生身心健康的影响也是研究者普遍关心的问题。从韩国来看，多数试点学校采用的阅读终端设备为笔记本电脑，为此探究电子阅读对学生的社交技能和用眼疲劳的影响成为研究热点。不过，研究者[49,50]指出对于学生社交技能的退化问题,已有相当多的研究结论支持电子教材阅读平台提供的强交互功能不仅促使学生深层次的互动,还为在课堂上不爱发表观点的学生提供了最佳发言场所。还有研究者[46]指出,iPad 对教学过程带来的干扰是众多的应用程序和网站让学生的注意力分心,教师很难独立在众多的应用程序中选择适合他需要的功能。

2.2.8 综述小结

电子书的发展为电子教材的研发和出版提供了可借鉴和可参考的模式。电子教材作为一类特殊的电子书,尽管它可以继承许多电子书的功能特征,但是由于其特殊的使用情境和固有的服务对象,因而不能完全照搬电子书的功能设计与呈现方式,在设计和开发上还需要兼顾电子教材的教学性和用户的教学使用习惯。

电子教材的出现是数字时代发展的一种趋势,在 2005 年左右就曾引起研究热潮。在这十年里,按照摩尔定律,技术产品的更新换代将很快应用于电子教材阅读的软件功能模拟纸质教材阅读的相关操作,使得电子教材的阅读体验越来越人性化;相关的阅读软件更是采用纸质书的隐喻式设计,提供做笔记、书签、查询、分享等人机交互功能实现互动式的电子阅读。电子教材将传统课本上的知识以电子化的信息进行传递,并使用多媒体来整合呈现教材的形式,使得学习形态由传统教室中的师生互动、同伴互动及学生与教材间的互动转变为师生、同伴及学生与数字化教材之间的互动。

一些研究者从学理层面发现,电子教材要想在教学中应用,最核心的关注指标是:第一,电子教材有没有现实的使用需求?第二,电子教材的课堂过程是否流畅?电子教材课堂学习是否有效?

相当多的文献已经表明,电子教材的重要功能在于对阅读和教学的支持。目前大部分电子教材产品仅仅是从功能上去模仿用户阅读纸质书本的操作,而没有深入思考如何符合使用者的教学需求和阅读习惯。如果电子教材开发只强调功能,无视需求,无视目标用户的教学使用习惯,就不可能设计出适合课堂教学的电子教材。再者,教育教学最需要的优质资源不是开发商生产出来的,而是在学校教育教学中使用形成的。这些发现将为本研究中的电子教材的教学应用研究提供很好的思路。

已有关于电子教材在课堂上使用的案例呈现出如下特征。

电子教材的阅读效果和教学效果随时间变化呈现出正相关关系。早期的电子教材课堂教学实验结果显示带有负面影响的结论多;近两年的教学实验结果显示带有积极影响的结论多,且在课堂中应用的形式越来越丰富。

影响电子教材发挥教学功能的因素是多样的,包含电子教材阅读终端功能、阅读软件功能、教材内容的可读性、课堂教学方法以及诸多影响课堂教学的干扰因素等。

电子教材在小学的应用效果比在高学段甚至大学要好。电子教材在小学阶段是被当作电子图书,多数实验只是让学生阅读多媒体画面,不需要画重点、做笔记等功能。在高学段使用,对电子教材支持有效阅读和教学的功能要求多,需要电子教材在笔记、作业功能方面提供支持,而先前的一些实验产品对这两方面的支持还存在一些需要改进的功能体验。可见可阅读性和教学性是考察电子教材能否在教学中应用的关键点。

电子教材在非正式课堂上使用比在常规课堂上使用的实验多。多数实验利用电子教材整合其他学习资源和学习工具,开展网络探究学习,把电子教材当作一种促进学习的有效工具。

电子教材在教学中使用面临的真正困难是如何设计出符合用户使用习惯的电子教材，并能够支持不同课型的教学，为此，需要对其进行深入思考和研究。

已有研究给我们带来诸多启示：①要考察电子教材的教学适用性，需要对电子教材的现实使用需求和相关群体对电子教材的认知进行重点研究。②考察电子教材的适用性既要充分借鉴已有相关研究的研究方法、数据收集方法、研究结果考察方式，也要关注未正式进入课堂的相关群体态度，重在关注正式进入课堂后，电子教材的教学使用过程及其效果。

2.3　教与学方式变革相关研究

2.3.1　教学活动本质研究

一线教师经常会反思一个问题，“我的教学有效吗?”这看上去是对选择不同教学材料、教学方法、教学手段所带来的教学效果的自我反思，其实它已经涉及对教学本质的认识，涉及了对教师、学生、教材和媒体等多边关系的认识[51]。对于教学的本质，在我国教学论中，长期以来没有一个比较具体化的教学概念，也没有与教师行为对应的“教导”的概念，以及与学生行为对应的“学习”的概念。为此，人们总是将教与学同时考虑。王策三教授将教与学的关系理解为既没有离开教的学，也没有离开学的教[52]。教学本质其实就是教学活动的本质。而对教学活动本质的认识，主要经历了“传递说、共同活动说、交往说”三种观念。

“传递说”指的是教学活动本质就是传递知识的过程。这种观点认为课堂上通常是以教师活动为主的行为过程，教师是知识的把关人，有选择性地把知识传授给学生，教师是课堂的权威，课堂教学基本采用“教师讲，学生听；教师说，学生记”的方式进行，实现知识传授是最根本目的。随着教学认识论的发展和对教学活动本质的认识进一步加深，认为教学活动是师生的“共同活动”[53]，如“教学是教师教、学生学的统一活动”“以课程内容为中介的师生双边教学的共同活动”“教师教和学生学的共同活动”等，构成教学活动要素的基本成分是教师、学生和教材，教学活动过程就是教师活动、学生活动和教材之间进行复杂地相互作用的统一过程。教材是师生教学活动的唯一媒介。随着对教与学关系理解的进一步加深，形成了教学的“交往说”，它认为其本质是交流、对话、沟通，认为教学活动实质就是师生以课堂教学资源为中介进行的一种特殊的人际交往活动。交往说反映了信息时代多样化的教学手段和多种教学媒体对教学活动的影响，对于成人来说，交流学习是平等的，课堂教学中通常学生是在教师帮助下进行学习，因此，交往说也存在一些缺陷，并没有清楚界定教师和学生的角色、任务和责任[54]。

技术介入课堂后，给传统的课堂带来了巨大挑战，传统课堂和现代课堂对教学思想、教学媒体、教学信息、教师和学生等多方面的认识发生了转变，区别如图 2-3 所示。

从传统的黑板加粉笔的面对面授课方式向多媒体技术支持的课堂教学发生转变，从教师讲授为主要形式的教学方式向更为健康的以学生参与课堂活动的方式转变，这使得课堂教学的范式正在从以教师为中心向以学生为中心发生转变，如图 2-4 所示。

课堂教学旨在以提高学习者个体生活质量及生命价值和意义为目的的生活实践活动过程，是一种不断追求超越和提升的动态生成过程。通常，课堂教学过程是学生在教师引导下

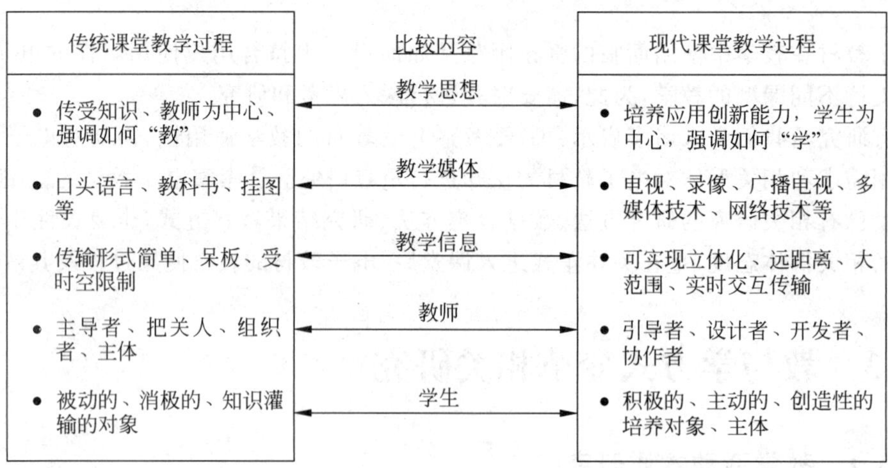

图 2-3 传统教学过程与现代教学过程的区别

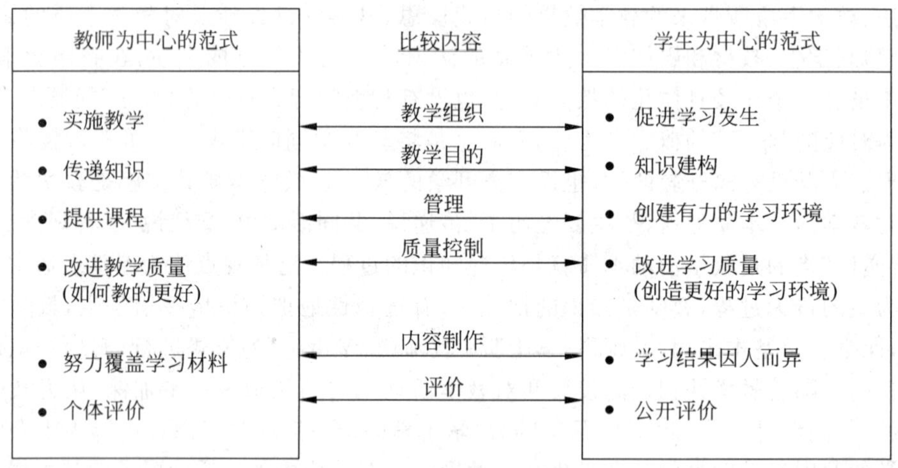

图 2-4 教学范式的变迁

进行主动思考、自主发现和不断提升的过程，而不是被动、机械地接受教师提供的观点或教材上现成的结论。通常，学生的学习层次可分为三层(图 2-5)，依次是主动接受、自主发现和意义创造[55]。

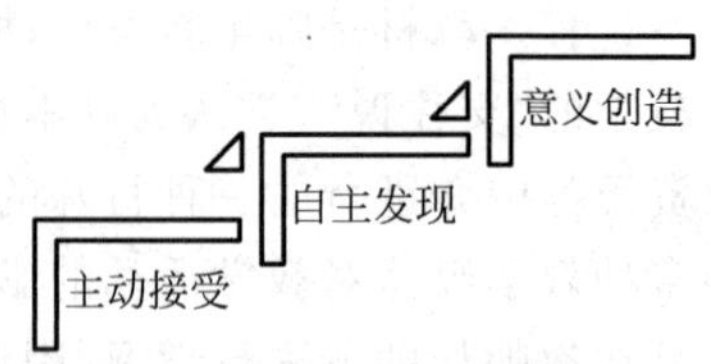

图 2-5 学生学习层次观

现代教学的本质是由教师组织学生进行有目的、有计划的有效学习的活动过程。教学就是促进学生有效学习的一种特殊的学习活动。教学的本质是一种特殊的学习活动，是指在教师的引导下学习者完成学习任务，达成学习目标，实现自身发展的目的的学习活动，教学就是促进学生有效地学习。因此，教学活动的关注点应该是学生有效学习活动，而评价学生是否在进行积极有效的学习活动将是考察课堂教学质量的主要标准[54]。

2.3.2 教学方式及其转变研究

教学方式指一种特殊的人类实践活动，是师生对教学活动的认识方式和进行教学活动的行为方式[56]。教学认识方式反映了教学思维方式，行为方式则是外显的思维方式，由教学方法、形式、手段、技术等构成。通常，教学行为方式能够反映出教学思维方式。

关于教学方式的研究，研究者认为教学方法是以教学原则为指导，为达到教学目的而采用必要的教学手段进行的师生相互作用的活动的一整套方式。李秉德主编的《教学论》则认为教学方法是在教学过程中，师生为实现教学目的、完成教学任务而采取的教与学相互作用的活动方式的总称。教学方式其实比教学方法具体，是师生具体的活动行为方式。转变教学方式指的是转变教师在提供信息、展示、示范、布置作业、讲解等的具体教学行为[57]。从"教学形式"来理解，主要指的是教学组织形式，即教师以何种形式组织学生，通过何种形式与之发生关联，简而言之，就是教学活动中的师生相互作用的结构形式。

从教学活动过程来考察教学行为，可以发现它是一个不断发展变化的活动过程，教学行为和学习行为之间是动态的、互动的关系，图 2-6 为教学活动过程的一个时间片段[55]。教学活动是随时间的推移而逐渐展开的一条行为链，在这个链条上，丰富多彩的教学行为是教学活动过程的细节。在某一小段时间内，总有一些主导的教学行为，多个局部行为构成一个行为序列，共同完成教学活动。

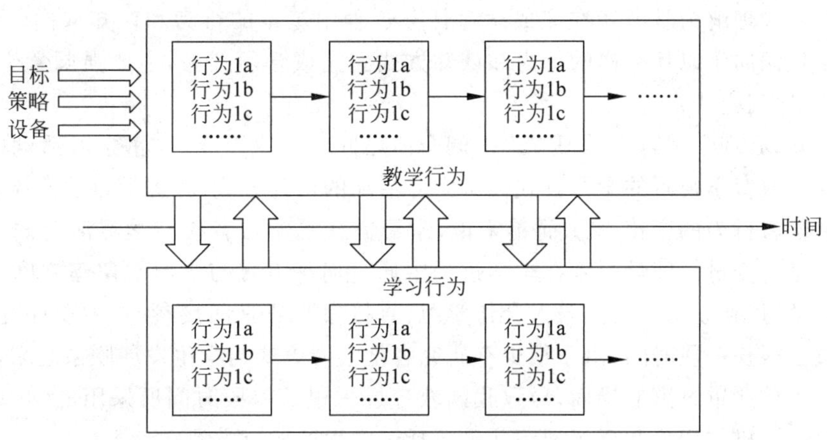

图 2-6 教学活动片段

当前对于教学方式转变存在两种误区：一种误区是表面化地转变教学方式，未真正触及教学方式转变的实质；另一种误区是直接在课堂上嫁接"以活动为中心"的教学方式，将教师讲授活动强制植入学生的自主探究和合作探究活动中的行为。尽管这种方式触动了教学方式转变的实质，但是强制嫁接的方式将导致课堂教学结果陷入低效或负效的困境。李森等认为，教学方式的转变应该在自觉性和自在性之间找到平衡，通过内源性变革和外源性变革实现教学方式的转变[56]。评价教师行为方式可以从行为的自觉性、熟练性和艺术性三方面来设计指标进行考察。

因此，教学方式是师生在教学过程中，为了完成教学任务、达成教学目标，采用的基本行为方式、思维方式和观念态度。转变教学方式就是要改变过去很长一段时间积累的那些对学生健康成长有害，与现代教学理念相冲突的教学行为和相应的思维方式与观念态度，使教学活动能够更加有效地促进学生的学习。

2.3.3 学习方式及其转变研究

对于学习方式的研究，首先应该清楚学习的本质，学习是自主性、建构性和社会性的[58]。学习的自主性强调了学习者主动认知和解释外部世界的心理过程，学习的建构性强调了学习者根据先前认知进行主动建构意义的过程，学习的社会性强调了学习是通过社会互动合作交流完成的活动。那么，对于什么是学习方式？目前学术界对它的解释并不完全一样。心理学领域对学习方式的理解主要基于个体研究视角，将学习方式等同于学习风格(learning style)，主要指人们在学习的时候所具有的偏爱方式，它是学习者在研究解决学习任务过程中所表现出来的一种具有个人特色的方式[59]。美国圣·约翰大学的邓恩夫妇将学习方式理解为学习者集中精力或注意力，并试图掌握和记住新近的困难的知识或技能时所表现出来的一种方式。也有研究者认为学习方式是学习者在长期的学习过程中形成的习惯或具有个体特色的偏好。教育领域对学习方式的理解，廖哲勋教授认为学习方式是课程本质的一个维度，包含学习活动的类型、进行的时间、空间和程序[60]。美国学者纽曼(F. M. Newmann)把学习方式理解为学生参与的学习活动方式(learning engagement)。大多数研究者将学习方式理解为学习者在完成学习任务过程中基本的行为和认知取向[61]。这种理解反映了学生倾向于以什么样的行为和认知方式去完成学习任务，主要强调学生的行为组合方式(行为序列样式)。

综上可知，心理学视野中学习方式强调个体之间的个别差异，注重学习活动的偏好、个性行为特征。教育学视野的学习方式强调学习活动的行为方式，考虑学习的群体意义，强调学习者各种学习行为的变化[62]。简单来说，学习方式是学习者参与学习活动的方式，是教学过程中的基本变量。即学习者在教学过程中通过何种方式与学习对象建立联系，如做中学还是观摩学习、独立学习还是与人合作学习、直接参与还是间接参与、主动探究还是被动接受等。过去很长一段时间，由于很少有研究者把学习方式与学生发展联系起来，出现学习方式与学习本质严重背离的局面，导致我国教育过去很长一段时间所采用的学习方式过于单一，被动接受、机械记忆和反复训练几乎概括了学生的所有学习活动方式。

学习方式是学生在进行自主、合作和探究式学习的过程中表现出来的一种特征，它不是具体的学习策略和学习方法。已有研究者对学习方式进行过多种视角的分类，就学习形式来说，可分为发现学习和接受学习、机械学习和有意义学习、维持性学习和创新性学习、体验式学习和学术学习、情境学习和抽象学习等。无论哪种视角对学习方式的认识，都可发现它具有的三个典型特征：第一，学习方式具有差异性；第二，学习方式具有可变性；第三，学习方式具有多样性。如果没有这些特征，也就失去了“转变”的必要性、可行性和可能性。学生的行为方式是载体，学生学习方式的转变是通过行为方式的转变从而引起认知方式和情感态度的转变，最终改变学生的学习态度、学习意识和学习习惯品质[62]。当前，新课程改革已经实施十余年，其核心就在于转变学生的学习活动方式，强调以自主、合作、探究式的学习为主。

1. 自主学习方式

判断自主学习方式的条件通常包含三点：一是学习者对自己的学习活动进行的规划和安排；二是学习者在实施学习活动过程中的自我监控、自我评价和反馈；三是学习者对自我学习活动的调节。根据已有研究成果，引导学生自主学习包含宏观和微观两个层面的方法,其中宏观层面可以从改变教学的基本顺序入手,如由“先讲后学”变为“先学后讲”。微观层面可以从具体的学习任务入手,提供脚手架的方式进行学习活动。美国著名自主学习研究专家齐默曼教授提出了一个系统的自主学习研究框架,如表 2-9 所示。

表 2-9 齐默曼的自主学习研究框架

问 题	心 理	任 务	实 质	过 程
为何学	动机	选择参与	内在的或自我激发的	自我目标、自我效能、价值观、归因等
如何学	方法	选择方法	有计划的或自动化的	策略使用、放松等
何时学	时间	控制过限	定时而有效	时间计划和管理
学什么	学习结果	控制学习结果	对学习结果的自我意识	自我监控、自我判断、行为控制、意志等
在哪学	环境	控制物质环境	对物质环境的敏感和随机应变	选择、组织学习环境
与谁学	社会性	控制社会环境	对社会环境的敏感和随机应变	选择榜样、寻求帮助

2. 合作学习方式

在合作学习中,已有大量的研究成果。通常合作学习包含五个要素,分别是积极的相互依赖、面对面的互动、个体责任、人际交往和参与小组活动的技能、集体评判[63]。

常用的合作学习活动包含拼接法、提交小组学习成果、结对角色扮演等,它在课堂中需要灵活应用,既可以贯穿一节课,也可以作为其中的一个教学环节。合作学习在课堂中一般应该包含选定主题、小组分工、开展任务和提交成果等。

合作学习与现有的课堂小组学习还有一些区别,表 2-10 对两者进行了比较,与小组学习相比,合作学习过程经过精心设计,小组成员责任明确。

表 2-10 合作学习与小组学习的区别

合 作 学 习	小 组 学 习
积极的相互依赖:面对面的言语互动	较少相互依赖,通常各学各的,偶尔与其他同学对答案
个体责任:每个学生必须掌握学习内容	搭便车:有些学生让其他同学完成大部分或全部任务
教师教授成功的合作学习所需要的社会性技能	教师没有系统地教授社会性技能
教师监控学生的学习行为	教师对学生的学习往往缺少观察
反馈和讨论学生的学习行为	对小组的学习情况较少作评价

3. 探究学习方式

探究式学习主要指学生在教师的指导下,从各种自然或社会的学科领域或自我生活领域中选择符合学习者特征的研究主题,然后设计探究活动,明确任务目标,让学习者在探究式学习活动过程中主动发现知识、应用知识,并解决实际问题。通常,课堂中的探究学习类型包含基于问题的学习和基于任务的学习。

2.3.4 综述小结

教学活动方式是课堂教学过程的重要组成要素。从传统的以教为中心的方式向以学为中心的方式发生转变是基础教育课程改革的目标之一。尽管新课程改革已有十余年的历史,当前教与学方式的转变仍然面临很大的挑战。

对于教学活动过程的本质经历了传递说、共同活动说、交往说、学习活动说。教学就是促进学生有效学习的一种特殊的学习活动，主要是指在教师的引导下学习者完成学习任务，达成学习目标，实现自身发展目的的学习活动，实质是促进学生有效地学习。如何评价学生的学习是否有效，也有一些研究者从理论上进行探讨，或者根据已有的教学经验进行了思辨性质的思考，目前判断学生的有效学习活动的方法还主要是基于教师已有的教学经验，而没有一个可以观察、可以测量的工具。

对于教学方式转变，已有一些研究者进行了大量的研究，既发现了目前存在的误区，也对教学方式转变的实质进行了探索，教学方式的转变将以教师行为的转变为可观察的重要指标，从而更有效地推动从对教学方式转变的关注转向对学习方式转变的关注，心理学视野中学习方式强调个体之间的个别差异，注重学习活动的偏好、个性行为特征。教育学视野的学习方式强调学习活动的行为方式，考虑学习的群体意义，强调学习者各种学习行为的变化。学习方式的转变需要尊重学习的本质属性，注重改变学生在学习过程中的被动性、机械性、孤立性等特征，突出自主的、合作的、富于探究精神的和个性化的特征等。

2.4 理论基础研究

2.4.1 21 世纪学习框架

社会信息化将改变人们的知识观和学习观，从而引发学习方式变革的需求。新的知识观更侧重于知道“在哪里”和“怎样做”[64]；知识的来源也得到拓展，书本知识和直接来自实践领域的知识共同发挥作用。美国 21 世纪技能联盟(Partnership for 21st Century Skills)于 2011 年提出的 21 世纪学习框架有重要作用，他们通过对七个 21 世纪学习有影响力的组织机构：面向 21 世纪技能伙伴关系(Partnership for 21st Century Skills)，经济合作与发展组织(Organization for Economic Cooperation and Development)，欧洲联盟(European Union)，公共教育中心(The Center for Public Education)，国际教育技术协会(International Society for Technology in Education)，美国大学学院协会(American Association of Colleges and Universities)，梅蒂里集团(Metiri Group)；以及三个在引领 21 世纪学习中有重大影响力的人物赵永，加德纳(Gardner)，丹尼尔·平克(Daniel Pink)的理念进行分析后，发现他们普遍关注的 21 世纪学习框架包含基础知识、元知识和人本知识三个模块，具体构成如表 2-11 所示[65]。这对如何使用电子教材引领未来学习方式有重要参考价值。

表 2-11 21 世纪学习框架的主要构成

基础知识 (foundational knowledge)	元知识 (meta knowledge)	人本知识 (humanistic knowledge)
• 内容 (content)	• 解决问题/批判性思维 (problem solving/critical thinking)	• 生活/工作知识 (life/Job skills)
• 信息素养 (information literacy)	• 交流/协作 (communication/collaboration)	• 文化素养 (cultural competence)
• 交叉学科 (cross-disciplinary knowledge)	• 创造 (creativity)	• 道德/情感意识 (ethical/emotional awareness)

新时代的学习观和知识观已经发生了很大的变化，对于学生的成长关注已经超越了以往纸质教材、黑板和粉笔可以适应的年代。对学生创新能力的培养不再停留在纸上谈兵，而需要深入课堂进行研究。

2.4.2 SAMR 模型

罗本(Ruben)博士[2]把研究聚焦在利用信息技术促进教育变革，他在 K-20 教育机构中有着超过 25 年的工作经验，他创建的 SAMR 模型被一些机构(如缅因州学习技术机构、佛蒙特州和瑞典的项目机构)作为选择、使用、评价一种新技术进入教育过程的标准。他经常出席一些技术革新教育的大会，并做主题演讲，他目前关注云计算、学习分析、数字故事书、教育游戏等新兴技术的教育应用。

对于一种新技术在教学中的适用性考察，罗本博士从技术使用层级提出了一个通用的理论模型[63,64]，如图 2-7 所示。

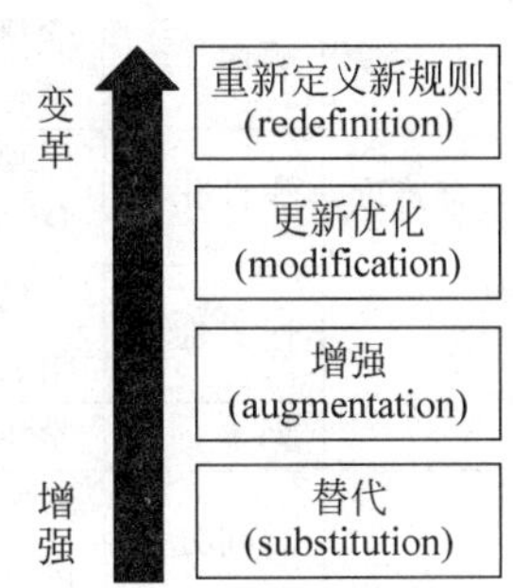

图 2-7 新技术使用的四个层次

该模型把判断技术革新课堂教学的过程分成四个等级。

第一级替代(substitution)：主要指新产品的功能对当前技术产品的兼容程度，没有增加额外的新功能，仅考虑功能替代性和兼容性。

第二级增强(augmentation)：主要指新技术产品的功能不仅能够直接替代传统的媒体功能，还能够提供一些改进后的功能，强调新技术产品的相对优势。

第三级更新优化(modification)：新技术产品能够提供重新设计活动任务的功能。

第四级重新定义新规则(redefinition)：新技术产品能够创造一些新型的活动任务，这在以往的产品中是无法想象的。

其中第一级和第二级仅仅是功能的替代增强，而第三级和第四级才是真正标志着一个新产品时代的到来，它具有以往产品不可比拟的创新功能。

其实，这个模型与罗杰斯在创新扩散理论中提到的用户对两个创新特性——“相对优势”和“兼容性”的认识相一致。在罗杰斯看来，如果一项创新比它所要替代的事物更好，并且它与现有价值取向、过去经验及用户需求兼容并包，不需要付出完全变革的代价，就会被迅速采纳。这也给本研究带来一些启示，在考察电子教材的教学适用性应该如何去关注电子教材与原有纸质教材之间在功能上的区别和联系，电子教材的功能优势体现在哪里。

2.4.3 技术作为认知工具：课堂交响乐模式

利用新技术学习主要是基于建构主义和社会建构主义的理论视角。利用新技术学习能够帮助学生提高他们掌握基本技能的绩效，促进其高阶思维的发展。许多研究者调查发现，计算机技术作为问题解决工具、概念发展工具和批判式思维的培养工具是非常有效的。随着技术与课堂的融合程度越来越高，许多学者以“交响乐”作为隐喻，来暗指对课堂教学互动中的多样化的学习过程和频繁的交互行为的实时管理[65]。从直觉来看，音乐家演奏和谐的交响曲和教师课堂教学都需要具备对时间控制的能力。他们都需要把全部的信息(情感、知识)转化成一个个微小的行为序列(比如做笔记、师生对话)。可见，用“交响乐”代替课堂管理，是为了强调学习过程的“和谐”。

值得注意的是，在音乐当中，交响乐可以表示乐队音乐表演的成绩，不涉及指挥的活动。把这个隐喻应用到教学情境，交响乐可能与教学设计相一致，并不仅仅是课堂活动的实时管理。它强调了以下几点，如表2-12所示。

表2-12 课堂教学交响乐的典型构成要素

维度	要素	说明
教师中心	领导力	教师充当课堂情境的驱动者，领导集体活动。讲座式课堂与建构主义视角可能整合在一起
	灵活性	只要学习活动有意义，教师有可能在课堂中改变学习情境
	控制	教师有必要维持学生课堂兴奋的水平和注意力集中程度
整合跨度	整合	涉及与小组活动、个人活动及课外活动的结合
	顺序	不仅仅是活动的随机序列，被分离的活动能够在这个序列中被看成一个连续的整体
	线性化	简单的活动序列，几乎所有的学生都能够在相同或相近的时间段进行学习活动，从技术角度说，就是工作流
	连贯性	不管是否属于紧张阶段、能力激发阶段和放松阶段，连续的学习活动（对象、小组、任务）经过数据分析，都呈现出清晰的结构
	脚本	学生参与各种学习活动的情感状态，把高度的热情投入课堂教学的每一分钟
时间管理	时间分配	教师课堂处理最主要的内容之一就是时间，不仅是因为教学时间有限，更多的是因为教学时间被分割成了时间片段
	相关性	教授X应该是与课程X的重要性成比例的，时间分割必须灵活
	灵活性	需要在恰当的时间进行合适的干预
物理条件	物理空间	课堂活动的交响乐包含椅子、工具、灯光等的空间安排
	技术觉知	交响乐技术帮助教师从学生的行为水平感知学生的活动状态

有趣的是，交响乐的指挥能够觉知所有音乐家的活动而不能够看到背后的观众。好的教师被认为是有一只眼睛长在背后，只要我们认为学生是交响乐表演家而不是音乐台的观众。那么，课堂上就能奏出一曲和谐的交响乐。

在使用电子教材的课堂教学过程中需要处理的问题犹如交响乐对时间的掌握，如何构建和谐的电子教材课堂教学活动是电子教材课堂教学的一种境界，这对电子教材能否被作为纸质教材之外的一种教材选择的决策非常重要。

参考文献

[1] 顾明远. 教育大词典[M]. 上海：上海教育出版社，1990：283.

[2] 钟启泉，崔允漷，张华. 基础教育课程改革纲要（实行）解读[M]. 上海：华东师范大学出版社，2001：188-189，250.

[3] 孔凡哲. 教科书质量研究方法的探索[M]. 北京：人民教育出版社，2008：67.

[4] 范印哲. 教材设计与编写[M]. 北京：高等教育出版社，1997：3.

[5] 高凌飚. 教科书分析评估的模型和层次[J]. 课程·教材·教法，2001(3)：1-5.

[6] 杨启亮. 教材的功能：一种超越知识观的解释[J]. 课程·教材·教法，2002(12)：10-13.

[7] 何克抗. 建构主义的教学模式、教学方法与教学设计[J]. 北京师范大学学报（社会科学版），1997

(5)：74.

[8] 任丹凤.中小学教科书编制设计的理论与实践研究[D].上海：华东师范大学，2003：114-115.

[9] Catherine C. M. The Future of Annotation in a Digital (Paper) World[BD/OL]. http://www.csdl.tamu.edu/~marshall/uiuc-paper-complete.pdf. 2010-10-10.

[10] 赵艳霞.批注式阅读，自主学习的有效策略[J].北京教育，2011(9)：38.

[11] Schmidt W H，Porter A C，Floden R E，et al. Four patterns of teacher content decision making[J]. Journal of Curriculum Studies，1987(5)：439-455.

[12] 王世伟.调适教科书：使用教科书的实然与应然取向之间的中庸之道[J].教师教育研究，2011(5)：43-49.

[13] Dam A V，Rice D E. Computers and publishing：writing，editing，and printing[J]. Advances in Computers，1970(10)：145-174.

[14] 王晓波.电子教材一路走好[J].信息技术教育，2005(5)：15-17.

[15] 高路.我国第一代电子教材——人教电子教科书问世[J].课程·教材·教法，2002(5)：44.

[16] Hew K F，Brush T. Integrating technology into K-12 teaching and learning：current knowledge gaps and recommendations for future research[J]. Educational Technology Research & Development，2007(3)：223-252.

[17] de Jong A. A test of nine e-book readers[J]. Informatie Professional，2010(3)：29-32.

[18] Allmang N A，Bruss S M. What customers want from kindle books[J]. Online，2010(1)：36-39.

[19] Rajendra K. E-books：review of research and writing during 2010[J]. The Electronic Library，2012(6)：777-795.

[20] Chen J W，Luo D，Hsieh C C. A comprehensive strategy framework for e-textbook in the coming digital society for learning[C]. The Fifth International Conference on Digital Society，2011：63-69.

[21] Cristy J，Tront J G. Developing a plug-in tool to make OneNote an E-textbook. Developing Tools as Plug-ins (TOPI)[C] 2012 2nd Workshop，2012：84-85.

[22] McFall R，Dershem H，Davis D. Experiences using a collaborative electronic textbook：bringing the "guide on the side" home with you[C]. Proceedings of the 37th SIGCSE Technical Symposium on Computer Science Education，2006：339-343.

[23] Morton D A，Foreman K B，Goede P A，et al. TK3 eBook software to author，distribute，and use electronic course content for medical education [J]. Advances in Physiology Education，2007(1)：55-61.

[24] Henke H. Electronic books and ePublishing[M]. Springer-Verlag，2001.

[25] 叶晴辰.依循OEBPS标准之漫画电子书研究[D].台北：台湾交通大学，2005.

[26] Simon E J. Electronic textbooks：a pilot study of students reading habits[DB/OL]. http://www.futureprint.kent.edu/articles/simon01.htm. 2020-10-11.

[27] Tomorrow P. Selected national findings：speak up 2008 for students，teachers，parents and administrators[DB/OL]. http:// www.tomorrow.org/speakup/pdfs/SU08_findings_final_mar24.pdf. 2020-05-10.

[28] Luik P，Mikk J. What is important in electronic textbooks for students of different achievement levels? [J]. Computers & Education，2008(50)：1483-1494.

[29] 陈桄，龚朝花，黄荣怀.电子教材的概念、特征及关键技术问题[J].开放教育研究，2012(2)：28-32.

[30] Zmazek B. What is an e-textbook? [J]. Metodicki Obzori 15，2012(2)：1-15.

[31] Kim M，Yoo K H，Park C，et al. Development of a digital textbook standard format based on XML [J]. Advances in Computer Science and Information Technology Lecture Notes in Computer Science，2010(6059)：363-377.

[32] 张诗雅.课堂有效学习的指导策略研究[D].上海：上海师范大学，2015.

[33] 王治国，陈英和.阅读材料类型和难度对五年级儿童阅读策略的影响[J].心理科学，2007(6)：

1367-1371.

[34] Wilson R, Landoni M, Gibb F. Guidelines for designing electronic books in research and advanced technology for digital libraries [J]. Lecture Notes in Computer Science, 2002(2458)：127-139.

[35] 刘儒德，程铁刚，周蕾. 网上阅读与纸面阅读行为的对比调查[J]. 电化教育研究，2004(5)：28-31.

[36] 梁桂英. 1997—2007 年国内网络阅读研究综述[J]. 图书馆杂志，2008(4)：7-10.

[37] McFall R. Electronic textbooks that transform how textbooks are used[J]. The Electronic Library, 2005(1)：72-81.

[38] Lam P, Lam S L, Lam J, et al. Usability and usefulness of eBooks on PPCs：How students' opinions vary over time Australasian[J]. Journal of Educational Technology, 2009(1)：30-44.

[39] Kim M, Yoo K H, Park C, et al. An XML-based digital textbook and its educational effectiveness [J]. Advances in Computer Science and Information Technology Lecture Notes in Computer Science, 2010(6059/2010)：509-523.

[40] Shirley G, Naomi D, Cliff M, et al. Electronic books：children's reading and comprehension [J]. British Journal of Educational Technology, 2007 (38)：583-599.

[41] Sally M, Emily C. Can electronic textbooks help children to learn? [J]. Electronic Library, 2005 (23)：103-115.

[42] Lane D L. Evaluating e-textbooks in a business curriculum[D]. Nova Southeastern University, 2006.

[43] Porter P L. Effectiveness of electronic textbooks with embedded activities on student learning[D]. Minnesota：Capella University, 2010.

[44] Mitchell W. Student attitudes and behaviors towards digital textbooks[J]. Research Quarterly27, 2011(6)：188-196.

[45] Lim C, Lee S Y. Improving the usability of the user interface for a digital textbook platform for elementary-school students [J]. Education Technology Research and Development, 2012(6)：159-173.

[46] Chou C C, Block L, Jesness R. Opportunities and challenges in one to one learning1 with iPads in K-12 Schools[C]. proceedings of international conference of educational innovation through technology, 2012：15-20.

[47] Sun J, Flores J, Tanguma J. E-textbooks and students learning experiences, decision sciences[J]. Journal of Innovative Education, 2012(1)：415-435.

[48] 陈颖青. 电子教科书趋势与发展[J]. 教科书研究，2009(12)：111-140.

[49] Kim M, Yoo K H, Park C, et al . Development of a digital textbook standard format based on XML [J]. Advances in Computer Science and Information Technology Lecture Notes in Computer Science, 2010(6059/2010)：363-377.

[50] Jun S M. Leading future education：development of digital textbooks in Korea[C]. 12th UNESCO-APEID international conference quality innovations for teaching and learning, 2009(3).

[51] 何善亮. 教学的本质：基于有效教学的分析[J]. 教学理论与实践，2008(1)：57-61.

[52] 王策三. 教学论稿(第二版)[M]. 北京：人民教育出版社，2005：75.

[53] 陈佑清. 教学论新编[M]. 北京：人民教育出版社，2011：123.

[54] 文喆. 课堂教学的本质与好课评价问题[J]. 人民教育，2003(3-4)：13-16.

[55] 裴娣娜. 教学论[M]. 北京：教育科学出版社，2007：67，193.

[56] 李森，王天平. 论教学方式及其变革的文化机理[J]. 教育研究，2010(12)：66-69.

[57] 温恒福. 论教学方式的转变[J]. 中国教育学刊，2002(12)：42-44.

[58] 钟启泉，崔允漷. 新课程的理念与创新——师范生读本(第 2 版)[M]. 北京：高等教育出版社，2008：108.

[59] 陈琦，刘儒德. 当代教育心理学[M]. 北京：北京师范大学出版社，1997：278.

[60] 廖哲勋，田慧生. 课程新论[M]. 北京：教育科学出版社，2003：196-197.

[61] 孔企平. 论学习方式的转变[J]. 全球教育展望，2001(8)：19-23.

[62] 李芒. 技术与学习——论信息化学习方式[M]. 北京：科学出版社，2007：72.

[63] 黄荣怀. 计算机支持的协作学习：理论与方法[M]. 北京：人民教育出版社，2003：108.

[64] 黄荣怀，陈庚，张进宝，等. 论信息化学习方式及其数字资源形态[J]. 现代远程教育研究，2010(6)：68-73.

[65] Mishra P，Kereluik K. What is 21st Century learning? A review and Synthesis[DB/OL]. http://punya.educ.msu.edu/presentations/site2011/SITE_2011_21st_Century.pdf. 2020-10-12.

第3章

电子教材的涉众认知研究

尽管许多国家对电子教材的教学应用相继展开试验，并取得了诸多宝贵经验。且我们的学生在成长过程中伴随丰富的媒体和数字化资源，对技术的认知度和接受度很高。然而，电子教材能否走进课堂，教师、学生、家长、教材出版社、教学管理人员等对电子教材持有怎样的看法还是至关重要的。因此，获取利益相关者对电子教材持有的态度和观点显得尤为重要。

3.1 涉众认知相关研究

涉众，英文为"stakeholders"，这个概念在经济学领域一般被翻译为"利益相关者"，起源于20世纪60年代，它主要是针对传统"股东至上主义"治理模式面临的困难而提出[1]。涉众必须与组织有关联，这种关联既可是主动关联，也可是被动关联。从社会学的视角来看，凡是与项目有利益关系的人和事都是涉众。

当前对于利益相关者的研究已从经济学范畴波及多个学科领域，近年来有不少硕士和博士论文以利益相关者为理论视角或者理论基础在教育领域展开相关问题的研究。如李峻的博士论文《我国高考政策变迁研究》，作者从利益相关者的视角出发，确定了影响高考政策的核心利益者为中央政府、地方政府、高校及考生[2]。孟凡的博士论文《利益相关者视角下的大学学生评教制度研究》，作者把影响大学学生评教制度的利益相关者界定为教师、学生和教学行政管理者三类人群[3]。

本研究从教材的应用情境出发，最核心的教材涉众为教师和学生。根据涉众理论的相关研究，往往还有一些潜在的群体和隐藏的群体的意见对项目开展非常重要。为此，从更大范围来看，家长、教材出版社(发行者)、政府官员、专家这四大群体尽管不是教学过程中最直接的使用成员，但是他们对电子教材的观念和看法将对电子教材在教学中的应用程度和发展方向产生非常重要的影响。为此，本研究最后确定了教师、学生、家长、政府官员、专家、教材出版社等六类人员或机构作为电子教材的涉众，如图3-1所示。

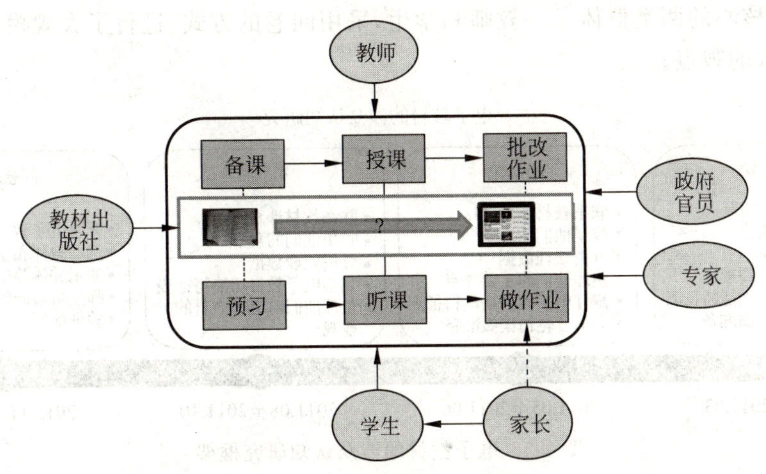

图 3-1 电子教材涉众构成

"认知"一词起源于心理学,它作为心理学中的重要概念,随着认知心理学的发展,当前对认知活动主要有三种理解:第一种是把认知活动看作人脑对信息的加工过程;第二种是把认知活动理解为人脑对符号的处理过程;第三种是把认知活动界定为问题解决的过程。这三种理解从不同角度探讨了人类认知活动过程的实质,它们都有一个共同的认识,即人类的认知是一个积极主动地处理信息、符号和解决问题的动态系统[4]。当认知这一概念转嫁于社会学、传播学、营销学等领域,对公众、受众或消费者的行为进行关注时,不同的学者对它的理解会有所差异。一般认为,"认知"是认知主体受到认知刺激,将刺激与需求建立联系,从不同的维度对产品(事件)加以评估,最终判断产品(事件)与自己的心理期望是否匹配,进而做出决策并产生行为的心理过程[5]。另外,认知主体的认可程度是变动的,所作出的决策判断是一个较为复杂的过程,并不是单一线性不可逆的,而是一个循环和不断改变的过程,这些认识丰富了认知在社会学、传播学及营销学中的内涵。本研究的涉众认知,指的是涉众认知系统中的知觉(perception)信息加工过程,知觉是人脑对客观事物的各种属性、各个部分及其相互关系的综合的、整体的反应,它包括对感觉信息的整合,是依赖于个体已有知识和经验来把握刺激信息的意义的过程。本模块的研究从社会认知的视角,将涉众认知理解为教师、学生、家长、专家、政府官员等在访谈调查过程中表现出来的对电子教材的内涵、功能特征、使用需求、潜在优势和挑战等不同方面的理解,根据他们已有知识经验对电子教材的可行性做出的决策或提出的观点。

3.2 研究设计

3.2.1 研究目的与框架

本研究旨在通过调查获取电子教材涉众对其功能特征、使用需求、潜在优势以及面临的挑战等方面的观点,为将来在真实课堂中研究电子教材的教学适用性做准备,研究框架如图 3-2 所示。首先,研究者根据文献研究整理电子教材的内涵、功能特征,然后通过三轮专家访谈法收集六类教材涉众对电子教材的看法和观点。最后,研究者还开发电子教材原型产品，选取最核心的两类群体——教师和学生，采用问卷的方式，进行了大规模的调查，验证前期访谈获取的观点。

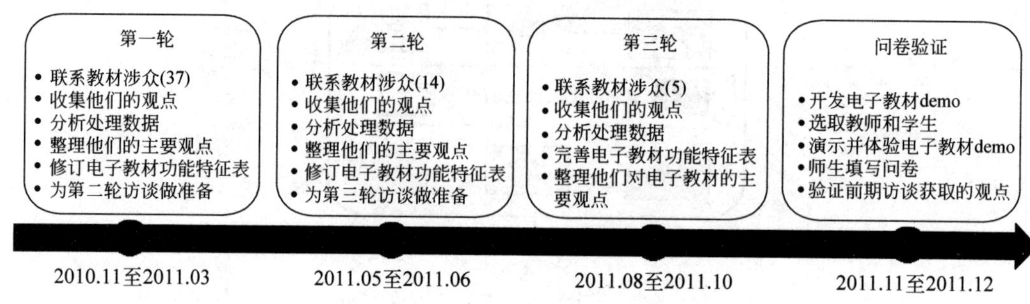

图 3-2 电子教材的涉众认知研究框架

3.2.2 调查对象

本研究通过三种渠道来获取尽可能有代表性的调查对象，访谈涉及 17 个单位的 56 名对象，访谈的基本信息如表 3-1 所示。

表 3-1 参与访谈的对象与访谈时间

编 号	单 位	被访谈者角色	人 数	历时/h
1	北京师范大学附属中学	T(2)	2	2
2	北京市东城区教育委员会	A(1)	1	1.5
3	北京市东城区回民小学	A(1)	1	1.5
4	北京市杨庄中学	A(1)，T(2)，P(2)	5	2
5	人大附中西山学校	A(1)，T(2)，P(3)，S(2)	8	7
6	北京市东城区东四九条小学	A(1)，T(2)，S(4)	7	4
7	景山中学	A(1)	1	2
8	北京师范大学实验小学	P(2)，S(2)	4	1.5
9	北京市昌平第二实验小学	A(1)，T(2)，S(2)	5	2.5
10	北京市昌平区二毛学校	A(1)，T(2)，S(3)	6	2.5
11	西单小学	T(1)，P(1)，S(2)	4	2
12	首都师范大学附属中学	T(1)	1	0.5
13	北京市平谷区特教学校	T(1)	1	1
14	北京市教育技术信息中心	A(2)	2	1
15	北京师范大学出版社	TP(2)	2	2
16	外语教学与研究出版社	TP(1)	1	1
17	北京师范大学	E(5)	5	4

注：A 为管理者；T 为任课教师；P 为家长；S 为学生；TP 为教材出版社；E 为专家。

第一，以教育部委托研究课题“基础教育电子教材的发展战略研究”为依托，邀请部分教育管理部门领导、教材出版机构员工等相关人员参与本研究的访谈。

第二，以“基础教育跨越式项目”为依托，邀请部分跨越式学校的教师和学生参与本研究的访谈。

第三，在北京市联系一些中小学教师和学生参与问卷的填写。

3.2.3　研究工具

1. 访谈提纲的编制

访谈提纲的编制借鉴了已有研究者[6,7]的相关研究成果，围绕电子教材的功能特征、使用需求、潜在优势和面临挑战四个方面，在正式实施访谈前，本研究编制了访谈提纲初稿(部分样例见附录A)，分别挑选了三位访谈者进行预访谈，然后根据试验对象的反馈意见修订了访谈内容，并且对修订后的内容提纲进行了专家效度检验。综合专家的意见，本研究的访谈提纲主要涉及如下五个开放性的问题。

(1) 您对现有的纸质教材应对信息时代的教学有何看法？(仅对教师、学生、家长)

(2) 关于中小学使用电子教材，您是如何看待的？

(3) 关于电子教材这种新事物，您希望它具有哪些功能特点和优势？(关于电子教材具有的功能特征，本研究根据文献调研提前整理出一个功能特征表，包含五个维度43个功能特征指标项，见附录B。)

(4) 如果在中小学校使用电子教材，您有何期望？

(5) 您认为当前电子教材还面临哪些挑战？

2. 调查问卷的编制

为能够获取更多教材使用者对电子教材在中小学课堂应用的态度，验证电子教材在课堂教学中的可行性，根据访谈结果和借鉴邵秀蔚[8]、胡六金[9]等的研究成果，笔者编制了《中小学电子教材功能及应用的可行性调查研究》问卷，见附录C。

问卷分为功能特征、使用需求、潜在优势和面临的问题等D个维度。问卷的信效度检验采用如下方式：在效度方面，使用“内容效度比”(CVR)检查，邀请五名专家(优秀教师和学科专家)对问卷的效度进行打分，将专家的意见统一起来后，剔除一些不符合的题项，保留了最后整体效度比值在0.6以上的44个题项，如表3-2所示。在信度方面，选取了10名调查对象在间隔一周后进行重复填写，得到相关系数范围为0.891～0.975。

表3-2　调查问卷维度和题项汇总表

维　度	子　项	题项个数
功能特征	结构化呈现、交互式媒体、笔记工具、作业工具、管理工具等	18
使用需求	可行性认识、优先学科、优先年级、购买主体、使用方式、显示尺寸、设备重量、电池续航能力等	8
潜在优势	内容可选择性、减轻重量、资源共享、学生发展、内容更新等	7
面临问题	学生认知能力、身心健康成长、教材阅读体验、课堂管理、设备的稳定性等	11

3.2.4　调查过程

乔布斯曾说过：“人们通常不知道自己想要什么，除非你秀出产品给他们看。”仅仅了解用户的期望是远远不够的，更高的境界是深入用户的内心，寻找他内心深处的渴望。因此，为了更好地收集数据，为将来电子教材的发展提供有价值的建议，本研究的访谈前后进行了三轮。为了真正弄明白访谈对象内心深处对电子教材的真实想法，研究者在正式访谈之前把与电子教材相关的一些资料制作成PPT演示文稿,并向访谈对象介绍当前电子教材的发展现状;然后,研究者提供几种平板电脑让访谈对象体验电子书、电子教材的操作。接下来才正式进入访谈。在正式访谈过程中,研究者还让持肯定态度的访谈对象现场确认了电子教材功能特征表上的功能。整个访谈调研依托于教育部委托课题,从2010年10月开始至2011年9月结束,历时11个月。在访谈过程中,由于很难提供对单个个体的专门访谈,研究主要是运用单个访谈和团体焦点访谈相结合的方式来完成访谈工作。

鉴于研究客观条件的限制,问卷调查主要收集了来自北京市的教师和学生的数据,在实施问卷调查前,研究者根据访谈获取的观点,开发设计了电子教材原型产品。在实施问卷调查过程中,研究者向相关机构借用了一定数量的电子教材阅读终端设备,用来向教师和学生演示并介绍电子教材产品的相关功能,然后让教师和学生自主体验电子教材产品半小时,师生体验结束后,研究者让教师和学生在专用的问卷调研平台上填写问卷,整个问卷调查历时1个月。研究者认真分析了调查对象的人群构成,结合本研究的研究目的,经过仔细筛选数据,排除漏填、误填和回答不认真的数据,课题组获得了544份有效数据,其中教师数据有144份,学生数据有400份。

3.2.5 数据处理

首先,把访谈获取的数据进行人工听录,转化成文本信息。然后以提问的五个开放性问题为框架,但凡出现频率高或者独特的子类别都会被仔细地放到每一个问题框架下,整合成条目清单。这样整理的结果,利于发现不同涉众群体对待电子教材的认知差异。

研究共有两位评分员进行信度检定,两位评分员为课程与教学论的研究生,经常深入中小学听课调研,熟悉中小学课堂教学。信度检验过程首先选取三份访谈文本内容,研究者将分类表发给两位评分者阅读,再说明归类原则与方法后,请评分者以上述访谈问题框架为依据进行分归。最后利用公式根据归类的结果计算信度。根据之前的公式(1-1)和公式(1-2),本研究信度为0.88,达到内容分析的要求。在效度方面则是与三位中小学优秀教师和一位课程教学论专家反复讨论,并且经过不断的修改,确定并无遗漏重要的内容,确保符合本研究的需要。

其次,本研究也直接采纳了教材涉众的部分观点,作为对相关问题阐述的有力论据。

研究对问卷获取的数据采用SPSS19.0 for windows软件录入,并对数据进行整理和统计分析。

3.3 结果分析

3.3.1 管理人员对电子教材的认知

教育管理部门的管理人员表示大力支持电子教材的研究,建议在一些条件比较好的地区率先开展电子教材研究。整体而言,管理部门相关人员认为在实施电子教材的过程中,有几点需要考虑。

1. 关于实施电子教材的优势和挑战

(1) 构建公共服务体系非常重要:要使电子教材能够在课堂内外发挥作用,仅仅关注硬件设备和教材内容是不够的，需要构建支撑电子教材在学校和家里使用的公共服务体系，包括网络带宽覆盖面、学习平台、教室装备等服务体系。

(2) 教材内容组织比终端设备更为重要：手持式学习终端设备是电子教材的最佳载体，但是影响电子教材应用效果的关键因素取决于教材内容设计和组织。

(3) 技术设备的有效使用是保障：以前利用信息技术变革传统课堂并没有发挥技术应有的作用，而电子教材要想真正变革教与学的方式，如何有效使用技术设备变得非常重要。

(4) 教与学方式的变革是根本：电子教材引入课堂内外，给传统纸质教材的教与学方式带来很大的影响，基于电子教材的教学设计、课堂管理、学习习惯、学习活动等方面的改革变得尤为重要。

(5) 学习支持服务是助推器：只有良好的学习支持服务才能保证电子教材的使用得到持续的支持，推动电子教材的应用不断深入。

(6) 电子教材的成本分摊机制需要制定：现有中小学学生使用的纸质教材全部是政府采购的，而将来如果使用电子教材，那么对电子教材的阅读终端、软件平台和内容的使用成本需要考虑如何分摊，处理好成本分摊将是电子教材进入中小学的重要经济保障。

(7) 电子教材应该深化家校互动的方式：电子教材除了支持学生作业发布和批改外，还应该考虑家长如何通过电子教材服务平台直接签署对作业的意见，查看学生的学习记录，教师的评语等，加强家校互动的深度。

相关人员访谈节选：

> 电子教材不仅仅是纸质书或者是教辅材料的数字化，而且还要与学生的学习情境高度关联。比如学生在学习过程中会使用到的学习工具和数字化资源，都可以嵌入到电子教材硬件系统中，构建一体化的电子教材使用环境。
>
> 电子教材内容体系不再局限于原有纸质教材的内容结构，还要对原有纸质教材和教学辅导材料的内容深度重构，基于学生的学习特征提供文本、视频、动画等多形态的富媒体资源帮助学生实现个性化的学习方式。
>
> 支持电子教材使用的终端设备对电子教材的发展至关重要，电子教材内容应该支持多种终端设备呈现，学习者可以非常方便地在不同终端设备之间切换，并不影响电子教材的学习体验。
>
> 电子教材在真实教学场景使用还需要提供有效的教学支持服务。基于课上课下、校内校外等不同使用场景提供一套完整的支持服务体系，便于学生、教师、家长等相关群体基于电子教材进行良好的教学体验和家校沟通。
>
> 电子教材的常态化使用还需要政府部门、出版机构、学校等诸多单位进行通力合作，解决好电子教材在使用过程中可能会遇到的各种技术难题、教学问题等。
>
> ——整理自东城区教育委员会一位管理人员观点

2. 电子教材的功能特征和使用需求

关于电子教材的功能，政府管理人员认为电子教材不是纸质教材的简单搬家，电子教材的功能需要超越纸质教材对教学和学习的支持；就“电子教材阅读设备”来说，需要关注设备响应时间、数据同步、显示尺寸、设备重量和电池续航时间；就“电子教材内容”而言，需要关注呈现格式的多样性、随文笔记支持、多媒体、内容安全性与更新速度、作业管理和自动反馈等方面；就“网络访问”的支持而言，需要考虑网络安全和带宽支持。这些功能特征对阅读设备提出了一些硬性要求，在内容和软件方面已经显示出对学生的多样性和差异性的考虑，电子教材的功能设计不仅要遵循学生的认知规律，还要符合学生的阅读习惯。

关于电子教材的使用需求和推进策略，政府管理人员认为从整个国家层面来看，当前，在信息化建设层面，我国各个地区在信息化建设方面成效不一，发达地区和不发达地区相差很大。即便是同一个地区，不同学区的评价体系和教材选用的种类也有很大差异。从课程教材建设来看，目前我国实行国家、地方和校本三级课程目标。基于课本标准的教材更是种类繁多。为此，电子教材要进入课堂，可以优先选取一些具有实验条件和研究基础的学校率先进行尝试，探索电子教材在课堂中发挥的优势和面临的挑战，研究电子教材在中小学课堂应用中的可行性问题。

3.3.2 教师对电子教材的认知

被访谈的教师主要围绕对纸质教材的理解，对电子教材的使用需求、功能特征、优势和面临的挑战等方面阐述了他们对电子教材与纸质教材的认识。

1. *教师对电子教材的使用需求、优势和挑战的观点*

本研究对 15 位教师的访谈数据进行整理后结果如表 3-3 所示。有几点发现：①所有教师都认为纸质教材的阅读方便性是最大优势，电子教材也需要继承纸质阅读的方便性。②纸质教材存在的诸多不足都是能够通过电子教材进行改善的，如更新慢、知识过时、静态

表 3-3 教师对纸质教材和电子教材的认知结果整理（$n=15$）

教材类别	维度	详细要点	TT	IT	次数
纸质教材	优势	方便阅读	8	7	15
		成本低	8	4	11
	不足	呈现内容固定、更新慢	8	7	15
		内容容量有限制	5	2	7
		静态图文	6	7	13
		知识内容过时	6	7	13
电子教材	使用需求	电子教材是一种趋势	6	5	11
		建议开展的年级：三四年级以上	5	5	10
		建议开展的学科：英语、科学	5	6	11
		愿意主动尝试的教师	4	7	11
	优势	参赛评奖、评职称	1	2	3
		可二次开发教材内容	3	—	3
		补充多种教学资源	4	6	10
		便于开展自主、探究学习方式	2	7	9
	挑战	教学进度是否受到干扰	8	5	13
		教学方式是否改变太多	6	2	8
		学生成绩是否会下降	7	4	11
		教学准备任务是否会增多	8	5	13
		课堂如何管理	7	2	9
		阅读设备的安全与监控	5	7	12

注：PT 为普通教学班教师；IT 为有网络班教学经验的教师

性等。③超过70%的教师认为电子教材是一种趋势,网络班的教师比普通班的教师更愿意尝试使用电子教材。④电子教材的突出优势为可以补充更新教学内容,网络班教师认为电子教材最大的优势是便于开展自主、探究的学习方式。⑤对电子教材最为担忧的是教学进度是否会受到干扰,教学准备任务是否会增多,其次才是担心学生的成绩下降、设备安全与监控等问题。

值得注意的是,接受访谈的教师们指出,尽管教材出版社提供有配套学习网站、指导手册、光盘等助教资源,但是实际上这些资源的有效利用普遍偏低,这也增加了教师的备课时间。访谈结果与黄显华等[10]的研究结果趋于一致。

另外,教师对电子教材的使用需求的诸多观点还体现在对电子教材价值、成本和应用动力的关注上。

1)价值认同方面

五位教师期望利用电子教材来改善传统课堂存在的一些教学问题或困惑,目前教师们存在如下几点困惑:

学校课时安排有限,按照学校设置的课时计划很难保证教学任务在规定的时间内及时完成,教师需要根据教材内容的重要性有选择性的去掉一些内容。

现有教材内容的知识编排顺序与教师在课堂中实际进行的教学顺序存在冲突,教材提供的教学活动不能满足教师的真实课堂需要。

学生课业负担重。每天课时数多,学习负担重,部分学生的学习成就感低。

纸质教材课堂学习很难兼顾学生的个性化和多样性的需求,教师希望在课堂上能够兼顾学生的个性需求和共性特征。

因此,受访谈的教师期望电子教材在内容编排方面具有灵活性,可以针对学生的差异,设置一些可选择的学习任务和提供一些适合个体学习者特征的学习活动。

11位教师认为电子教材是信息时代下教材变革的一种趋势,但是不能说电子教材会取代纸质教材,未来的局面将是电子教材与纸质教材共生共存的状态。正如北京市杨庄中学的一位英语老师谈到的:

> "我们一线老师对教材电子化的过程还是比较关心的,现在网络越来越普及,学生访问网络也方便,你刚才给我看的iPad里,有许多生动有趣的书。我想,它会是一种重要的资源,将是未来教材大家族的一个重要组成部分。"

对于电子教材推进的进度,10位教师共同谈到,在我国当前的学制下,电子教材的可行性需要通过实验进行决策,选择实验的学校最好具有代表性,在信息技术基础比较好的学校开展试点较为合适,而年级可考虑从小学三四年级或初中一年级开始,最佳的科目有英语、科学等,教师们认为语言类学科可充分利用教材的多媒体互动特征。正如北京市东城区回民小学的崔主任指出:

> "考虑到电子教材对学生的信息素养有一定的要求,一二年级的学生主要任务是认识和学习写汉字,小学三四年级的学生就比较适合采用电子教材。"

2)成本认同方面

所有教师认为尽管手持式电子教材阅读终端对电子教材进入课堂这一技术性变革至关重要,但是设备并不是影响电子教材进课堂的最关键因素,最重要的是需要与中小学教师一起研究支持电子教材的教法和学法。教学活动和学习活动的开展才至关重要，需要教育专家、教学设计专家一起共同研究如何设计电子教材的使用方式。北京市东城区回民小学的崔主任提到：

"电子教材的内容设计必须跟现有纸质教材相结合。教师爱用，学生才可能更容易用。要有丰富的课外资源，满足学生的个性化学习需求。"

北京市昌平第二实验小学语文组老师还强调电子教材的应用情境应该首选课堂使用，他们认为：

"电子教材应该上课时用。其实我觉得课内和课外结合着用是最理想的状态。……如果作为纯粹的教辅，在课下去用，意义就不大。因为越到高年级，随着学生的学习任务越来越重，学生回家之后就基本上不会看这些东西。"

电子教材进入课堂需要考虑当前教师的课堂教学时间、教学任务和教学方式。电子教材进入课堂不能推翻现有的教学模式，让教师去适应一种全新的课堂，那样难度非常大。正如北京市杨庄中学的数学组老师提出的问题：

"电子教材进入课堂，教师是怎样一种角色呢？是让学生自己阅读课本？那教师怎么上课和管理课堂呢？"

使用电子教材需要解决的问题是推行电子教材的途径和机制，电子阅读设备的监控和安全问题，电子教材的研究需要与教师、研究机构、硬件厂商和学校一起构建使用环境，形成一套可行的解决方案。北京市东城区东四九条小学的武老师认为：

"采用平板电脑可能带来三方面的问题，①课堂管理不便；②学生容易弄坏；③所有权问题。所以有关使用平板电脑带来的课堂管理问题值得我们深入考虑。"

3）应用动力方面

愿意参与电子教材课题研究的教师主要有这样几类人群。第一类是副科教师。北京市昌平区二毛学校的科学老师提到：

"现在科学课采用循环教材，就是上一届学生用完后，下一届学生接着使用，这样非常不方便，当书本到下一批孩子使用的时候，往往已经比较陈旧了。我现在已经有科学课整个年级的多媒体课件资源，我希望跟电子教材课题组合作，探索电子教材的课堂教学方式，改变当前的教材使用方式。"

第二类是特教学校的教师。北京市平谷区特教学校的曹老师提到：

"我们特教学校非常需要这样的数字资源，可能普通院校担心过多的多媒体画面会阻碍学生的抽象思维发展；但是对于特教学校的孩子，他们更多地需要动态、丰富的内容，帮助他们加深对知识的理解。"

第三类是信息技术比较好的青年教师。北京市东城区东四九条小学的武老师提到：

"我们学校有白板技术使用最好的教师，他们很希望尝试新技术在课堂上的应用。这样对于赛课评奖、评职称都非常有帮助。"

此外，对于电子教材阅读终端的尺寸、重量和功能、价格等，教师们也提出了要求。总的来说，教师们认为电子教材硬件设备价格在1000元左右比较合适，电池续航一定要能满足学生日常学习，教师能够对学生的设备进行监控，需要有一只电子触控笔辅助学生完成写作任务，并且具有摄像、录音功能。北京市杨庄中学的荣主任对于电子教材的阅读终端还提出7～10寸的平板电脑比较合适。他说：

"类似于iPad大小的平板电脑作为硬件设备挺合适，但是需要提供输入笔。小学生，特别是低年级的孩子正是习惯养成的阶段。一定要有录音、摄像头，还可以安装一些传感器。"

对于电子教材阅读终端的显示屏和重量，他认为：

"显示屏介于7寸到10寸之间的平板电脑作为电子教材的介质比较合适，就重量来说，超过1kg的设备还是有点重。"

2. 电子教材功能特征

教师认为电子教材的功能特征需要继承使用者原有的教材使用习惯，然后发挥电子教材的优势，弥补纸质教材内容呈现的缺陷，优化教材使用策略。也就是说，电子教材的功能特征需要具有高质量的用户体验，才能有效发挥教材的作用，优化传统课堂教学方式。

(1) 整合多种学习工具：电子教材阅读设备应该具有能够把内容、习题、作业评价、家校沟通等多种辅助学习工具(包含计算器、字典、词典、录音、摄像头等)集成在一起的特点，发挥电子教材的学习资源和学习工具优势，让学生能够方便地学习。

(2) 在呈现格式方面：遵循纸质书本的版式结构将符合用户的阅读规律。同时还需要考虑学生的多样性和差异性等因素，可根据不同学习路径生成多种呈现版式，允许用户根据教学需要自行更改教材的呈现方式。北京市东城区东四九条小学的周老师谈道：

"现有的英语课教材的呈现方式与小学的英语教学活动有一些脱节，我希望电子教材能够在呈现方式上有所突破，我可以根据自己的教学计划对教材进行二次开发，让电子教材更有针对性。"

(3) 在媒体类型方面：电子教材的内容应该比较活泼，媒体形式应该丰富。

(4) 在笔记方面：满足学习者可在课文中随时做笔记的需求，包含添加标注、加高亮等笔记功能。北京市东城区东四九条小学的荣老师谈道：

"语文课中，学生必须在书本上划重点和记笔记。比如课文的段落大意需要书写，否则学生不明白课文的整体结构。"

(5) 在作业方面：可以提供多种作业输入方式，如手写输入和键盘输入相结合，然后对学生的客观题能够进行直接评价。同校的武老师谈道：

"我希望电子教材能够把作业评价的功能一并包含，尤其是选择题、填空题等这些有标准答案的题型，可以实现自动评阅学生的作业"。

(6) 在管理方面：可以很方便地对作业进行一次分发或多次分发，对笔记能够同步更新，教材内容可以在其他设备上同步更新。

3.3.3 学生对电子教材的认知

1. 对电子教材的使用需求

考虑到电子教材这种新产品是面向学生使用的课本，所以整理学生的访谈记录十分重要，受访谈的15名学生中，有至少三分之二的学生(10名)已经适应笔记本电脑和台式机在日常课堂教学中的使用，他们共同谈到的观点，如表3-4所示。

表 3-4 学生对纸质教材和电子教材的认知结果整理($n=15$)

教材类别	态度	人数
纸质教材	可以自由在上面画重点和做笔记	12
	可以快速而准确地翻到老师指定的页码	10
	课本太多、纸质教材太重	15
	教材内容比较枯燥	10
电子教材	对课堂中使用电子教材普遍持肯定态度	14
	内容要非常有趣	10
	希望电子教材应用不要造成课业负担增加	15
	倾向于首先选择语文学科开始使用	10
	对电子教材的设备价格希望设备能在1000元左右，并且坚固耐用	13
	电子教材阅读设备的重量不要超过1kg	12
	对使用电子教材后给视力带来的影响比较关注	15

超过90%的学生对电子教材持肯定态度，学生普遍希望电子教材不要造成课业负担的加重。超过三分之二的学生认为纸质教材的优势在于做笔记很方便和能准确快速地跟上教师的节奏，找到指定页码。学生们认为纸质教材主要的缺陷为课本多而重，且内容枯燥，其中对课本太多、太重最为不满。

此外，关于学生的学习纪律，网络班的学生认为他们自己制定了一些课堂纪律规范，相互监督，学生们能够养成在网络环境下遵守课堂纪律，保持注意力的良好习惯。人大附中西山学校未来教育班初一学生谈道：

> "我觉得在电脑上看书挺好的，我们不玩游戏，在购买电脑前我们已经做了自觉遵守课堂纪律，养成良好学习习惯的承诺。"

关于电子教材的应用挑战方面，部分学生提到对使用电子教材后给视力带来的影响比较关注。北京市昌平第二实验小学五年级网络班学生谈道：

> "我们一节课40分钟，到半个小时，眼睛就会很累。一天只有两次眼保健操，这样我们眼睛会受不了的。"

2. 电子教材的功能期望

(1) 作业功能。学生作业可直接提交给电子教材服务系统，部分作业结果可实现及时反馈。学生的所有作业任何时候都可访问。西单小学六年级的童同学谈道：

> "当前我们的作业类型与课文内容紧密结合。我提交作业的方式有三种，一是直接口头回答教师的问题；二是用笔在作业本、练习册上完成；三是通过电脑查阅资料，提

交电子版的作业。为了提高学生的打字速度，教师通过鼓励我们用写日志的方式练习打字速度和准确度。我希望以后可以在平板电脑上做作业，就直接发给老师，然后教师也在网上批改我们的作业，我想这样会好玩一些。”

(2) 提供丰富的在线或离线学习资源。学生认为电子教材与纸质教材相比，教材资源除了课本外，还可以很方便获取网上学习资源，如设置一些互动小游戏，实现寓教于乐。北京市东城区东四九条小学的庄同学谈道：

“我经常玩一些英文原版的游戏，这样从中也能学到一些英语知识。”

(3) 教材媒体类型多样化，增加音视频、动画等。北京市昌平第二实验小学五年级网络班学生指出：

“比如说我们在学热胀冷缩时，可以放一个视频，让我们可以看到，不用亲手去做。亲手去做可能有危险，在这上面去看就方便许多。虽然没有真实感，但是可以看出实验的重要性，如果我们不做的话，也能看明白这个实验要说明什么。”

(4) 整合多种学习工具，如字典、计算器。北京市昌平区二毛学校的李同学认为：

“我觉得电子教材里应该有字典、计算器之类的工具，可以帮我翻译不认识的单词；计算器可以帮助我节省一些数学问题的计算时间。”

(5) 笔记功能。学生认为电子教材要能比较适合阅读，希望电子教材能够实现翻页看，可以选中文字添加笔记。

(6) 硬件设备安全方面。学生们普遍希望电子教材阅读终端应该具有防滑、防摔的功能。

3.3.4 家长对电子教材的认知

受访谈的八位家长谈到的要点整理如表3-5所示。家长们认为纸质教材在对视力保护、写字习惯和课堂注意力保持方面具有突出优势，家长们认为纸质教材的优势并不是电子教材的功能缺陷，而是对课堂上如何使用电子教材，继承原有的教材使用习惯提出了新要求。超过50%的家长认识到电子教材的诸多优势，比如内容更新快、减轻书包重量等。50%的家长表示愿意购买一些设备，更好地帮助孩子学习。

表3-5　家长对电子教材的认知结果整理($n=8$)

类　别	观　点	人　数
纸质教材优势	对视力伤害比较小	8
	学生可以很方便地在教材上写字	8
	没有电的环境下可以继续使用	5
	对学生的课堂注意力干扰小	8
使用电子教材优势	电子教材内容便于与时俱进	5
	电子教材减轻书包重量	6
	愿意购买学习设备辅助学习	4

续表

类　别	观　点	人　数
使用电子教材挑战	担心学生课堂注意力不集中	8
	担心影响学生成绩，出现成绩下降	8
	担心学生不会写汉字	8
	担心网络和游戏成瘾	6
	担心学生视力下降	7
	担心影响学生身体发育、脊椎发育	5
	担心孩子携带设备的安全问题(摔坏)	3
	担心学习具有设备依赖性(没电怎么办?)	2

此外，几乎所有的家长都对使用电子教材存在许多顾虑，首先是孩子的认知发展，比如注意力问题、学习成绩问题等，然后是对孩子身心健康的担忧。一位姓马的家长谈到：

> “我觉得使用电子教材可能会是一种趋势，但是我的孩子平时回来做作业感觉课堂上注意力并不是非常集中，如果使用电子教材，尤其是平板电脑上自带的那些游戏会不会更加影响孩子的注意力，让学生成绩出现下滑呢？没有了平板电脑，是不是孩子就不会学习了呢？如果电子教材能提高学生的学习成绩，真能培养学习兴趣，我还是非常愿意让孩子尝试的。”

北京西单小学六年级学生的家长谈道：

> “我非常愿意给孩子购买电子辅助学习设备，复读机、点读机、电子词典等一类的设备我都给孩子买了，这些学习设备上的功能不会有网络或者游戏功能，主要是帮助学生学习的，所以我非常愿意并舍得花钱去购买。但是，要是说购买电子教材，我最关心的是我的孩子使用电子教材会不会就不专心听讲，上课玩游戏，影响学习成绩；当然，如果学校教师推荐说使用电子教材可能对我的孩子发展更好，我可能还是会赞同孩子选择这样的班级上课的。”

一位姓郭的家长表示：

> “我希望孩子能够体验电子教材的课堂，我认为让孩子从小有更多的体验对他以后发展是非常好的，毕竟电子教材这种新事物对学生的吸引力很大。还有就是小孩的书包确实很重。当然，我觉得电子教材的质量需要考虑，是否耐用？服务是否能跟得上？最重要的是，我希望教师花心思研究如何让孩子能够保持对电子教材的好奇心，专心听课，提高学习成绩。”

关于电子教材的功能特征：支持使用电子教材的家长对于电子教材具有的作业工具和笔记工具非常关心，认为笔记工具和作业工具是支持电子教材进入课堂的重要保障。就作业工具而言，家长们希望电子教材能够支持手写输入和键盘输入的方式，能够对学生作业进行集中管理。就笔记工具而言，家长们期望电子教材能够提供与使用纸质教材相似的笔记输入方式，如高亮、批注等。

3.3.5 教材出版社对电子教材的认知

通过对出版社的相关人员进行访谈，整理分析内容，得到如下结果。

(1) 电子教材出版标准制定：对电子教材的形态和定义至今没有达成一致的认识，出版社希望能够尽快研制出电子教材的出版标准，规范电子教材出版的市场准入机制。

(2) 电子教材的利益分配和使用成本：出版社认为电子教材阅读终端和教材内容相比，教材内容占主导地位，电子教材的使用成本与教材形态、使用时长、服务类型密切相关，期望与有关单位一起运营。

(3) 电子教材的版权保护：出版社对电子教材的版权最为担心，当前主要是以U盘和光盘为载体的单机版电子教材，当教材内容网络化后，如何保护电子教材的版权是出版社一直在积极探索的。

(4) 出版社对硬件设备的要求：出版社开发的电子教材并没有针对某一指定硬件设备而开发，教材内容能够在不同硬件设备和不同平台上访问，期望在市场上阅读体验最佳的产品上阅读教材。

(5) 电子教材的审核与认定方式：当前还没有针对电子教材的审核与认定方式，一些电子教材被作为纸质教材的配套学习资源而呈现，出版社期望开发的电子教材能够得到教育部门相关机构的认可。

部分出版社工作人员的态度如下：

"外研社成立了一个数字化资源部门，考虑如何结合平板电脑的优势来对现有的教材进行数字化，但目前还存在一些不明确因素，一方面是还在寻找一些策略，保护外研社教材的版权，另一方面，不断完善数字化教材内容，为将来电子教材的评审和认定做准备。"

——外语教学与研究出版社数字教材部门经理

"我们做的电子教材还是资源嵌入式，形式上以纸质教材为模板，内容上有很多变化，资源可以点开，作者点开有作者介绍。电子教材设计需要考虑两点，一是要和纸质教材结合，二是要和资源合作。"

——北京师范大学出版社总编助理王安琳

3.3.6 专家对电子教材的认知

专家认为电子教材是一种特殊的电子书或电子读物，需要满足几个条件：遵循学生阅读规律；利于组织学习活动；符合课程目标要求；按图书风格编排。

就电子教材的使用来说，专家认为电子教材并不是在课堂上孤立使用的，电子教材的使用是在这种新的学习环境下配合其他资源软件和新型教学媒体一起使用，促进学生学习。在有电子教材的课堂环境下，教学内容与教学媒体将有效地融合在一起。

关于电子教材的功能特征，专家认为电子教材应该在页面呈现、多媒体类型及操作、作业支持、笔记支持和管理方面提供便于阅读和教学的功能。如何设计高用户体验的电子教材来适应课堂教学才是关键，电子教材的性能优比功能多更为重要。既要加强纸质教材功能的兼容性设计，还要把具有引领未来教与学方式发生转变的功能特征突出优化。通过微小环节的优化，师生在使用电子教材的课堂中开展教学活动将不会受到干扰。

电子教材在投入课堂大规模使用中，还涉及文档格式标准、阅读终端设备、内容分发、支持服务环境、安全系统在内的五大关键技术问题[11]。

（1）文档格式标准：电子教材文档格式是电子教材重要的技术属性，电子教材需要把一些多媒体文件素材按照一定的制作要求封装成电子文档。在该文档中，涉及内容组织和文件格式、学习者的学习轨迹记录和学习对象共享等方面。国际上与此相关的文档格式有ePub3，ADL SCORM，IMS QTI，IMS ePortfolio 等。电子教材文档格式可借鉴已有的相关文档格式，并在此基础上对文档属性进行扩展，以解决扩平台互操作等问题。

（2）阅读终端设备：阅读终端设备是电子教材呈现的硬件载体，为满足教学应用条件，电子教材阅读终端应具有响应速度快（即开即用，退出或中断后能立即恢复原有状态），与其他设备同步（可与其他学习设备进行同步，便于学习者在不同环境下快速进入学习状态），便于随身携带（小巧轻便，利于移动学习）等特性。此外，究竟何种设备适合学生阅读，需要对阅读终端设备的"可靠性及安全性""显示技术""电气性能""配置与功能"等方面进行严格测试，并考察厂家生产出的电子阅读终端产品是否符合教育教学规律，电子教材阅读器功能操作、多点触控手势的操作、电子教材内容操作等方式是否符合人机交互规律等。

（3）内容分发：内容分发是电子教材投入使用的重要技术环节。例如，在课堂应用情境中，阅读终端设备的批量充电问题；教材内容一次制作，在不同设备上多次分发问题；教材内容的同步推送更新问题；阅读终端快速发放、摆放和存储等设备管理问题；以及分发过程中内容安全性的保障等。

（4）支持服务环境：支持服务环境主要包含存储和计算两部分。为有效保证电子教材的教学应用顺利开展，需要为市级或区县级设计、开发和部署灵活、管理高效、操作便捷的电子教材支持服务支撑系统，满足电子教材分发与更新、学习记录备份与同步、用户账号管理等需求，并实现与其他各类教育资源系统的有机整合。支持服务环境的提出，使学习者终端设备简单化，可随时、随地获取"云端"的学习信息、存储学习资源，建立起能够有效支持大规模应用电子教材的服务队伍，提升服务能力。

（5）安全系统：电子教材一旦投入使用，其大规模网络访问容量必定考验电子教材支持系统的安全性。安全性是电子教材内容发布、内容更新、内容分发和运行等方面的重要保障。安全性包括网络安全和内容安全两方面。网络安全主要指通过网络访问电子教材的途径必须安全有保障，且有足够的带宽支持学生畅通地访问网络。内容安全主要指电子教材的相关数据、学生的学习笔记、学习轨迹等不会被任意篡改或丢失，在不同设备上同步时的数据一致性保障等。

3.3.7 教师和学生问卷验证的结果分析

通过对中小学教师和学生回收的544份有效问卷[教师（$N=144$）、学生（$N=400$）]进行整理，统计结果显示，调查问卷的结果与访谈的结果有着一致性。

1. 电子教材功能特征

电子教材的功能特征包含五个维度，在初始设计阶段包含的维度中，结构化呈现有13个子项，交互式媒体有4个子项，笔记工具有6个子项，作业工具有7个子项，管理工具有13个子项。经过专家访谈和问卷调查验证，从五大维度43个子项聚焦到18个子项，参与问卷调查的教师和学生对五大维度18个子项的认可度均超过50%，具体教师和学生人数占比如表3-6所示。

表 3-6　教师和学生对电子教材功能特征的观点(呈现主要选项占比)

项　目	主要选项	教师		学生	
		人数	占比	人数	占比
结构化呈现	遵循纸质教材版式	106	74%	283	71%
	导航功能	90	63%	254	64%
	翻页效果	121	84%	309	77%
	缩放	98	68%	301	75%
交互式媒体	图片、文字、视频等混排	121	84%	313	78%
	视音频片段播放	130	90%	305	76%
	以画廊形式浏览图片、动画、视频	101	70%	300	75%
笔记工具	书签功能	112	78%	287	72%
	高亮功能	134	93%	321	80%
	批注功能	120	83%	330	83%
作业工具	支持手写作业	113	78%	290	73%
	支持键盘输入作业	95	66%	315	79%
	支持在线/离线测试题	124	86%	334	84%
	内置提交家庭作业系统	101	70%	285	71%
管理工具	支持作业分发	115	80%	288	72%
	搜索教材内容/笔记	116	81%	316	79%
	嵌入离线字典	72	50%	243	61%
	与其他设备同步教材内容/笔记	115	80%	303	76%

教师和学生对于电子教材功能特征具有的五个维度没有异议,就具体的子功能特征来说,教师和学生对18个功能特征具有较大的认可度。在“结构化呈现”方面,师生非常关心电子教材如何匹配他们之前的教学习惯,提升电子教材的用户体验。同时,就交互式媒体、笔记工具、作业工具和管理工具而言,师生非常关注发挥电子教材作为电子书的功能,对教材使用方式及其教材管理功能都非常认同。

就管理工具来说,超过80%的教师认为电子教材的管理工具非常重要,电子教材应该能够支持作业批量分发,电子教材内容全文搜索或用户笔记全文搜索,离线字典查询和可与其他设备同步更新教材内容或用户笔记内容。

就交互式媒体和笔记工具来说,超过75%的学生认可电子教材的交互式媒体具有图、文、视频等混排,音视频片段播放或以画廊形式连续播放。对于笔记工具,超过70%的学生认为需要提供书签、高亮或批注等形式的笔记功能帮助他们完成课堂学习任务。

2. 电子教材课堂使用需求

对于中小学推广电子教材应用的可行性,教师和学生的选择情况如表3-7所示。基于表中的数据,分别对教师和学生的选择进行卡方检验,结果显示,对教师而言,卡方值 $\chi^2=34.28$,自由度 df=3,$P<0.001$,表明教师所做出的选择是有差异的,大多数教师(88%)认为电子教材在中小学应用是可行的;但是针对电子教材推进的速度,多数教师(36%)认为不能操之过急,要一步步进行。对学生而言,$\chi^2=657.42$, df=3,$P<0.001$,表明学生所做出的选择是有差异的,学生(97%)认为推广电子教材应用绝对可行。

表 3-7 在中小学推广电子教材应用可行性的调查结果

选　项	教师（$N=144$）	学生（$N=400$）
不可行	17	12
可行	55	321
将来可行	20	21
不要操之过急，要一步步进行	52	46

而对于现阶段如何开展试验研究，教师和学生的选择情况如表 3-8 所示。可以看出，教师同意电子教材和纸质教材同时使用，但还是要以纸质教材为主；而学生也同意电子教材和纸质教材同时使用，但是要以电子教材为主。

表 3-8 现阶段电子教材试验研究方式的调查结果

选　项	教师（$N=144$）	学生（$N=400$）
电子教材与纸质教材并存，同时使用	91	147
全部使用电子教材，代替纸质教材	6	88
以纸质教材与主，电子教材为辅	74	94
以电子教材与主，纸质教材为辅	21	152

教师群体和学生群体对推广电子教材科目的优先顺序没有异议，关于优先尝试使用电子教材的科目，通过对投票进行统计，发现排在前四位的顺序依次为：美术和音乐（66.8%）；计算机（65.2%）；英语（42.1%）；语文（40.4%）。关于优先尝试使用电子教材的年级，大多数受调查者认为从三四年级（72.10%）或初中一年级（70.02%）开始电子教材试点研究较为妥当。

对电子教材使用需求的观点，我们分别就每天愿使用课时数、每天愿使用时长、阅读终端重量、尺寸和电池续航等几个方面对教师和学生进行了问卷调查。所有问题对应的选项我们控制在 4～5 个，且每个题均为单选题。比如就每天愿使用课时数来说，设计的问题和选项如下所示：

针对每天愿使用课时数进行问卷调查：

如果要尝试使用电子教材，您希望每天使用电子教材的时间应该控制在几节课内（　　）

A. 1～2 节课　B. 3～4 节课　C. 5～6 节课　D. 7～8 节课　E. 9～10 节课

整理问卷统计结果，我们将教师和学生人数占比最多的或较多的进行了统计，具体如表 3-9 所示。

研究表明，教师和学生普遍希望尝试每天开展 1～2 节电子教材课，使用时间为 2～3 小时，7～10 寸的平板电脑比较适合作为阅读终端，且价格越便宜越好，重量越轻越好，电池续航时间越长越好，并且希望政府部门来购买设备。

3. 电子教材课堂应用的潜在优势和面临的挑战

对于电子教材的优势与挑战，我们列出了 18 个方面。我们分别统计了教师和学生选择的主要观点，结果发现电子教材的优势集中在 7 个方面，面临的挑战集中在 4 个方面，这 11 个方面采集到的教师和学生问卷调查人数及其占比如表 3-10 所示。

表 3-9　教师和学生对电子教材使用需求的观点(呈现主要选项占比)

项　　目	主要选项	教师		学生	
		人数	占比	人数	占比
每天愿使用课时数	1～2 节	86	60%	193	48%
	3～4 节	46	32%	129	32%
每天愿使用时长	1 小时以内	54	38%	92	23%
	2～3 小时	73	51%	211	53%
阅读终端重量	500g 以内	69	48%	109	27%
	500～1000g	61	42%	195	49%
阅读终端的尺寸	9～10 寸	45	31%	116	29%
	7～9 寸	32	22%	51	13%
阅读终端电池续航	10 小时以上	48	33%	142	36%

表 3-10　教师和学生对使用电子教材的优势和面临挑战的观点(呈现主要选项占比)

项　　目	主要选项	教师		学生	
		人数	占比	人数	占比
优势	有利于提供可选择的学习任务	106	74%	275	69%
	富媒体资源有利于提高学习兴趣	99	69%	290	73%
	减轻学生书包重量	92	64%	297	74%
	快速推送和更新资源	108	75%	304	76%
	有利于教育资源共享	119	83%	349	87%
	培养信息素养	121	84%	344	86%
	培养自主学习能力	118	82%	346	87%
挑战	学生注意力下降,影响课堂教学进度	109	76%	200	50%
	学生表达能力下降	62	43%	202	51%
	电子教材的交互没有纸质教材自然,难以实现纸质阅读体验	75	52%	222	56%
	设备在使用过程中死机,影响课堂教学流畅性	96	67%	234	59%

在中小学使用电子教材的前瞻优势中,数据显示,在学习任务可选择性方面,使用电子教材有积极作用;在学生发展方面,有利于提高学习兴趣、减轻书包重量、培养信息素养和自主学习能力;在内容方面,有利于资源的共享、推送和快速更新等。教师和学生普遍认同电子教材的优势,对于电子教材的优势的认同度高于对其面临的挑战的认同度。

就电子教材面临的挑战来看,访谈中提到的一些电子教材课堂应用面临的挑战在问卷验证中的占比偏低,比如 76%的教师认为学生注意力会下降,影响课堂教学进度,影响学习效果;67%的教师担心设备在使用过程中死机,影响课堂教学流畅性;43%的教师担心学生的表达能力会下降,这说明电子教材课堂存在的问题和面临的挑战还需要进一步通过实验进行验证。

3.4 总结与讨论

3.4.1 电子教材的功能特征

经过三轮专家访谈和问卷调查验证,电子教材的涉众把电子教材的功能特征由最初的43个聚焦到18个核心功能特征,包含五个维度,分别是结构化呈现、交互式媒体、笔记工具、作业工具、管理工具,具体功能特征如图3-3所示。电子教材呈现方式遵循纸质书本的呈现结构和布局,有利于继承学生原有的阅读习惯,让学生更容易接受电子教材。如目录、章节标题、索引、页码标识等纸质教材的呈现结构对于电子教材功能设计非常重要,同时,电子书的一些特征如页面缩放、翻页效果和导航提示等也需要考虑。

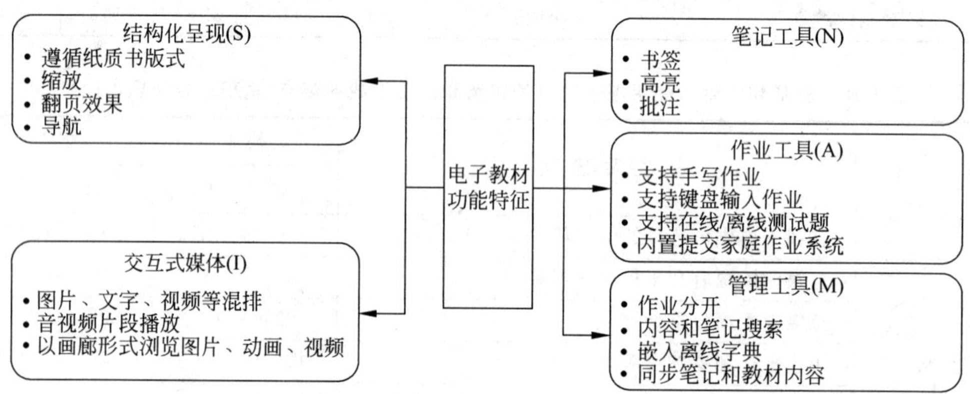

图3-3 电子教材功能特征模块

从教师视角来说,电子教材的管理工具对于他们在常规课堂使用和进一步扩大电子教材的使用范围都非常重要。管理工具至少应该包含作业分发、内容和笔记搜索、嵌入离线字典、内容同步或笔记同步等功能。

从教师和家长视角来说,电子教材的作业工具对支持学生完成家庭作业和实现家校沟通非常有必要。作业工具需要提供诸如在线/离线测试、手写/键盘输入家庭作业、内置作业提交工具等。

从学生视角来说,笔记工具能够让他们实现与纸质教材相似的记笔记体验。另外,笔记工具将增强学生在课堂内外使用电子教材进行学习的体验,笔记工具包含书签、高亮和批注等。

3.4.2 电子教材的使用需求

电子教材的涉众普遍认为未来使用电子教材是一种趋势,电子教材在部分信息化条件较好的中小学中应用具有较高可行性。电子教材进入课堂的应用路径应该选择从副科向主科辐射,这主要是从课堂教学任务安排的灵活性来说,副科类学科具有较少约束性,比如音乐、美术、科学等,可以尝试使用电子教材优化课堂教学行为方式。

推进的进度应该从文科类课程向理科类课程延伸。这主要是从技术开发的难度来考虑，语文和英语等文科类课程的电子教材内容开发难度小于数学等理科类课程。理科类课程的一些动态的虚拟实验开发难度比较大，文科类教材内容对多样化的学习资源需求较高，设计一些拓展学习材料较容易实现，这也可作为学生在课堂学习中的一种补充和延伸。

切入的年级应该优先从小学中高学段和初中一年级入手。从学生的学习行为习惯来说，小学中高学段（三年级至六年级）正是学生良好学习行为习惯养成的关键期，有利于规范学生使用电子教材的技术使用方式和培养正确的学习行为习惯和信息意识。初中一年级是学生自主学习能力发展的关键期，使用电子教材有利于培养学生的自我管理、监控和评价的能力。

3.4.3 电子教材的潜在优势

教师普遍期望利用电子教材改变传统课堂纸质教材存在的一些教学问题，期望电子教材能够考虑到学生的个性和多样性等特征来呈现学习活动，超过半数的教师认为电子教材的潜在优势为可提供可选择性的学习任务，可根据不同学习者特征向学生自动推送适合他们的学习资源，提升学生的学习兴趣。

超过 70%的学生认为电子教材具有潜在优势，从身心健康来说，可以减轻书包的重量，对学生的生长发育有积极作用。另外，电子教材的内容呈现方式灵活，利用强交互和高体验的数字视频、音频、高清图文等多媒体材料可以提升学生的学习兴趣，丰富学生的视野，有利于资源分享，提高信息素养和自主学习能力，给学习能力较强的学生提供更多的获取知识的途径。

3.4.4 电子教材面临的挑战

政府、专家和教材出版社普遍认为电子教材在中小学应用和推广，面临八个关键问题，如图 3-4 所示。

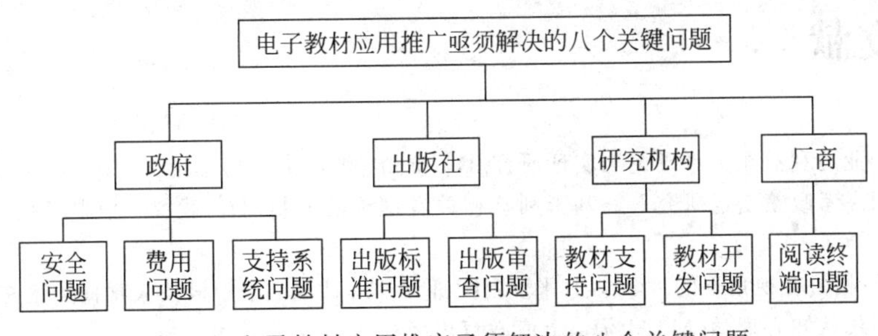

图 3-4 电子教材应用推广亟须解决的八个关键问题

1. 从政府层面来看，主要需要解决安全问题、费用问题和支持系统问题

(1) 安全问题。包括电子教材相关数据的安全和电子教材版权保护。

(2) 费用问题。目前基础教育教科书的使用成本主要由国家承担，而实施电子教材必然会产生多余费用。国家、企业、学生三方如何分担这些费用，采用何种运营模式，电子教材如何定价（设备、软件、内容），以及电子教材更新费用等都亟待解决。

(3) 支持系统问题。涉及电子教材的评价和管理，电子教材注册权限的管理等，且需要政府部门详细规划后才能运作。

2. 从出版社层面来看，主要需要解决出版标准和出版审查问题

（1）出版标准问题。包括内容标准、呈现标准、内容结构标准（内在的线性结构）等标准问题。

（2）出版审查问题。包括电子教材出版中涉及的多类参编人员的相互关系和电子教材出版发行中涉及的整个利益链问题。

3. 从研究机构层面来看，主要需要解决教学支持和教材开发的问题

（1）教学支持问题。由于教师具有多年的纸质教材使用习惯，而电子教材作为一种新的呈现形态，如何去适应教师和学生的使用习惯，如何对学生学习过程进行优化等问题需要解决。

（2）教材开发问题。电子教材不仅仅是纸质教材内容的简单数字化，它涉及教学过程的重新设计，这种教材的新型设计和制作软件的研发，以及如何保证教材的质量等很多问题需要考虑。

4. 从厂商层面来看，主要需要解决阅读终端问题

阅读终端问题。电子教材阅读需要提供硬件载体，而关于阅读终端设备的屏幕要求、电池续航、充电、接口转换以及使用寿命等问题都需要深入研究。

另外，研究还发现，对于电子教材应用面临的挑战，教师、学生和家长普遍关注两个问题。

（1）电子教材课堂应用是否影响现有的课堂教学流畅性和教学进度，将面临哪些障碍。如电子教材阅读设备是否操作简单，系统运行是否稳定，电子教材是否有较好的用户体验，课堂教学过程管理是否有序，教学任务是否顺利完成等方面。

（2）电子教材课堂应用是否能够促进学生有效学习。如课堂学习活动是否有效，学习行为是否积极主动，学生课堂参与度是否提升等。

参考文献

[1] 陈宏辉. 企业的利益相关者理论与实证研究[D]. 杭州：浙江大学博士论文，2003：31.

[2] 李峻. 我国高考政策变迁研究——基于利益相关者理论的分析[D]. 武汉：华中科技大学博士论文，2009：4.

[3] 孟凡. 利益相关者视角下的大学学生评教制度研究[D]. 武汉：华中科技大学博士论文，2010：2.

[4] 梁宁建. 当代认知心理学[M]. 上海：上海教育出版社，2005：4-5，59.

[5] 周慧. 公众对转基因食品的认知研究[D]. 武汉：华中农业大学硕士学位论文，2012：11.

[6] 陈颖青. 电子教科书趋势与发展[J]. 教科书研究，2009(12)：111-140.

[7] Luik P，Mikk J. What is important in electronic textbooks for students of different achievement levels? [J]. Computers & Education，2008 (50)：1483-1494.

[8] 邵秀蔚. 听陈德怀教授谈未来的数字化学习[J]. 信息技术教育，2006(5)：13-15.

[9] 胡六金. 国民小学教师对实施“电子书包”之可行性研究[D]. 台北：台湾政治大学，2003.

[10] 黄显华，霍秉坤. 寻找课程论和教科书设计的理论基础（增订版）[M]. 北京：人民教育出版社，2005.

[11] 陈桄，龚朝花，黄荣怀. 电子教材的概念、特征及关键技术问题[J]. 开放教育研究，2012(2)：28-32.

第4章

电子教材的课堂教学潜在障碍及影响研究

从电子教材的涉众对电子教材的认知研究结论中发现，大部分教师、学生和家长普遍认为电子教材在课堂中使用具有较高可行性。然而，要让电子教材真正进入课堂，教师、家长、学生、政府官员等担心课堂中使用电子教材会干扰教学过程的流畅性，如担心硬件设备的稳定性、电子教材的用户体验、课堂教学过程的管理、教学进度完成程度等。他们的这些担忧集中起来说，就是电子教材的课堂教学将面临的潜在障碍。这既是电子教材规模化进入课堂首先需要解决的问题，也是考察电子教材课堂教学适用性的重要研究任务。如何保证电子教材流畅地在课堂教学中使用，发挥其应用价值是本部分内容关注的核心。课堂教学流畅性指的是教学从一个活动转向另一个活动实践所花时间较少；教学流畅性与学生投入学习的时间及学生成绩之间都有相当密切的关系。基于此，在真实课堂中探究电子教材对课堂的影响，揭示电子教材的课堂教学潜在障碍非常关键。

4.1　相关理论研究

4.1.1　技术影响课堂教学过程的相关研究

在技术整合课堂的研究中，许多研究者关注技术与课堂教学效果之间的关系。已有研究成果指出，在课堂上使用计算机会给教师的绩效带来影响，与计算机使用相关的因素有网络连接、软件、设施和教师的技术教学法偏好等。在有关技术整合课堂的研究中，研究者需要对技术阻碍学习过程的因素进行关注，尤其是几个较为重要的技术障碍因素值得引起特别注意，如与技术相关的任务、软件利用的便捷性、数字资源的可访问性、课堂环境的影响等[1]。还有一些研究者探索了页面响应延迟与用户绩效、态度和行为意向之间的关系，结果表明，页面加载时间过长会给用户的绩效带来负面影响；当页面加载延迟超过 4s，用户的绩效和行为意向将逐渐减退[2]。

根据已有的文献，课堂上使用电子教材开展教学活动需要考虑一些技术障碍，比如软件和硬件设备的技术故障、系统响应的延迟、页面加载速度过长、网络访问缓慢等。

4.1.2 用户体验相关研究

近年来,人机交互研究的范式从调查与工作绩效相关的问题(应用的效果和效率)转向研究用户体验[3]。诺曼团队认为,为了获得高质量的用户体验,公司必须为多种服务提供无缝衔接,比如工程设计、页面设计和工业设计等。ISO 9241—210 标准(2010)将用户体验定义为"人们对于针对使用或期望使用的产品、系统或者服务的感知和回应。"[4]分析这些研究观点,本研究将用户体验定义为受众对某种人工制品的设计意图和使用方式的感知,这种感知将直接影响受众能否快速而有效地迁移其先前经验和知识,以习得预期的操作方式和操作习惯。

用户体验强调用户与产品之间的交互方式。要实现高质量的用户体验,前提是需要明晰用户体验包含的要素。当前,一些典型的用户体验要素模型有:六要素模型包含有用性、实用性、可获取性、易发现性、可评估性和可靠性[5];五层次模型指按照抽象—具体视角划分为战略层、范围层、结构层、框架层和表现层[6]。从某种意义上说,电子教材系统也是一个人机交互系统。已有的用户体验模型对于设计高质量的电子教材体验是非常重要的理论支撑。对于电子教材而言,高质量的用户体验是帮助使用者有效完成教学活动的重要因素。

对于用户体验效果测试也有一些研究值得借鉴。如已有研究者通过科学研究获得如下一些结论[7,8]:①需要明晰用户对某种产品的满意度和操作难度,用户达成任务目标的程度;②使用效率和满意度对用户采纳新产品非常重要,电子阅读软件具有的便携性特征弥补了传统纸质书本与电子书本的差距,其软件的可用性和兼容性对用户体验有重要影响;③软件安装过程的流畅程度会影响学生对该软件的用户体验。

人类的阅读体验和阅读习惯是过去很长一段时间的重复和积累;对于那些习惯于阅读纸质书本的读者而言,要想改变他们的阅读方式来适应电子书本的阅读将是比较困难的。为此,课堂上使用电子教材开展教学活动将面临师生教学习惯的挑战。相对个体阅读的简单交互而言,课堂学习活动是一个群体交互和个体交互相互交替的活动;电子教材的设计思想需要遵循学生现有的学习习惯。如果使用电子教材开展 1∶1 数字化学习;1∶1 的数字化学习方式将给教师的教学习惯和教学方法带来显著改变,比如教学方式更加灵活和弹性化,注重学生的探究式学习体验,以项目的方式传递学习材料等[9]。

通常,学习设备的高用户体验会增强学生的阅读体验和学习体验,增加学习动机,改变学生行为等。然而,有相当一部分研究结果表明,当前电子教材的用户体验质量偏低。如在一项针对国外大学上千名学生的调查研究中发现,96%的学生担心阅读电子教材会给身心健康带来负面影响,如视觉疲劳[10];导航功能设计不友好会让用户感到该产品非常难用,并且浪费用户时间[11];中小学生对手持学习设备(如平板电脑 iPad)充满好奇心,这些手持设备上呈现的大量与课堂学习无关的应用程序干扰了学生的课堂注意力[12]。

总体来说,针对电子教材用户体验,研究者需要从使用者的态度、动机、使用方式(阅读方式、操作方式)、个人习惯、好奇心和满意度等维度设计考察指标,测试电子教材用户体验质量。

4.1.3 教师课前准备相关研究

课前精心备课是上好一堂课的先决条件。在传统备课活动过程中,教师主要根据教材内容和学生特征来撰写教案和准备教学材料。在电子教材进入课堂后，原有的课前准备活动将无法契合电子教材备课情景，教师需要考虑更多的课前准备环节和注意事项。比如，相对于传统备课活动，新增的环节有考虑安装软件和装备硬件设备。在一项调查学生对电子教材的使用态度和行为意向的研究中发现，学生使用电子教材上课往往需要教师在课前为学生准备好阅读设备[13]。如果要进一步利用电子教材完成泛在学习活动，需要在学习活动开展前搭建技术环境，包含准备投影仪、设置无线局域网、同步更新 iPad 内容等[14]。由此可见，学习内容开发和数字环境搭建是教师课前需要考虑的两个重要因素。关于电子教材内容的开发，主要包含多媒体内容呈现方式设计，界面设计，对学习目的、内容和反馈的综合设计。课前准备是否充分与课堂效果密切相关；如果教师课前准备越充分，他们对电子教材的课堂支持作用就有越高的认可度[15]。

以上研究内容显示，教师在课前准备环节中需要考虑五个方面的任务，包含开发电子书内容、设计学习活动、搭建基础环境、装备硬件和安装软件。

4.2 研究设计

4.2.1 研究目的与框架

研究目的是通过探索电子教材在课堂中对师生课堂教学带来的影响，揭示影响电子教材的课堂教学潜在障碍因素，并为将来电子教材的课堂教学应用提供实践基础和研究经验。根据前人研究结果，本研究包含三个子问题：①电子教材将给课堂教学带来哪些技术障碍？②电子教材将对教师和学生的课堂体验带来哪些影响？③电子教材课前准备将给教师带来哪些挑战？

本研究将电子教材进课堂阶段分为课前、课中和课后三个阶段，重点关注电子教材对师生课前准备和课堂教学过程带来的影响，包含四个维度。

(1) 技术障碍：指影响电子教材流畅地在课堂中使用所面临的技术问题，包含软硬件技术故障、操作延迟和页面响应延迟等。

(2) 教师电子教材用户体验：指从用户体验的视角来检测使用电子教材开展课堂教学活动对教师态度、动机、教学习惯、操作技能等方面产生的影响，揭示电子教材课堂教学活动与教师期望实现的结果之间的差距，并阐释原因。

(3) 学生电子教材用户体验：指从用户体验的视角来检测使用电子教材开展课堂学习活动将对学生的态度和动机、好奇心、学习习惯、操作技能等方面产生何种影响。

(4) 课前准备：指为了保证电子教材课堂教学活动顺利实施，学生能有效地完成课堂学习任务、达成学习目标，教师需要在课前完成的准备工作任务。包括怎样定义学习结果，怎样选择合适的教学材料和教学工具，怎样撰写教学设计方案等。

基于此，本研究提出了一个总体研究框架来考察电子教材的课堂教学潜在障碍，如图 4-1 所示。

首先，在课前准备(备课)阶段，传统备课活动通常仅仅需要任课教师准备好教学设计方案和相关教学资源；电子教材课堂活动既需要考虑传统备课的任务，还要考察新媒体技术进入课堂将带来硬件设备和软件安装的诸多问题。

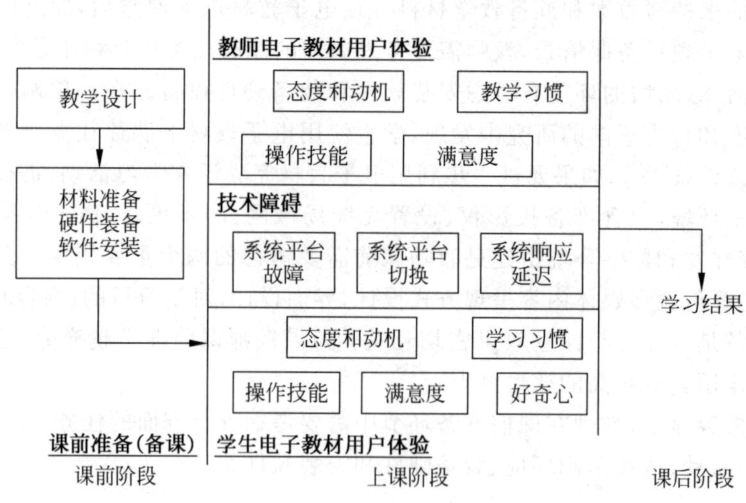

图 4-1　电子教材的课堂教学潜在障碍研究框架

其次,在课堂使用阶段,从技术环境和用户体验考察影响师生在课堂中使用电子教材开展教学活动面临的潜在影响因素。技术环境障碍主要指电子教材在课堂使用过程中,软硬件技术给课堂教学带来的潜在负面影响,本研究的技术障碍主要包含系统或平台的技术故障、系统或平台之间的切换与系统响应延迟时间三方面。电子教材用户体验主要对教师和学生两类主体的课堂体验进行考察,对于教师,本研究主要考察电子教材课堂教学对教师的态度和动机、操作技能、教学习惯和满意度五个方面产生的影响。对于学生,本研究主要考察电子教材课堂教学对学生的态度和动机、好奇心、操作技能、学习习惯和满意度等五个方面产生的影响。值得一提的是,学生课后取得的学习效果对分析电子教材课堂教学的效果也是非常重要的一个方面,这将在后续的研究中进一步分析。

4.2.2　参与者

本研究在北京市东城区两所小学进行,参与学生以小学四年级学生为主,男生 105 名,女生 104 名;其中超过 80%的学生具有使用手持学习设备(如 iPad)的经验。参与本研究的教师有 9 名,分别是 5 名语文教师、3 名英语教师和 1 名科学教师。

4.2.3　实施过程

1. 选取电子教材终端设备

根据前面的调查研究结论,显示屏尺寸在 7～10 英寸的手持学习设备是最佳内容载体,研究者把能够获取的三款学习设备"苹果 iPad Pro(屏幕尺寸 9.7 英寸)、三星 Galaxy Tab Al(屏幕尺寸 10.1 英寸)和优派 ViewPad 10i(屏幕尺寸 10.1 英寸)"让实验教师体验并作出选择,所有参与实验的教师都一致赞同选用 iPad 作为电子教材的阅读终端,相比较而言,教师们认为 iPad 具有操作响应时间快、用户体验好的优势。

2. 选取阅读软件

研究者经过调研,发现 iPad 上的电子书阅读软件有数十种之多。通过咨询技术人员后,选择了两款阅读软件让参与者体验,即 GoodReader(支持 PDF 格式和多种批注标划方式的交互式电子书阅读软件)和 iBooks(支持 iBooks 格式或 PDF 格式的多点触控交互式电子书阅读软件)。本研究把电子教材同步到这两款软件上,邀请实验教师对这两款软件呈现的教材内容体验约半小时,随后,教师们一致认为 iBooks 的操作使用方式比 GoodReader 简单方便,而且交互功能比 GoodReader 的体验更好。最后,本研究选择 iBooks 作为电子教材的阅读软件。此外,本研究还采用了由研究团队设计 iTeach 平台作为课堂即时反馈系统,用于教师、学生和教学内容之间的交互。

3. 实验阶段

整个实验过程包含如下三个阶段。

(1) 第一阶段(准备环节):主要包含两方面内容,落实参与人员和规划技术培训方案。实验校选择一位分管教学工作的中层领导作为学校负责人。在正式实验之前,研究者组织任课教师听取技术专家讲解 iBooks 电子教材的功能。在学校负责人的支持下,实验教师选取了教材内容,并对教学过程、学习过程、技术整合课程等多方面进行综合考量。首先对适合电子教材的教学活动进行了整体设计;然后实验教师紧扣教学目标,发挥媒体资源优势,分别对电子教材内容和电子教材课堂教学方式进行了设计;此外,学校技术组的教师帮助任课教师安装了 iTeach 平台和 iBooks 电子教材阅读软件,并同步了电子教材内容,装备了技术环境,如支持无线投影(airplay)的 Apple TV 装置、交互式白板、无线网络等。

为了支持实验计划顺利实施,确保参与实验的每一位教师和学生都拥有一个手持学习设备(iPad),本研究参与实验的师生租赁了学习设备及其配套技术产品。研究者保持实验学校教室中已有的硬件装备不变,在设备安装和教室环境布置之前,对教室原有技术设备与租赁的设备之间进行了高度耦合的设计。最后,电子教材课堂教学实验的设备安装和装置如表 4-1 所示。

表 4-1 电子教材实验的设备安装和布置

硬件条件	类 别	功能描述
学校已有基础和设备	学校投影/大屏幕电视	投影幕布和大屏幕电视各一套
	学校局域网	苹果无线基础站通过局域网,以便访问外网
外借设备	iPad:40 台	37 台学生机,3 台教师机
	Apple TV:2 台	分别连接教师投影和学生机显示大屏
	Apple 无线路由:1 台	组成 iPad 教室无线网络,提供无线服务
	Apple 一体机:1 台	作为服务器,为 iTeach 教学系统等提供后台服务
	Apple 笔记本:2 台	教学中师生使用的 iBooks 电子书的制作

经过整合后,基本上形成了四个组成部分:基本的手持学习设备(iPad 40 台);多轨显示部分(Apple TV 分别接投影仪与大屏幕);后台服务设备(路由器及服务器);支持部分(笔记本,用来制作 iBooks 教学材料)。将支持电子教材课堂教学的系统与学校的基础设备相结合为本次实验提供了硬件支持和保障。

所有参与实验的教师和学生在第一次使用电子教材之前,都会参与相关的技术培训活动。在进行具体的技术培训活动之前,会根据教学的课题需求来选取技术培训方案。这里以科学课为例进行说明。首先,教师对科学课“植物怎样传播种子”的电子教材课堂教学设计了教学简案,如表 4-2 所示。

表 4-2　第 12 课“植物怎样传播种子”教学简案

科学课教学课题：12　植物怎样传播种子
1. 复习导入：复习 2. 学习新课。(1)观察一：榆树、蒲公英和槭树的果实和种子的特点和传播方式。(2)观察二：苍耳、鬼针草、蒺藜和牛蒡的果实和种子的特点和传播方式。(3)观察三：莲和椰子的果实和种子的特点和传播方式。(4)观察四：大豆、曼陀罗、凤仙花和二月兰的果实和种子的特点和传播方式 3. 总结归纳。(1)指导学生阅读，总结归纳，并标记重点内容。(2)判断：图中的植物是怎样传播种子的 4. 巩固应用。分析易错题，进一步理解果实和种子的结构特点与传播方式相适应 5. 拓展提高。植物为什么要传播种子

然后，根据这一节课的技术操作需求，有针对性地设计了技术培训活动的简案，如表 4-3 所示。

表 4-3　信息技术科培训简案(四年级)

iPad 电子教材使用培训(四年级)
一、教学内容 1. 认识 iPad；2. 操作 iPad；3. 学习使用 iBooks 阅读电子教材；4. 了解并学习使用 iTeach；5. 学习使用 iPad 的拍照功能；6. 投影展示并交流；7. 总结 二、教学过程 1. 导入活动：(1)学生坐姿；(2)上课时学习设备(iPad)的摆放位置(iPad 的家) 2. 操作学习(新授 1)：(1)认识 iPad(4 个按钮、2 个摄像头、2 个接口)；(2)各按钮的操作方法(三类操作为点击类、捏放类和拖动类)；(3)iPad 的界面(命令、后台程序、多媒体内容)；(4)练习活动中使用地图；(5)使用 Apple TV，学生利用大屏展示自己的作品 3. 实践活动(新授 2)：(1)用 iBooks 阅读电子教材(iBooks 图标—书库—翻页阅读—重点与笔记功能—练习题)。(2)用 iTeach 完成及时互动反馈(进入 iTeach—登录—在教师引导下阅读—练习题的使用)。(3)拍照与交流(iPad 的拍照功能—切换摄像头—拍照—iTeach 中进行照片的交流) 4. 总结与技术回顾

考虑到实验教师的教学任务和教学时间以及学生的课时安排，本研究利用教师和学生的一次中午午间辅导课来实施电子教材使用的培训教学活动，熟悉 iPad 的基本操作方式和电子教材的基本阅读方式。

(2) 第二阶段(课堂观察环节)：我们通过现场观察和拍摄课堂实录的方式对 9 位教师的 14 节电子教材课堂进行了记录，14 节课的基本信息如表 4-4 所示。

表 4-4　14 节电子教材课堂教学过程的基本信息

课　例	教　师	学　生
英语课“What does your mother do”	Zhou1	四一班
英语课“What does your mother do”	Zhou2	四二班
语文课“9* 和田的维吾尔”	Rong	四二班
科学课“12 植物怎样传播种子”	Li	四一班
语文课“31 女娲补天”	Zhang1	四一班
英语课“How many classes do you have today”	Guo1	四一班
语文课“3 鸟的天堂”	Lu	四二班

续表

课例	教师	学生
语文课“3 鸟的天堂”	Wang	四三班
语文课“3 鸟的天堂”	Liu	四四班
语文课“3 鸟的天堂”	Zhang2	四五班
英语课“How many days are there in a week?”	Guo2	四一班
英语课“How many days are there in a week?”	Guo3	四二班
英语课“How many days are there in a week?”	Yang1	四三班
英语课“How many days are there in a week?”	Yang2	四四班

注：“*”表示该课文为阅读课文。

在整个课堂教学过程中，学校有一位技术工程师随时负责解决电子教材课堂教学过程中可能出现的技术问题。

(3) 第三阶段(课后资料收集)：实验结束，实验教师将对自己的课堂教学过程进行反思，撰写反思报告。我们收集了9位教师的反思报告，并且对他们进行了访谈。对于学生的用户体验调查，我们向参与实验的学生发送了问卷，并且随机访谈了部分学生以了解他们的用户体验。

4.2.4 研究工具

本研究从技术障碍、教师用户体验、学生用户体验和课前准备四个方面来调查电子教材的课堂教学潜在影响因素，并且对每个维度进行了细化和编码，同时还指出了这些变量的数据收集方式，具体如表4-5所示。

表4-5 编码工具和数据收集方式

维度	子项	编码	数据收集方式
技术障碍	软硬件技术故障	TF	视频编码
	软件系统之间的切换	TD	视频编码
	系统响应延迟时间	TS	视频编码
教师用户体验	对待技术创新的态度	UTA	访谈
	动机	UTM	访谈
	教学习惯	UTC	访谈
	操作技能	UTT	访谈
	满意度	UTS	访谈
学生用户体验	对待新设备和技术的态度	USA	访谈和问卷
	动机	USM	访谈和问卷
	好奇心	USC	访谈和问卷
	学习习惯	USH	访谈和问卷
	操作技能	UST	访谈和问卷
	满意度	USS	访谈和问卷
课前准备	教学设计	CI	访谈
	材料准备	CM	访谈
	硬件安装	CD	访谈
	软件安装	CS	访谈

1. 视频编码的方式

本研究开发了一个编码系统来收集技术环境对电子教材课堂教学的影响数据，把拍摄的所有视频数据按照三个子项进行编码，统一存储到一个 Excel 文件中。对于 TF、TD 和 TS 这三个类别，分别计算了硬件设备、软件或其他技术故障的时间频次，统计了系统响应延迟的时间和师生在软硬件之间进行切换所花的时间。

在正式进行视频编码之前，本研究进行了信效度分析。关于信度方面，本研究共有两位评分员进行信度检验，一位评分员为参与本研究电子教材开发的研究生，另一位评分员为参与教师教学设计和电子教材设计的研究生，他们均熟悉基本的学科教学活动。

信度检验方式为：首先选取三节课，研究者将电子教材内容编码表和课堂观察表发给两位评分者阅读，并且说明归类原则与方法，然后请评分者就选取的教材内容和对应的课堂教学过程依据归类原则分归。最后利用公式根据归类的结果计算信度。本研究所使用的信度分析采用之前的式(1-1)和式(1-2)计算，研究信度为 0.95，达到内容分析的要求。

在效度方面则是把分析结果发送给实验教师核对，并请三位参与听课的中小学优秀教师讨论，确定并无遗漏重要的内容，并确保符合本研究的需要。

2. 访谈大纲的编制

对于教师使用电子教材后的访谈内容，本研究编制了半结构化的访谈提纲用于收集教师的电子教材用户体验和了解教师课前准备的相关工作，访谈提纲如表 4-6 所示。

表 4-6 关于教师使用电子教材的访谈要点

维　度	问　题
态度和动机	请您谈谈您对电子教材课堂教学有哪些体会？是什么原因促使了您选择尝试使用电子教材来上课？
教学习惯	请您谈谈您原来的教学习惯在电子教材课堂中是否有改变？如果有，具体体现在哪些方面？
操作技能	您认为在课堂上操作电子教材容易吗？如果有难度，请您谈谈具体有哪些方面的技术操作挑战？
满意度	请您谈谈对电子教材课堂教学的满意程度，您愿意继续使用电子教材吗？
课前准备	在您备课的过程中，为了完成电子教材课堂教学计划，您需要考虑哪些方面？（教学设计、教学材料准备、软硬件安装）

此外，本研究还对学生进行了访谈，考虑到学生所处的年级和认知特征，学生访谈主要围绕以下三个开放式的问题进行：

(1) 您认为电子教材对您的学习有帮助吗？为什么？

(2) 使用电子教材上课对您的学习态度和学习动机有哪些影响？为什么？

(3) 您认为使用电子教材上课与之前的课堂学习方式有哪些不同？

3. 问卷编制

本研究编制了电子教材的课堂使用调查(学生版)问卷，见附录 D 所示。问卷总共包含三部分，共计 30 道题目。问卷第一部分包含 22 个题目，用于调查学生对待新技术的态度、动机、操作技能和满意度。问卷第二部分包含 7 个题目，用于调查学生的学习习惯和好奇心。问卷第一部分和第二部分所有题目均采用五点式李克特量表呈现。问卷第三部分包含 1 个开放式问题，让学生描述电子教材的优点和局限性并提出建议。

本研究邀请了三名专家(优秀教师和学科专家)对问卷的效度进行检测,然后在信度方面,通过内部结构一致性系数(Cronbach's Alpha)检验,各结构维度分别是:对待新技术的态度系数为0.88,动机系数为0.86,操作技能系数为0.86,满意度系数为0.91,学习习惯系数为0.90,好奇心系数为0.89,总的内部一致性系数为0.89。外部信度是选取了十名调查对象在间隔一周后进行重复填写,得到相关系数范围为0.860～0.901。

4.2.5　数据收集

数据收集持续了五个月,包括以下内容。

(1) 视频拍摄:本研究采用三个摄像机位拍摄课堂教学的情况。一个机位记录教师的课堂行为和操作过程;两个机位采用方便抽样的方式,记录部分学生的课堂教学行为过程。课堂活动结束后,把拍摄的视频进行转码,用于分析技术障碍对电子教材课堂教学过程的影响。

(2) 访谈:九位实验教师在每一节课后都接受了研究者的访谈。访谈者由两个成员组成,一个成员负责管理录音笔,并辅以纸质文档记录访谈内容和要点;另一个成员负责与教师进行交流。访谈内容经过听录后发送给教师核对。同时,还要求教师完成一个反思报告用以分析教师对电子教材课堂教学过程的理解。同时,本研究还随机选择了20名学生作为访谈对象,了解他们的课堂体验。

(3) 问卷:整个实验结束后,研究者向使用iPad电子教材的学生发放了209份问卷,剔除无效问卷25份,有效问卷为184份,其中男生88份,女生96份,问卷回收率为88%。

4.3　结果分析

4.3.1　技术障碍分析

电子教材作为一种新事物进入课堂,它是否能够在课堂中流畅地使用受到普遍关注。分析电子教材课堂教学过程的视频,发现教师和学生在使用电子教材的过程中,仍然面临一些技术障碍,主要包含技术故障、系统切换和页面响应延迟,如表4-7所示。

表4-7　技术故障、系统切换和页面响应延迟统计($n=14$)

教　师	教师iPad	学生iPad	频次	TD(分钟)	TS(分钟)	总时间(分钟)	超时(分钟)	总占比
Guo1	1	9	10	1.02	1.70	43.00	3.00	6.32%
Guo2	2	4	6	0.37	1.33	43.68	3.68	3.72%
Guo3	1	5	6	0.42	1.00	42.48	2.48	3.33%
Zhou1	1	7	8	0.70	1.75	41.67	1.67	5.88%
Zhou2	0	3	3	0.20	1.37	41.17	1.17	3.81%
Zhang1	2	7	9	0.68	1.52	42.25	2.25	5.21%
Zhang2	2	3	5	0.43	1.32	41.17	1.17	4.25%
Yang1	1	5	6	0.25	1.48	43.67	3.67	3.97%
Yang2	1	3	4	0.33	1.25	42.67	2.67	3.71%

续表

教师	教师 iPad	学生 iPad	频次	TD(分钟)	TS(分钟)	总时间(分钟)	超时(分钟)	总占比
Lu	0	7	7	0.37	1.68	43.17	3.17	4.75%
Wang	2	5	7	0.32	1.17	42.08	2.08	3.52%
Rong	2	6	8	0.23	1.48	44.00	4.00	3.90%
Li	1	4	5	0.38	1.15	43.58	3.58	3.52%
Liu	1	6	7	1.63	2.20	45.17	5.17	8.49%
合计	17	74	91					

注：一节课规定时间为 40 分钟。总占比＝(TD＋TS)时间/总时间。TD、TS 释义见表 4-5。

1. 技术故障分析

就技术故障来说，主要考察了课堂上教师设备和学生设备出现的系统故障。所有 14 节课堂中发生的系统故障频率统计信息见表 4-7。可以看出，在所有的 14 节课当中，技术人员帮助教师和学生解决系统故障的次数有 91 次，其中有 17 次是针对教师的手持设备(iPad)，74 次是针对学生的手持设备(iPad)的故障。一节课当中出现故障最少的是 3 次，一节课当中出现故障最多的有 10 次。这些数据表明，在课堂上使用电子教材，从总体出现技术故障的频次来看，所占比例相对较低，电子教材系统存在的不稳定性给师生的课堂教学过程带来了一些负面影响。就技术故障的类型来说，主要有如下七种类型。

(1) 局域网故障：学生的手持学习设备(iPad)连接到无线局域网失败，不能登录教学平台 iTeach 的学生端。

(2) 软件平台故障：从教学平台 iTeach 学生端提交成功的作业，在教学平台 iTeach 教师端不能正常显示出来。

(3) 软件异常退出：教师在操控电子教材过程中，iBooks 软件偶尔出现非正常退出。

(4) 软件响应失败：学生在 iBooks 书架中点击电子教材没有回应，无法阅读电子教材内容；内嵌在电子教材内容中的交互式控件(widget)偶尔出现响应失败。

(5) 无线投影故障：Apple TV 在运行过程中出现屏幕保护，教师大屏幕黑屏，iPad 在投影过程中不能播放声音文件，或视频声音延迟。

(6) 笔记功能故障：学生选中文字偶尔无法进行批注笔记或高亮操作。

(7) 电子教材内容版本无法选中：学生登录电子教材系统，无法选中本班课堂使用的电子教材课本，自动进入其他班级学生使用的电子教材。

2. 系统切换和页面响应延迟分析

关于系统切换时间和页面响应时间，本研究分别统计了每一节课中，切换系统所花的总时间、系统响应占用的总时间及课堂超时的时间，详见表 4-7。来自系统响应和软件切换的时间，最长的接近 4 分钟(来自刘老师的课，TS＋TD＝3.83 分钟)，整个技术障碍耗费的时间占整节课所有教学时间的比例高达 8.49%。所有的 14 节课当中，最长的一节课超过正常规定课时约 5 分钟(刘老师的课时时间为 T＝45.17 分钟)。总体而言，所有 14 节课的分析结果表明系统软件切换时间长于页面响应时间。就系统软件切换耗时的原因，从课堂观察中发现，教师要求全班学生切换到指定的页面将对课堂教学时间带来负面影响。通常教师要等待全班所有学生(一个班级的学生介于 30～40 人)都切换到指定页面才开始进行教学。比如：李老师的一节科学课视频片段显示，在课堂导入阶段，教师发出指令，让所有学生都登录到教学平台——iTeach 平台检查他们对已有知识"植物组成部分"的掌握情况。当所有 35 名学生都登录到系统后，教师才一键分发测试题目。由于每个学生都有一个学习设备(iPad)，学生的设备操作技能将影响到他们切换页面的熟练程度，因此所有学生全部完成页面切换必然会占用一些课堂时间。

在 14 节课当中，有四位教师采用电子教材授课超过 1 个课时，数据显示，教师使用电子教材上课的次数越多，系统切换和页面响应所占的时间就越少。这个发现与之前的研究结果一致，教师操作不熟练会导致课堂超时[16]。除此之外，软件平台、学生操作系统的多样化、系统稳定性都会影响课堂教学过程的流畅性。

因此，当技术进入课堂后，在初始阶段，课堂确实会受到技术的影响。对于教师来说，他们在课堂上使用电子教材面对的一个非常重要的挑战是技术障碍。比如更多的时间用于更新系统以免软件或设备发生故障，教师缺少熟练的操作技能导致更多的时间用于软件与硬件之间的切换，用户操作系统的多样化，系统稳定性，等等。

4.3.2 教师对电子教材的用户体验

教师的用户体验质量高低直接影响电子教材课堂教学质量。对九位实验教师的访谈和教学反思报告结果也证实了这一观点。表 4-8 分别呈现了电子教材、电子教材和纸质教材混合使用，以及传统纸质教材应用情境下，教师在态度、动机、教学习惯、操作技能和满意度等方面的用户体验感知。

表 4-8 实验教师用户体验观点的整理结果

维度	电子教材课堂	电子教材和纸质教材混合使用课堂	传统纸质教材课堂
态度和动机	(1) 增加备课工作量，教学过程注重时效、分享和创新性； (2) 媒体交互、无线投影、即时反馈等功能增强了使用动机	(1) 增加备课工作量，教学组织多元化和个性化； (2) 电子教材与纸质教材呈现互为补充，增强了使用灵活性	(1) 已有的纸质资源可以直接使用，教学过程熟练且容易掌控； (2) 纸质教材无法进行内容交互呈现和即时反馈，翻书和练习等便捷操作
教学习惯	(1) 继承已有的信息化教学经验，如大屏幕呈现内容，视音频材料播放； (2) 改变课堂教学引导语，课堂活动组织方式、操练方式和学生作品展示方式，丰富了课堂教学信息量； (3) 增大课堂教学管理的难度	(1) 改变部分教学环节的组织方式； (2) 提高课堂随笔练习的效率； (3) 丰富课堂实践活动的体验方式； (4) 节省学习成果分享和汇报的时间	(1) 教师能够充分驾驭课堂教学过程； (2) 课堂教学活动依据原有教学习惯按部就班进行
操作技能	(1) 需要事先进行技术培训； (2) 不同软件之间切换较快捷方便，能熟练地在 iBooks 电子书上划重点做笔记	(1) 需要事先进行技术培训； (2) 在课堂上能自如地操作 iPad，没有体验到技术操作难点	不需要掌握额外的技术操作技能，能够流畅地完成课堂教学活动

续表

维度	电子教材课堂	电子教材与纸质教材混合使用课堂	传统纸质教材课堂
满意度	(1) 随着使用次数增加，满意度越高； (2) 电子教材的课堂教学过程与纸质教材的教学一样有效； (3) 在课堂随笔练习环节和学生操练环节可以根据学生的个体差异设置不同的练习活动，比纸质教材效果好； (4) 需要探索新的课堂管理方式帮助部分学生将注意力焦点集中到课堂学习活动中； (5) 未来希望继续使用电子教材开展教学活动	(1) 电子教材是纸质教材之外的一种重要补充工具，多种富媒体资源和虚拟学习工具辅助课堂教学过程完成得更好； (2) 一些学习内容采用电子教材进行设计效果会更好，将帮助学生深入理解； (3) 如果教学设计准备不够充分，通常学生会在 iPad 电子教材和纸质教材之间不知所措，影响学生的注意力保持； (4) 学生使用了 iPad 电子教材后，很难及时回到传统纸质教材的学习内容上继续开展学习活动	(1) 纸质教材内容过于陈旧，不能够根据教学需要进行修改，教师只能提供一些补充的纸质材料帮助学生更好的理解； (2) 一些多媒体资源无法直接点对点地呈现给学生，通常教师统一呈现在大屏幕中，不能照顾学生的个体差异； (3) 学生全程使用纸质教材，他们的注意力并没有全部集中在教师的指导语和学习活动中

1. 关于态度和动机

总体而言，本研究发现实验教师对电子教材进入课堂持一种积极的态度，并且有很强的动机，愿意继续使用电子教材开展课堂教学活动。就对技术的态度来说，相比纸质教材课堂，教师在仅使用电子教材，以及电子教材与纸质教材混合使用的情境下开展课堂教学活动，实验教师认为在课前准备环节确实增加了一些额外的工作，然而在整个课堂教学过程中，教师在经过简单培训后即可熟练操作 iPad 电子教材。有六位教师认为他们的动机得到提升，主要因为他们体验了以前课堂上没有经历过的一些新技术，如手持学习设备(iPad)友好的用户界面；即时互动反馈的便捷性；多点触控式操作；高亮和批注笔记功能；通过无线投影(AirPlay)方式直接呈现学生学习设备(iPad)上的内容等。例如，参与实验的李老师通过无线投影的方式把电子教材呈现在白板上，然后带着学生一起记笔记，学生有不会写的字直接浏览白板，提升了学生记笔记的准确度。参与实验的荣老师通过 Apple TV 把学生课本直接呈现在屏幕上，教师拿着 iPad 可以像往常一样自如地在教室走动。使用电子教材上课，使得课堂出现了与众不同的分享过程、讨论过程和协作过程。

有两位教师谈到他们使用电子教材给课堂教学过程的流畅程度带来了负面影响，这与实验前的期望效果有一定程度的不吻合。究其原因，两位教师认为在使用电子教材的课堂中，由于每一位学生都有一个学习设备(iPad)，且没有一款有效的工具对学生的学习设备直接进行控制，这使得教师驾驭课堂的能力受到了一些威胁。例如，在参与实验的张老师的课堂教学体验分享中，在“女娲补天”这一节课，学生有一个小任务，需要把小组角色扮演的活动过程利用 iPad 的摄像头记录下来，并且通过无线投影的方式直接把记录的短片呈现在大屏幕上。学生们在小组活动中都表现出兴奋和激动的表情，但个别学生就开始研究 iPad 的功能了，并没有参与小组活动。还有一部分学生因为录像的效果不满意，一直玩弄 iPad。电子教材进入课堂，手持设备对整个课堂教学过程的流畅程度带来了干扰，课堂出现了一些混乱的局面。张老师非常希望教师能够控制学生的 iPad，对于那些课堂上注意力不集中的学生，使用过程由教师控制将改善他们的学习效果。

总之，与传统纸质课堂相比，媒体交互功能、无线投影、即时反馈等电子教材课堂教学所凸显的优势直接增强了教师课堂使用电子教材的动机，超过三分之二的实验教师对电子教材课堂的态度是积极正面的，有很强的使用动机。

2. 教师的教学习惯和操作技能

从教师的教学习惯和操作技能来说，课堂上使用电子教材给教学带来了许多改善，比如丰富了课堂教学信息量，提高了课堂练习活动的效率等。究其原因，主要是因为电子教材的优势与他们之前使用信息技术手段优化教学过程的经验具有高度的相似性，因此教师们非常容易将之前的教学习惯和信息技能迁移到电子教材课堂中。

1）教师能够流畅使用电子教材和手持学习设备

有四位教师认为在课堂上使用电子教材非常简单，主要是因为电子教材的优势与他们之前使用信息技术手段优化教学过程的经验具有高度的相似性，这些教师非常容易将之前的教学习惯和信息技能迁移到电子教材课堂中。这些经验包含在屏幕上呈现主要内容，展示学生作品，高亮文本或在 iBooks 上记笔记，呈现多媒体教学材料等。

例如，参与实验的周老师能够在课堂上非常自如地使用电子教材，主要是因为她之前有利用多媒体课件进行课堂教学的经验，比如在课堂上给学生播放视频、图片和幻灯片等，或者直接把多媒体资源嵌入电子教材中。所以，用 iPad 电子教材在课堂上上课对于周老师来说是一件非常容易且可操作的事情。

2）教师的教学习惯受到挑战

有三位教师认为在课堂上使用电子教材还存在一些困难，因为使用电子教材将对他们已有的多年形成的教学习惯带来影响，需要他们改变之前的已经养成的课堂教学行为。比如，在原来的课堂上，教师和学生通过几个学期的接触，已经形成了一些比较固定的课堂教学行为习惯。通常教师无须在课堂上重复发出完整的教学指令，学生就已经领会教师的要求。而在电子教材课堂中，教师和学生原有的课堂教学习惯被打破，他们之前达成的默契也不再适用于这种新课堂，因此，在电子教材课堂中，教师需要提供清晰、具体、完整的指导语，学生才能领会教师的指令。比如滑动 iPad 上的学习材料到指定的页面，在不同软件之间进行切换（iBooks 和 iTeach 平台之间切换），拿稳 iPad 等。

例如，参与实验的王老师是从这个班级一年级就开始跟学生们相处，已经有三年的传统纸质教材教学互动体验，在课堂上也形成了非常默契的师生教学规则和习惯。但是在电子教材课堂中，学生们对于王老师的指令感到比较茫然，他们不是很明白王老师布置给他们的学习任务到底是什么。

3）教师过多关注手持学习设备

有两位教师认为他们把过多的注意力投放在对手持学习设备（iPad）的关注上，而忽视了课堂学习活动的主体——学生。究其原因，在于教师的 iPad 操作不熟练，导致他们无法将注意力转移到对学生的关注上。缺乏对学生的关注导致有一小部分学生的课堂行为并没有跟上课堂节奏，出现在完成学习任务的过程中注意力不集中的情况。因此，这两位老师认为，电子教材课堂让他们的课堂驾驭能力受到了挑战。

又比如，参与实验的刘老师在电子教材课堂中会关注自己手里的学习设备（iPad），由于

iPad 比传统的纸质课本要重一些,整节课中,她会担心没拿稳设备,给摔坏了,这种担心就挤占了教师对学生的关注时间。另一位参与实验的郭老师在讲课时总会盯着 iPad 电子教材的内容,担心 iPad 上呈现的内容与教学内容不相匹配,担心电子教材页面呈现可能出现错误。这些挑战也让郭老师没有过多的时间关注学生的学习掌握情况,只能根据备课教案按部就班的实施课堂教学。

3. 教师满意度

从教师的满意度可以看出,电子教材的教学功能确实能够弥补纸质教材的一些不足。所有九位教师都提到电子教材确实能够让整个课堂比较活跃,学生的学习主动性和对教材的关注明显高于纸质教材课堂。其中六位教师还希望继续在课堂中尝试使用电子教材,并且他们还表示会将自己的电子教材使用经验分享给其他老师,并推荐其他老师也尝试利用电子教材开展课堂教学。

总之,本研究发现大多数教师对电子教材进入课堂是持一种积极的态度,并且他们有很强的动机使用电子教材。如果教师具有比较丰富的软硬件操作技能,并且对传统纸质教材课堂教学中的教学习惯依赖度较低,那么教师对使用电子教材开展课堂教学活动的满意度会更高。

4.3.3 学生对电子教材的用户体验

学生对电子教材的用户体验分别呈现在问卷调查结果和访谈结果中。

1. 学生问卷调查结果分析

对于学生的电子教材课堂体验,整理回收的有效问卷结果如表 4-9 所示。数据表明,学生对各项指标的评价都非常高,揭示了电子教材在学生群体中具有很好的用户体验(最小平均值 $M=3.85$,标准差 SD=0.82)。

表 4-9 对学生电子教材用户体验的描述性统计($n=184$)

子　　项	性　　别	人　　数	平均值(M)	标准差(SD)
对待新技术设备的态度	男	88	4.24	0.72
	女	96	4.40	0.74
学习动机	男	88	4.06	0.80
	女	96	4.10	0.90
好奇心	男	88	4.39	1.17
	女	96	4.31	0.99
学习习惯	男	88	3.85	0.82
	女	96	4.02	0.89
操作技能	男	88	4.48	1.15
	女	96	4.41	0.69
满意度	男	88	4.20	0.80
	女	96	4.29	0.79

对于“对待新技术的态度和动机”,学生在课堂中使用电子教材开展学习活动的动机非常强($M>4.20$);对于“好奇心”,学生在课堂中使用电子教材普遍具有很强的好奇心和浓厚的兴趣($M>4.30$);对于“操作技能”,所有学生都能够非常娴熟地使用电子教材($M>4.40$);

就“学习习惯”来说，学生能够适应电子教材课堂学习活动的方式，男生的分值比女生稍低；对于“满意度”，从整体来看，学生对使用电子教材上课的满意度普遍比较高。

2. 学生访谈结果分析

整理随机抽取的20名学生的访谈结果，访谈获取的数据进一步证实了问卷调查中获取的数据结果。学生们对待基于手持式学习设备的电子教材态度都是积极的，使用电子教材的动机非常强，男生和女生都普遍接受电子教材。从访谈中本研究还有一些新发现。

1）学生的操作技能

就学生的操作技能而言，电子教材让学生体会到了操作的便捷性，所有接受访谈的学生都认为他们有足够的操作技能来使用iPad电子教材，同时，他们还指出电子教材课堂的一些技术操作非常容易，包含翻页、使用Apple TV无线投影、高亮、记笔记、登录iTeach平台等。

2）学生的好奇心

就学生的好奇心而言，简单快捷的操作和富媒体资源增强了学生对iPad电子教材的好奇心，学生沉浸在丰富的电子教材内容中，主要因为电子教材集成了多种具有高交互的widget控件，比如画廊欣赏、视频片段欣赏、keynote演示与播放、滚动显示窗口等。同时，学生的好奇心也对他们的课堂注意力产生了一些负面影响，比如，在学生观察视频内容片段的时候，相当多的学生并没有像在传统课堂里一样，把注意力集中在教室的屏幕上或者教师身上，而是埋头操控点击嵌入在iPad电子教材内的视频材料。就学生的好奇心持续时间，已有研究结果表明，学生对电子教材的好奇心随着使用时间的增加而减退[17]。因此，对于学生的好奇心带来的负面影响将来需要选取更长的一段时间进行观察。

3）学生的学习习惯

对于学习习惯，所有接受访谈的学生都认为使用电子教材上课与使用传统纸质教材上课的差别不大。但是，所有的男生都指出他们在电子教材课堂中感到紧张，因为他们担心被老师点名，直接将自己的学习结果投影在大屏幕上，让其他同学一起参与评论。在传统课堂中，如果有学生完成了作业，往往通过直接举手的方式来告诉教师，这种基于经验的判断方式使得教师并不知道学生作业的真实完成情况。而在电子教材课堂中，那些没有完成作业的学生将会感到一定程度的紧张，他们担心把自己的课堂学习记录和学习结果直接呈现在同学面前“出丑”。部分同学认为电子教材在两个方面改变了课堂学习习惯。一方面是iPad电子教材可以直接展示在大屏幕上，教师可以发现学生是否按照要求对书本有做笔记或者是否完成了练习。另一方面以前面对课堂上的提问不想回答可以不举手，现在教师现场发布作业题，并且能看到哪个学生做对了，哪个学生做错了。

4）学生的满意度

在满意度方面，学生们对利用电子教材开展课堂学习活动普遍感到满意。学生认为使用电子教材体验到了现代科技带来的课堂新变化，电子教材能够提高学生的学习兴趣。研究发现如果学生具有很强的好奇心和信息素养，那么他们对使用电子教材开展学习活动的满意度就更高。未来电子教材设计需要更关注学生的用户体验，让学生能够把注意力聚焦到学习过程中来，而不是因为增加了一些绚丽的页面，干扰学生的注意力。

4.3.4 课前准备面临的挑战

关于备课过程面临的一些挑战，整理了九位教师的访谈结果，主要观点如下。

1. 教学设计面临的挑战

所有教师都认为,与纸质教材备课过程相比,他们花了更多时间来设计电子教材课堂教学方案。他们需要同时综合考虑多方面的因素,比如迁移以往的信息技术与学科课程整合的经验,听取技术专家讲解 App Store 上的一些与学科教学相关的应用程序的教学功能和 iBooks 电子教材的功能,界定一个与教学目标一致且可观察可测量的学习结果,研究手持式学习设备(iPad)的教学功能,设计高交互的学习活动等。

2. 材料准备面临的挑战

所有教师都认为他们需要收集一些与课堂教学需求相匹配的教学材料来制作电子教材。六位教师认为他们在准备多媒体教学材料的过程中还面临一些困难,比如信息素养水平比较低,很难找到合适的教学材料,电子教材内容开发不熟练等。

3. 设备布置和软件安装面临的挑战

所有教师都提出,需要一个技术工程师辅助他们完成软硬件的安装、调试和内容分发与同步。比如接入互联网、资源同步与分发、设置 Apple TV 无线投影、外网与局域网的设置和转换、多屏展示的位置、升级 iOS 系统、iPad 上应用程序的安装等。

因此,从教师的教学经验来看,他们在课前需要做很多准备工作,比如设置恰当的学习目标,设计多样化的学习活动,准备有效的教学材料,装备硬件设备和软件。

4.4 电子教材对教师产生的影响

电子教材作为一种新事物进入课堂,正在经历一种从"能不能用"向"怎么用"转变的考验。那么,教师如何利用电子教材开展有效的课堂教学活动就变得尤为重要。根据实验教师在不同教材应用情境下的课堂感受,研究发现,教师要想在课堂中充分发挥电子教材的应用价值,还需要关注如下四点。

4.4.1 课前准备环节需要重点关注

课前准备(备课阶段)是确保电子教材在课堂中顺利实施的重要环节,教师原有的丰富的信息化教学设计经验将使课前准备的效果更好。此外,教师电子教材备课活动既需要考虑传统备课的任务,还要与技术支持人员沟通新媒体技术进入课堂后可能带来的硬件设备和软件安装问题等。

为了更好地满足师生教学需求,课前准备需要提前实施。课堂教学实践受教师知识和信念的影响,教学的变革又会带来教师知识和信念的变化[18]。如果教师有更丰富的教学设计经验,他们将能够更好地完成课前准备任务。通过整合协调教学材料、设备和软件资源,学习结果与最初的教学目标将非常匹配。当技术进入课堂后,从教学实践来说,对教师的要求更高。从技术—教学法—内容知识这一知识框架重新审视信息时代教师的知识体系,即教师知识是教学法知识、技术知识与学科内容知识的有机结合[19]。而从本研究实践中也发现,电子教材进入课堂,对于那些教学法知识和学科内容知识掌握得比较扎实的教师而言,他们对于使用电子教材所需的技术知识有着更好的理解,教师对课堂教学设计和课堂教学目标的实现有更大的把握。

4.4.2 技术环境障碍问题应对建议

技术环境的障碍问题是教师在课堂上使用电子教材面临的一个重要挑战。在电子教材课堂中,教师花了更多的时间用于更新系统,以免软件或设备发生故障。教师操作技能不熟练导致他们花了更多的时间用于软件与硬件之间的切换。本研究还发现,如果教师在课堂上使用的工具软件过多,那么他们将会比较忙于切换应用程序软件。针对这种情况,本研究建议教师在电子教材课堂上使用支持软件尽量不要超过三个。从操作步骤来说,建议教师练习通过手指滑动的方式来切换不同的应用程序,提升软件衔接的自然流畅性。

此外,研究还发现电子教材课堂教学中普遍存在教学超时的问题,通常技术操作时间的增加或者技术故障问题是造成教学超时的主要原因。可喜的是,随着教师使用电子教材进行课堂教学的次数增多,技术的干扰正在逐渐降低,技术的支持作用越来越突出。

4.4.3 教师电子教材课堂体验质量是重要影响因素

教师对电子教材的用户体验包含态度和动机、操作技能、教学习惯和满意度四个方面。那些对传统纸质教材教学依赖不强,而且还有较强的技术操作能力的教师比较容易满意于电子教材课堂教学效果。为了确保电子教材课堂教学过程与之前的纸质教材课堂一样流畅地进行,教师的电子教材课堂体验质量是非常重要的一个影响因素。九位教师的反馈证实了教师对纸质教材的教学习惯依赖和自身的操作技能是影响他们对电子教材课堂教学效果满意程度的重要因素。本研究也发现,当教师技术不熟练的时候,教师总会不自觉地盯着手持设备(iPad)看,导致对学生的关注减少。通常,课堂上师生之间的眼神交流是最重要的一种反馈形式。因此,教师的技术熟练程度将影响他们对电子教材的用户体验,如果教师有较高的技术操作技能,他们将更专注于教学内容和学生的学习活动。

4.4.4 信息化教学习惯适用于电子教材课堂应用情景

教师非常容易将之前的信息化课堂教学习惯迁移到电子教材课堂中。这些经验包含:在屏幕上呈现主要教学内容,展示学生作品,高亮文本或在书上记笔记,呈现多媒体教学材料等。当然,在电子教材课堂中,每个学生都拥有一个终端设备,也增大了教师的课堂组织和管理难度。比如,教师的授课顺序如果没有按照教材的编排顺序进行,学生在不同页面之间跳转,不能很好地聚焦学习任务;在新环境中,教师的指导语没能与学生形成默契,导致学生过于沉浸在电子教材丰富的内容中。

4.5 电子教材对学生产生的影响

要应对电子教材的潜在障碍,实现电子教材的应用价值,从学生层面看,应该重点关注以下两点。

4.5.1 关注学生对电子教材的好奇心与保持课堂注意力

学生的信息操作技能和对电子教材的好奇心使得他们对课堂上使用电子教材具有较高

的满意度。未来电子教材设计需要更加关注学生的体验，提升学生在学习过程中的注意力保持时间。对于学生好奇心和课堂注意力的问题，本研究也提出了一些建议，如删除手持学习设备(iPad)上与本节课学习内容不相关的应用程序，设计学习活动，鼓励学生采用自主探究的方式发现问题并解决问题，明晰评价学习结果的量化指标等。为了促使学生完成有效的学习活动，建议在普及电子教材课堂应用之前，应该先对学生的数字化学习行为进行引导，培养学生健康地使用电子教材的行为方式。

4.5.2 探索电子教材赋能学生开展有效学习活动的策略

考察电子教材对学生学习的影响，其落脚点应体现在学生的学习过程体验和学习结果方面。学生在电子教材课堂中，可借助技术设备和交互工具开展个体学习和合作学习等多种方式建构知识意义，完成有效学习活动。要衡量学生学习结果的有效指标之一就是对知识的理解程度。可见，如何引导学生利用电子教材开展有效的学习活动才是发挥电子教材应用价值的关键。如果能够解决学生在使用电子教材过程中面临的技术故障，将可通过电子教材实现技术赋能课堂学习效果。

4.6 总结与讨论

本研究利用多种数据收集方式探索了电子教材的可行性及潜在障碍因素，得到一些重要的研究结论。电子教材是教育信息化发展进程中的一种特定产物，它的强交互性、富媒体性和高用户体验对提升教师的课堂教学将发挥巨大作用。但是要想将电子教材向课堂规模化推进，需要关注电子教材对课堂教学带来的潜在障碍。本研究的结果不仅体现出电子教材潜在的应用价值，还进一步发现电子教材在课堂教学过程中给师生带来的正面和负面影响，这为将来开展电子教材的实践提供重要的方向。

本研究存在着诸如实验学科和实验对象的范围比较狭窄、实验时间比较短暂等问题，但电子教材作为新事物已经引起了诸多关注。未来我们将继续跟踪电子教材融入课堂教学带来的转变和更进一步探索电子教材的教学应用价值。本研究对电子教材在新课堂教学中的潜在影响因素进行了分析，形成了一种考察信息技术在课堂教学中应用有效性的分析方法，研究成果将为教育决策者和教师等未来在电子教材设计和课堂教学应用方面提供更多的决策支持。

参考文献

[1] Kennewel S, Beauchamp Gary. The influence of a technology-rich classroom environment on elementary teachers' pedagogy and children's learning[C]. Proceeding CRPIT '03 Proceedings of the international federation for information processing working group 3. 5 open conferences on Young children and learning technologies, 2003(34): 71-76.

[2] Galletta D. F, Henry R, McCoy S, Polak P. Sensitivity to Web delays: a contingency analysis of users tolerance for slow Web sites[J]. Journal of AIS, 2004(1): 56-71.

[3] Colombo L. Designing highly engaging eBook experiences for kids. research and advanced technology for digital libraries[J]. Lecture Notes in Computer Science,2011(6966): 531-534.

[4] ISO technical committee 159 (ergonomics of human-system interaction): ISO 9241 Part210: Human-centred design for interactive systems. (2010)[S]. International Organization for Standardization (ISO),Geneva,Switzerland.

[5] Morville P. User experience design[M]. Ann Arbor: Semantic Studios LLC,2004.

[6] Garrett J J. The elements of user experience: user-centered design for the Web and beyond (second edition) [N/OL]. Retrieved Octorber31, 2012, from http://ptgmedia. pearsoncmg. com/images/9780321683687/samplepages/0321683684. pdf. 2004.

[7] Chong P F, Lim Y P, Ling S W. E-book evaluation: efficiency and satisfaction[J]. International Journal of Human Computer Interaction,2010(1): 345-357.

[8] Aaltonen M, Mannonen P, Nieminen S, et al. Usability and compatibility of e-book readers in an academic environment: a collaborative study[J]. IFLA Journal,2011(3): 16-27.

[9] Chen J W,Luo D,Hsieh C C. A comprehensive strategy framework for e-textbook in the coming digital society for learning[C]. The Fifth International Conference on Digital Society,2011(1): 63-69.

[10] Marques S. eTextbooks usage by students at andrews university: a study of attitudes perceptions and behaviors[J/OL]. retrieved november 10 2011 from. http://docs. lib. purdue. edu/iatul/ 2012/papers/32. 2012.

[11] Wilson R. Ebook readers in higher education[J]. Educational Technology & Society,2003(4): 8-17.

[12] Chou C. C,Block L,Jesness R. Opportunities and challenges in one to one learning with iPads in K-12 Schools[C]. Paper presented at the Meeting of international conference of educational innovation through technology Beijing China. 2012.

[13] Weisberg M. Student attitudes and behaviors towards digital textbooks[J]. Publishing Research Quarterly,2011(2): 188-196.

[14] Meurant R C. The iPad and EFL digital literacy multimedia[J]. Computer Graphics and Broadcasting,2010(3): 224-234.

[15] Geist E. The game changer: using iPads in college teacher education classes[J]. Education Academic Journal Article from College Student Journal,2011(4): 272-294. http://www. stcsig. org/usability/newsletter/0110_measuring_with_use. html.

[16] Kennewell S,Beauchamp G. The influence of a technology-rich classroom environment on elementary teachers' pedagogy and children's learning[R]. Proceeding CRPIT '03 Proceedings of the international federation for information processing working group 3. 5 open conferences on Young children and learning technologies,2003(34): 71-76.

[17] Lam P,Lam S L,Lam J,et al. Usability and usefulness of eBooks on PPCs: how students' opinions vary over time Australasian[J]. Journal of Educational Technology,2009(1): 30-44.

[18] 焦建利,钟洪蕊. 技术—教学法—内容知识(TPACK)研究议题及其进展[J]. 远程教育杂志,2010(1): 9-45.

[19] Mishra P,Kereluik K. What is 21st Century learning? A review and synthesis[J/OL]. Retrieved Octorber31, 2012. http://punya. educ. msu. edu/presentations/site2011/SITE _ 2011 _ 21st _ Century. pdf.

第5章

电子教材的课堂容量及行为研究

从电子教材的课堂教学潜在障碍研究中发现，教师和学生对于电子教材进入课堂并不排斥，多数教师和学生愿意尝试利用电子教材开展课堂教学活动。那么电子教材应用于课堂是否能够促进学生有效学习呢？比如，学习活动是否有效？学习行为是否积极主动？学生课堂参与是否活跃？等等。这些问题都是电子教材的涉众非常关注的问题。而就从当前调研的学校教室环境来看，几乎所有教室都已经配置了多种软硬件技术来辅助师生的课堂教学活动。那么在这样一种环境中开展电子教材的课堂教学活动与之前的纸质教材课堂教学活动是否有变化？这些变化体现了电子教材哪些优势？从教学论研究中，我们知道其实导致课堂出现差异的关键性因素是课堂教学过程不同，这是辨别成千上万课堂教学质量优劣的重要依据。因此，本研究尝试从有效学习视角对电子教材课堂过程进行研究，考察电子教材的课堂容量和师生的课堂行为到底有哪些新变化。

5.1 相关理论研究

5.1.1 有效学习相关研究

1. *学习活动的内涵与分类*

学习活动是人类活动的基本形式之一，关于活动本身的构成要素，目前有多种看法，总体来说，主要包含活动主体、活动客体和活动工具三部分。陶行知先生说，教师的活动不是“教书”，也不是“教学生”，而是“教学生学”。可见，学习活动是属于教学活动系统中的一种类型。探索学习活动的内涵首先需要从教学系统的构成要素谈起。关于教学系统的基本组成要素，早期有三要素说，即教师、学生和教材。也有学者提出四要素说，即教师、学生、内容和媒体。还有七要素说，包括教师、学生、教学目的、教学内容、教学方法、教学环境和教学反馈[1]。尽管关于教学系统目前有多种看法，总体来说，教师、学生、内容和媒体是现代教学系统的核心。

对于学习活动的界定，IMS-LD 规范对学习活动进行了描述，指学习者承担一定的角色，以一定的学习目标为导向，在环境中进行活动，并通过活动达到学习目标；包含七个要素，即方法（method）、角色（role）、活动（activity）、环境（environment）、属性（property）、条件（condition）和通知（notification）。DialogPLUS（数字图书馆助力地理教学方式创新）项目[2]对学习活动进行了界定，认为学习活动包含四个要素，分别是学习目标、学习资源、学习指导和学习活动评估。国内研究者乔晖通过对语文学习活动的研究发现，学习成果既是学生学习活动的一个结果，也是学习目标，是检查学生掌握学习内容的重要标志，它对学习活动起到正反馈促进作用。为此，她认为学习对象、学习内容、学习过程和学习成果是构成学习活动的必要条件[3]。杨开城教授认为，学习活动是指学习者以及与之相关的学习群体（包括学习伙伴和教师等）为了完成特定的学习目标而进行的操作总和[4]。对于学习者来说，学习活动是指学什么和怎么学等问题，是一个行为或行为系列。从学习活动设计者角度来说，通常一个完整意义的学习活动包含如下一些组成要素：明确的学习目标、学习任务、学习操作步骤和过程方法、角色和任务分工、学习活动组织形式、学习成果形式、活动过程监管规则、学习评价规则和评价标准等。黄荣怀等认为就师生共同关注的内容来看，通常学习任务、学习方法和学习成果评价要求三个基本组成要素构成一个学习活动的必要条件[5]，这三个要素是判断一个学习活动的基本条件，如图 5-1 所示。

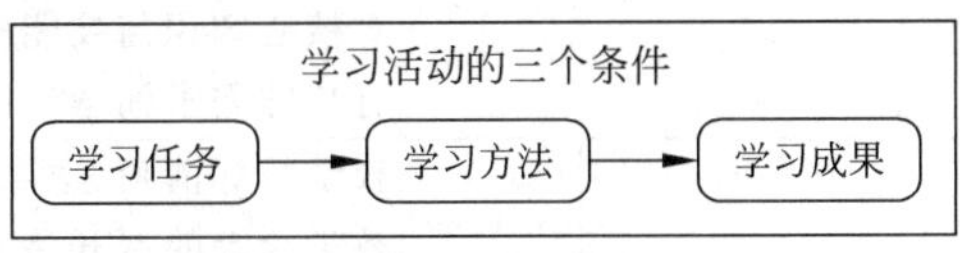

图 5-1 学习活动的三个必要条件

对于学习活动的分类，已有研究者从多个角度探索了对学习活动的分类。主要有以下几种观点。

（1）从内部-外部视角：学习活动可以分为内部活动和外部活动。内部活动主要指内化的学习者认知活动，包含感知、思维、记忆等；外部活动主要表现为指向某种目的的操作行为的综合，包含阅读、观察、写作、讨论、角色扮演等行为或行为序列。

（2）从个体-群体视角：学习活动可以分为个体学习活动和群体学习活动。个体学习活动主要指学习者个体自主完成的学习活动，包含个体的自我管理、自主学习、自我监控等活动；群体学习活动主要指学习者与学习同伴一起完成的学习活动，包含讨论、辩论、合作分工等形式。

（3）从活动功能视角：学习活动可以分为体验性活动（以获取知识和技能为主）、学习动力和策略获取类活动、评价反思活动和总结归因活动。

（4）从活动-目标内在联系视角：学习活动可以区分为意义建构活动和能力生成活动。意义建构类活动的目的是通过对新旧知识点建立联系以获取目标知识点的意义。能力生成类活动的目的是通过使学生接触与知识点的运用实例相关的任务来训练学生知识的运用能力。

（5）从“个体-群体”视角和“活动与学习目标内在联系”视角：可将学习活动分为四类，分别是个体能力生成类活动、群体能力生成类活动、个体意义建构类活动和群体意义建构类活动，如表 5-1 所示。

表 5-1 学习活动分类框架

项　目	个　体	群　体
能力生成	个体能力生成类活动	群体能力生成类活动
意义建构	个体意义建构类活动	群体意义建构类活动

2. *有效学习活动*

裴娣娜[6]指出，如果以课堂教学教与学活动作为分析的维度，评价一堂好课的基本要素主要由教学目标、教学内容设计与选择、教学进程与步骤、教学策略与方法、教学基本功、教学效果六个方面组成。对于学生活动，要求保持一定的学生活动时间量(一般不少于课时的三分之一；每个学生都有不同程度的参与，即时给予学生有益反馈)。骆玲芳等[7]的研究从学习和教学两个角度对一堂课的效果评价提出了一些要求，如表 5-2 所示。

表 5-2 课堂教学评价的关注要点

维　度	描　述
学生学习	至少 85%的学生愿意参与 至少 70%的学生达成目标 专注于学习的时间与程度 对核心知识与技能的理解 有特殊需求的学生的满足程度
教师教学	教学目标清晰、适当且告知学生 教学活动的展开是有准备的且切合教学目标的 讲述、提问、观察、交流与演示等主要教学行为没有明显的不适当 课堂中利用的资源是有利于促进学生学习的 教学设计或实施有自己的思考或特色

可见，在一个课堂中，学生的学习活动是否有效，直接关系到学生的学习效果和学习质量。那么怎么判定学习活动是有效的呢？首先需要从有效学习活动的概念进行阐述，关于有效学习活动的界定，黄荣怀等[5]指出，“有效学习”并不是一个严格的学术术语，它是相对于低效学习和无效学习而言的。在正式学习环境下，它是指学生在教师的指导下，应用恰当的学习策略对学习内容进行主动加工，在一定时间内完成学习任务、达成学习目标、获得自身发展的过程。为此，他把有效学习活动界定为“学习者在预期的时间内完成学习任务、达成学习目标的过程”。而对有效性的理解，也有多种观点，刘琪等[8]认为可以从有效果、有效率和有效益三个层面来理解有效性。有效果指的是课堂教学活动的结果与预期的任务目标的吻合程度；有效率指的是学生投入的时间与实际分配给学生的时间的比值，就是规定时间内完成学习任务的量；有效益指的是价值实现，即具体的受益程度。

学习活动的有效性是主要面向学习者来说的，直接体现在学生参与课堂学习活动的程度上。学生参与教学的主要形式包含师生对话、分组讨论、独立探究、即时互动反馈等。它包括参与的深度和广度两个方面。深度是指学生参与的深刻性，它包括参与是否是自愿的、主动的情感体验，参与的认知层次等。广度是指参与的广泛性，它包括参与的人数多少、参与持续时间的长短等。对于学习者参与课堂学习活动的类型，有研究者[9]把学习者的参与分为三个维度，分别是认知参与，指的是学习者心智投入程度；情感参与，指的是学习者对其他成员的积极回应程度；行为参与，指的是学习者主动参与到活动中，包含回答问题等可观察的行为方式。也有观点认为，学习者参与度虽然分为以上三种类型，但是行为参与反映了学生参与活动的强度，是学生参与的一个最基本的可测量形态。尽管参与度被分为三个类别，然而，一些研究者认为这三个维度实际上是融合在一起的，很难对其进行区分。有研究者表示，可以根据学生课堂参与的性质、参与的程度将小学生划分为三类：消极参与型

(主要表现为不参与或被动、消极地参与);主动参与型(主要表现为积极、主动地参与);被动参与型(被动参与)[10]。

5.1.2　课堂容量相关研究

已有研究者认为,要提高课堂教学效果,需要认真研究课堂容量。课堂容量通常包含四部分,分别是知识量、练习量、思维量和思想教育渗透量。其中知识量是指学生所获得的知识具有的深度和广度,而不是教师在一节课中传授知识的多少;练习量是指学生理解知识、消化知识、形成技能技巧和学习能力的必要途径,是课堂教学中的一个重要环节;思维量是指教师要保证学生在学习活动中有一定的思维时间,让学生主动参与课堂学习;思想教育渗透量是指课堂教学中对培养学生良好的学习习惯、独立思考能力和克服困难的精神的渗透程度。

周彬[11]指出,课堂教学过程中最核心的要素是教学进度和学习接受度。教师的教学进度包括教师教的量和教的速度两个内容;学生的学习接受度包括学生学的量和学的速度两个内容。教师的教与学生的学一定要和谐统一,教学进度的快和慢与学生的学习接受度步调一定要一致,才能使教和学都有效。前面的文献指出,课堂教学的本质就是在教师的指导和帮助下,学生在规定的时间内完成学习任务并达成学习目标的过程。因此,评价课堂教学的效果应该首先关注课堂教学过程的效果,观察的重点是有效学习活动的过程,是学生在教师的引导下的学习活动过程。所以,无论教师的讲解如何生动,无论教师呈示了多少信息和材料,如果这些行为方式没有引起学生的有效学习行为,那么课堂的教学过程就是低效的[12]。因此,在考察课堂教学过程的效果时,需要把观察点从单一的教师行为转向对师生的行为的关注上,把教师的行为与学生的有效学习活动联系在一起,这并不是说我们否定了教师的主导作用,而是认为课堂教学过程的效果就是学生参与有效学习活动的表现。

低容量的课堂通常课堂信息量不足,过低估计学生的学习能力,内容上过多重复,速度缓慢,目标单一,课堂教学缺乏兴奋中心,学生的积极性不高,甚至会使学生产生厌学情绪。教师总怕学生不理解,基础不够,反复讲解,缺乏足够的知识容量,不仅会导致学生自主学习时间不够,还会降低学生的学习兴趣,妨碍思维的发展。如果课堂容量过高,即给学生过多的信息量,最终将会因为教学进度超越了学生的接受能力而使学生放弃参与课堂学习活动。

因此,课堂容量是考察课堂教学过程有效性的重要指标,指在规定的时间内完成教学活动的量,既包含教师教的量(教师完成的课堂教学活动),也包含学生学习的量(学生参与的有效学习活动)。本研究将选取教师完成的课堂教学活动和学生共同参与的有效学习活动作为考察课堂容量的主要内容,从活动视角来理解,本研究的课堂容量就是课堂活动的总量,即课堂活动量。

5.1.3　课堂行为分类相关研究

1. *教师行为分类*

对于教学行为的分类,从媒介角度,通常分为言语行为和非言语行为两大类。研究表明,课堂上80%的教学行为是师生的言语行为,非言语行为很少在课堂中单独使用,通常是伴随着言语行为的表情、姿势和动作出现,起到烘托言语行为的作用。从教学任务角度,通常分为主要教学行为和辅助教学行为。其中主要教学行为主要指为教学任务而采取的行为方式，比如提问行为、陈述行为。辅助教学行为大多指课堂上的即兴发挥行为，无法预测，其对达成教学目标的帮助取决于教师条件性知识和实践性知识的水平。通常，一节课中辅助教学行为应少而精，如果辅助行为过多，必然不是有效教学。

就教师的主要教学行为来说，通常可以分为呈示行为、对话行为和指导行为[13]。

（1）呈示行为：着眼于教师呈现知识与演示技能为主的行为，它是以教师为主导的、最基本的教学行为。依照使用手段不同，呈示行为分为语言呈示、文字呈示、教学媒体呈示和动作示范四种方式。其中，最常用的是语言呈示，即讲述行为。

（2）对话行为：着眼于师生、生生之间的相互作用的行为，教学对话是师生共同活动的过程，是师生、生生之间分享信息、观点或共同解决某个问题的过程。基于师生之间参与程度与范围的不同，通常包含问答与讨论两种行为。第一种是问答行为，它是师生和生生之间的一种互动行为，一般是以“教师提问—学生作答—教师理答”的这样一个行为链进行反复问答的对话形式，在教师问答行为中间有学生行为介入，因而，可把它称作“问答行为链”。第二种是讨论行为，它也是师生和生生之间的一种互动行为，师生双方或学生之间围绕某一主题交流观点，以形成对该主题较为一致的理解、评价或判断。

（3）指导行为：当开展以学生为中心的学习活动时，教师的角色就是指导者，他们所采取的提示、咨询、辅导或引导等各种促进学生学习的行为，统称为指导行为。按照学生开展不同性质的学习活动来分析，教师的指导行为主要是对学生自主学习、合作学习、探究学习的指导。

2. 信息化课堂教学行为分析框架研究

相关研究者用“合作”和“成果产出”作为判断信息化课堂教学效果的标准，把课堂教学方法分为讲授传递式、师生对话式、学生个体建构和学生合作建构四类，其二维框架如表 5-3 所示。

表 5-3 根据合作和成果产出的程度进行的教学法分类

项　　目	没有协作（no collaboration）	协作（collaboration）
没有成果（no product）	讲授传递式（transmissive）	对话式（dialogic）
成果（product）	个体建构式（constructionist）	合作建构式（co-constructionist）

其中：①讲授传递式（transmissive）指起始阶段的学习，提供方向和先决信息。②对话式（dialogic）指提供给学生更多的机会，严谨地定义概念的边界，关注协商的意义。③个体建构式（constructionist）指学生个体在特定的语境中展示他们的理解。④合作建构式（co-constructive）指利用社会建构的方式让学习者合作，实现共同创作。

3. 信息化环境教学行为分类研究

顾小清提出了基于信息技术的课堂互动分析编码系统[14]，分类编码表如图 5-2 所示。

美国 ISTE 协会开发的课堂观察工具主要把课堂行为分为教师角色、学生活动和使用技术三个维度，其中教师角色和学生活动的分类如图 5-3 所示。

张海等[15]突破以往课堂行为只有言语分类的局限，提出了信息化课堂教学行为和教学媒体分类编码表，如图 5-4 所示。这个分类编码系统列出了信息技术环境下的学生自主行为和教学媒体对课堂教学的作用的条目。

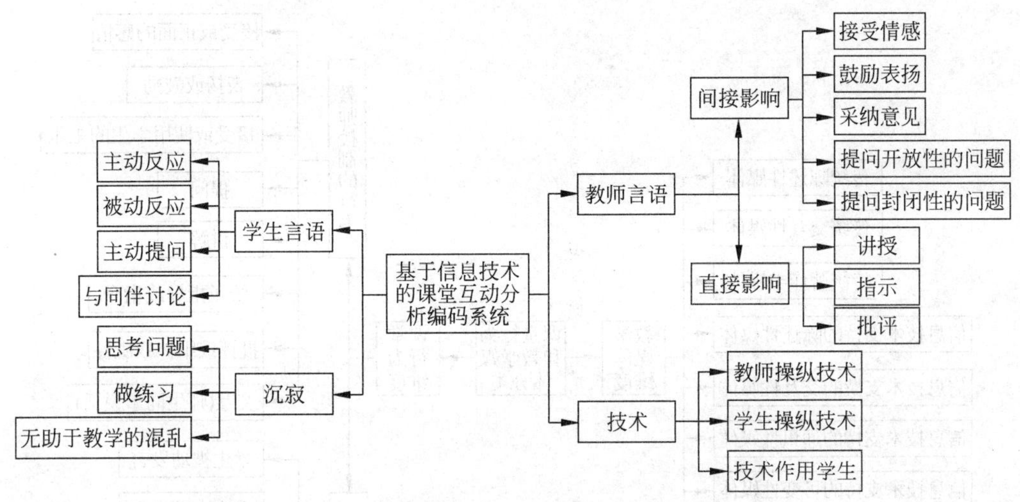

图 5-2　基于信息技术的课堂互动分析编码系统

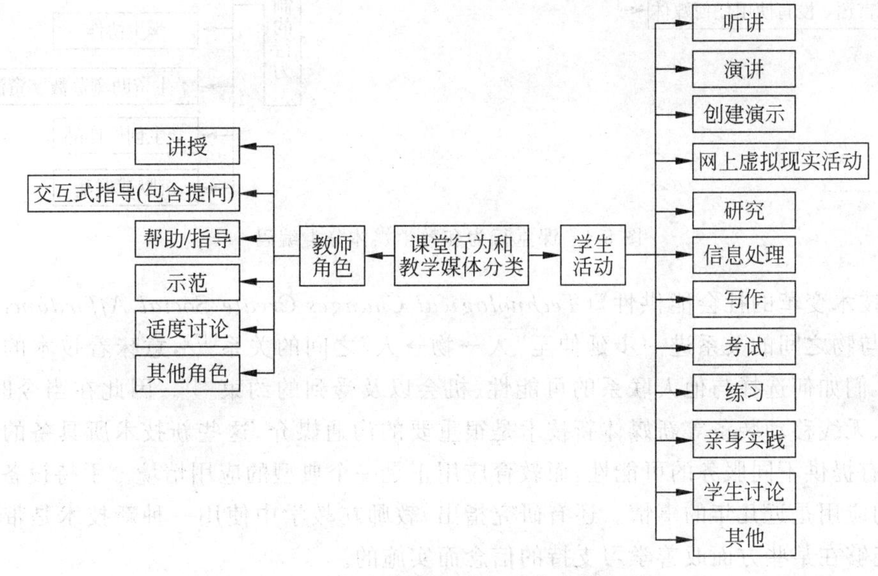

图 5-3　教师角色和学生活动分类编码

以上研究表明，对课堂行为的观察通常从教师和学生两个维度进行分类。而观察行为的方式早期是间隔一段时间记录一次活动类型，现在可以借助技术录制视频，进行更加精确的分析，对于观察视频分析课堂行为的方式，通常是通过计算某一种行为所占用的时间来进行。

5.1.4　新媒体技术课堂角色研究

在课堂教学过程中使用视听教具有许多优势，能激发学生更多地参与学习过程，研究者指出各种教具对学习过程支持和教学任务的完成有显著的贡献，比如激发学生保持注意力，激发动机，增加学习兴趣等[16]。

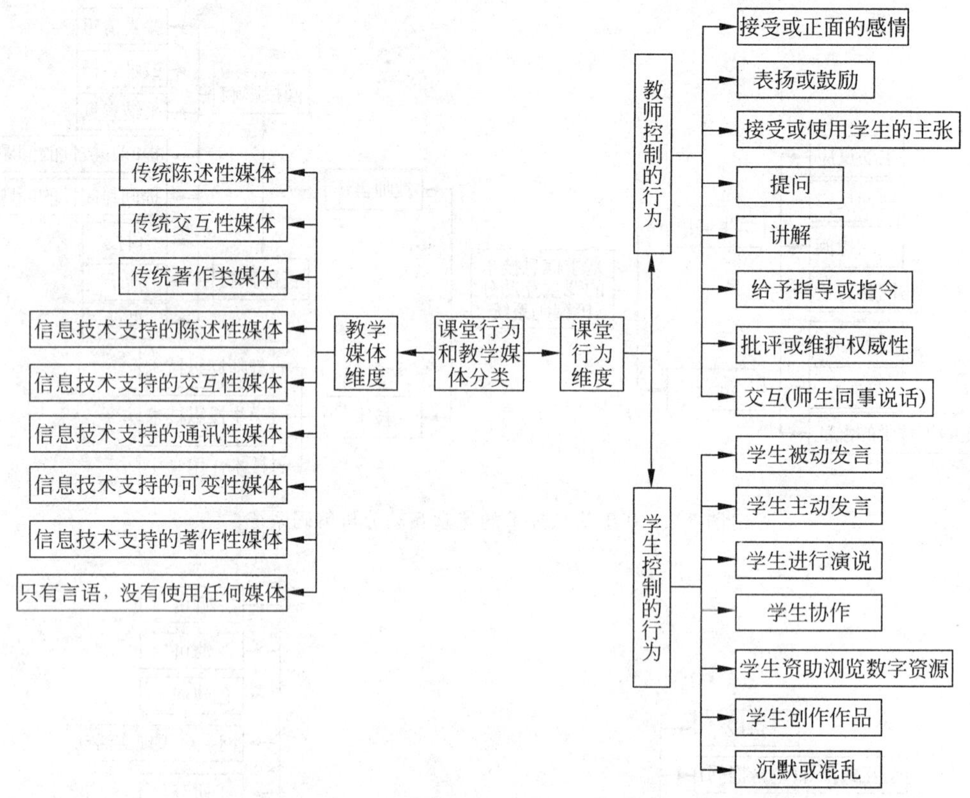

图 5-4　课堂行为和教学媒体分类编码

在《技术变革的社会能供性》(*Technological Changes Create Social Affordances*)一文中，将人与物之间的关系进一步延伸至"人→物→人"之间的关系[17]，意味着技术的变革会影响到人们如何选择与他人联系的可能性、机会以及受到的约束[18]。因此在当今时代，网络、手机、无线移动装备等新媒体新技术是很重要的沟通媒介，这些新技术所具备的社会能供性，具有提供不同服务的可能性，而教育应用正是一个典型的应用情境。手持设备技术在教育中的应用是近几年的事情。还有研究指出，教师在教学中使用一种新技术是带着这种新技术能够在某些方面改善学习支持的信念而实施的。

整理近几年出现在 SSCI 期刊上的众多关于手持设备技术(PDA、智能手机、平板电脑如 iPad 等)在教育教学中应用所发挥的作用，许多研究者[19-24]在经过实证研究后，指出这些新技术已经成为教师的重要教学工具、学生知识建构的重要认知工具，具体而言，包含以下七个方面。

1）多媒体资源的访问工具(multimedia access tools)

多媒体访问工具主要指用户采用各种手持终端设备可以访问许多富媒体资源，如电子书、数据库、网页、演示文档、音视频剪辑等学习资源。

2）沟通交流工具(communication tools)

沟通交流工具主要指手持设备可以实现人—机—人的沟通交流。这种新型的人机交互方式拓宽了以往的人际交互方式，师生之间可以实现在线同步或异步沟通(如 SMS，email，BBS)，学习者还可以通过手持设备与专家、学者等建立联系。

3）捕捉工具(capture tools)

捕捉工具主要指利用手持设备自带的摄像头，捕捉各种数据和媒体信息，如拍摄视频或静态图片、录制音频等。已有研究建议，可以用摄像头记录一节课的教学过程，拍摄实验课需要的精彩瞬间，记录学生课堂成果展示的过程等。

4）表征工具(representational tools)

表征工具主要指学习者利用手持设备表征他们的想法、经验和知识等。比如，学习者在手持设备上绘制概念图来表征他们对一些概念、原理性知识的理解。

5）分析工具(analytical tools)

分析工具主要指利用手持设备操控一些数据或者变量，如利用图形计算器计算一些变量值的变化，或者导入温度计获取的数据，利用手持设备的功能分析温度变化的规律等。

6）评价工具(assessment tools)

评价工具主要指利用手持设备对学生的考试、问题、自我测试或者单元测试的答案进行检测；或者利用设备调查学生的满意度，并对收集的结果进行评价；还可以为了满足学生的真实需求，教师利用设备对学生的学习结果进行及时反馈等。

7）任务管理工具(task management tools)

任务管理工具主要指利用手持设备制作学生的通讯录、日历、任务表，记录学生的成绩和考勤，或者作为管理学生家庭作业的工具。

可见，新的技术已经成为学习者学习的重要认知工具，帮助学习者更好的组织、加工、整理知识，促进学习者个体和学习群体的知识建构。研究者[25]在对44个研究进行分析后，指出大多数用户把手持设备作为沟通交流工具(21.8%)、多媒体资源访问工具(20.5%)和任务管理工具(17.9%)。

对于课堂上技术环境的角色分析，黄荣怀等于2012年从智慧学习环境的视角出发，提出未来智慧教室将在五个方面为优化课堂教学过程提供支持，并提出了一个分析技术角色的SMART模型框架(图5-5)[26]。图5-5表明技术角色将从内容呈现、管理环境、资源访问、实时交互和感知过程等五个方面支持课堂教学活动。

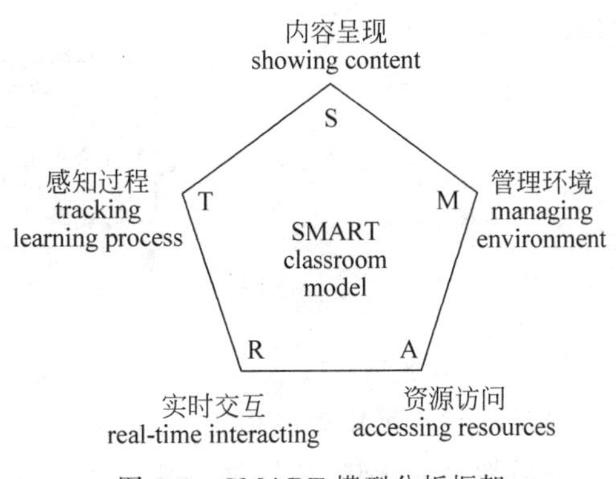

图5-5 SMART模型分析框架

5.2 研究设计

5.2.1 研究问题与框架

根据已有的研究文献，本研究尝试从有效学习视角来研究在技术丰富的教室(technology rich classroom)中实施的电子教材课堂(eTextbook Class，ETC)教学与纸质教材课堂(Paper Textbook Class，PTC)教学的差异。对于电子教材的课堂教学过程，主要从课堂容量、课堂行为、技术角色等方面进行考察和分析。归纳起来看，本研究主要包含如下三个子问题：①电子教材课堂与纸质教材课堂在课堂容量方面是否发生了变化？如果有，有哪些变化？②电子教材课堂与纸质教材课堂的教师行为和学生行为是否发生了变化？分别发生了哪些变化？③技术在电子教材课堂与纸质教材课堂中扮演了何种角色？在电子教材课堂中技术支持有哪些变化？

本研究的目的主要从有效学习的视角来考察电子教材的课堂容量和课堂行为的变化，基本研究框架如图 5-6 所示。通常，课堂包含教师、学生、教材、媒体四个要素，本研究分别对电子教材课堂过程和纸质教材课堂过程进行了观察比较。由于对过程的比较，必然要对动态的课堂进行分析，为此本研究考察的不是教师、学生、教材、媒体四个静态的课堂要素，而是考察的这四个要素构成的动态的课堂过程的区别。本研究是在技术丰富的教室中开展的电子教材课堂研究，整个课堂教学在教材类型和新媒体技术方面存在一些差异。

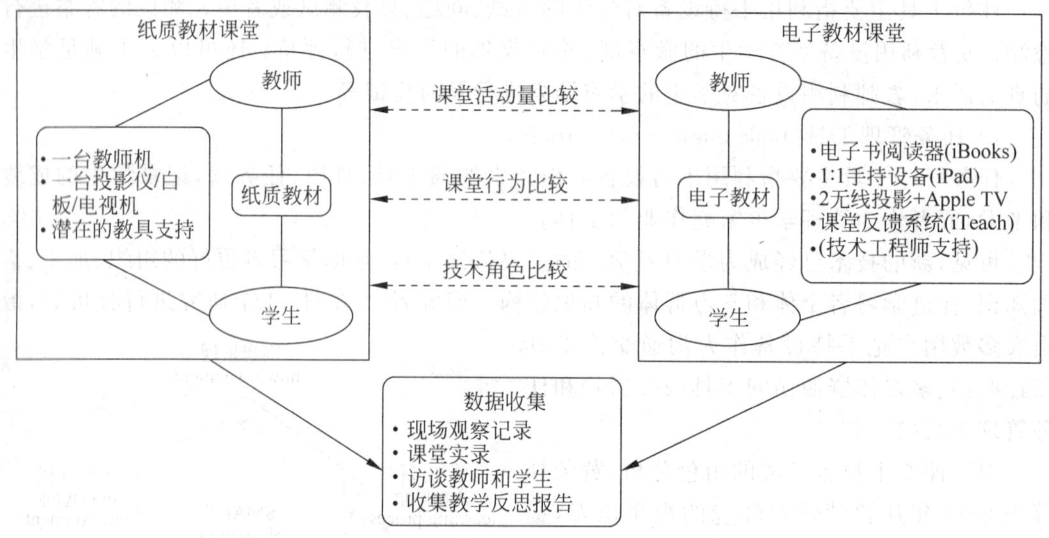

图 5-6 电子教材的课堂容量及行为研究框架

1. 教材的区别

电子教材与纸质教材相比，在页面呈现、媒体操控方式、笔记、作业和管理方面，不但继承了纸质教材的优势，还优化了纸质教材的内容呈现方式，以便通过可视化表征的方式，采用多种教学策略编排内容，为不同学生提供多样化和差异化的学习线索和学习内容序列。图 5-7 和图 5-8 分别展示了科学课和语文课的教材内容，对比了纸质教材内容呈现方式与电子教材内容呈现方式的差异。

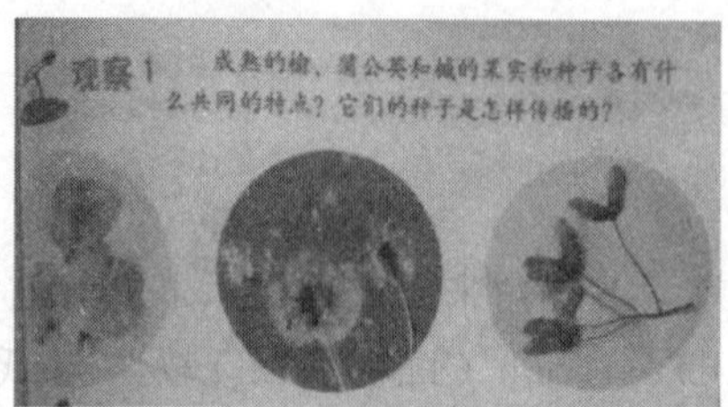

科学课纸质教材活动“观察1”

科学课电子教材活动“观察1”

图 5-7 科学课纸质教材与电子教材相同内容的呈现方式对比

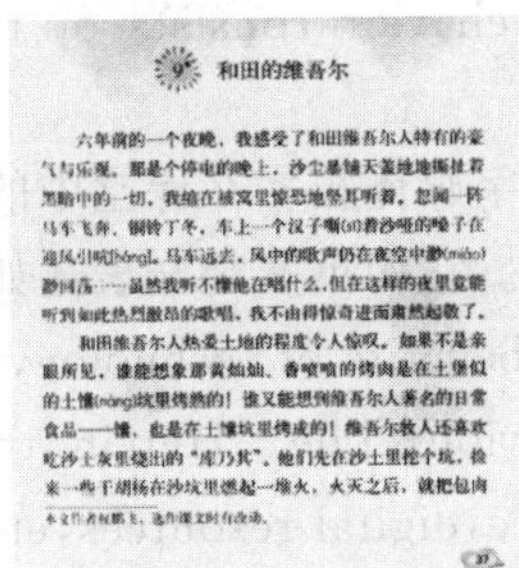

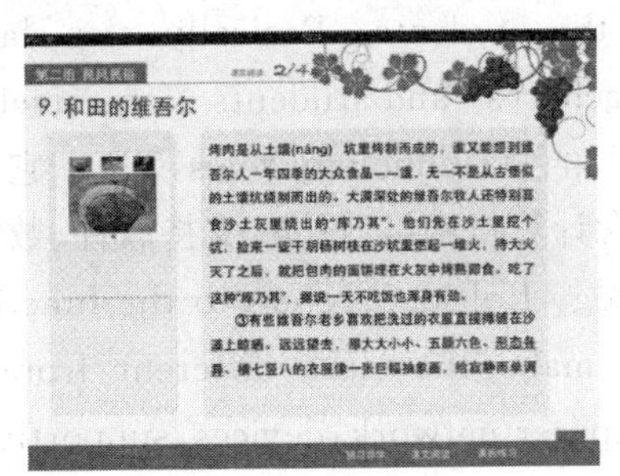

图 5-8 语文课纸质教材和电子教材相同内容的呈现方式对比

2. 新媒体技术的区别

在纸质教材课堂中，除了有一台教师机来呈现多媒体教学资源(一个投影和一块白板)，教室还配有一个电视机。在电子教材的课堂中，使用的新媒体技术主要包含两个无线投影仪、两个 Apple TV、1∶1 学习设备(iPad)，以及课堂交互系统 iTeach 平台。由于电子教材课堂涉及的设备比较多，通常由一位技术工程师辅助任课教师，解决可能的技术问题。在这些新技术中，iTeach 的功能是支持师生之间即时反馈，反馈结果在教师端的呈现有多种情况，图 5-9 展示了填空题和选择题的页面呈现方式，便于教师即时诊断课堂学习结果。

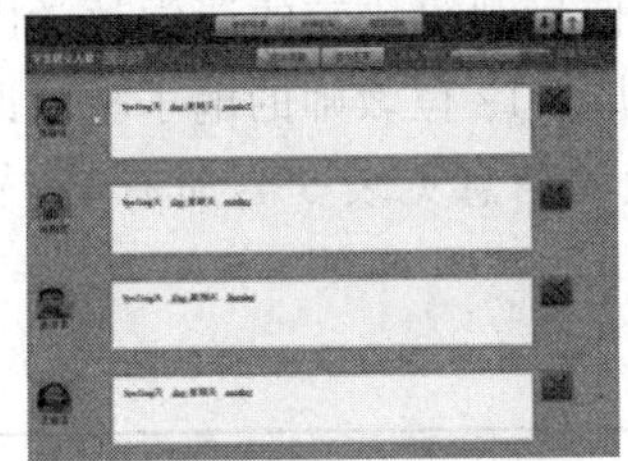

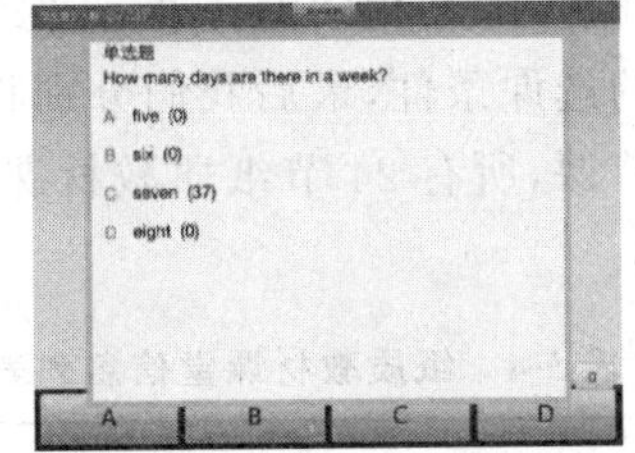

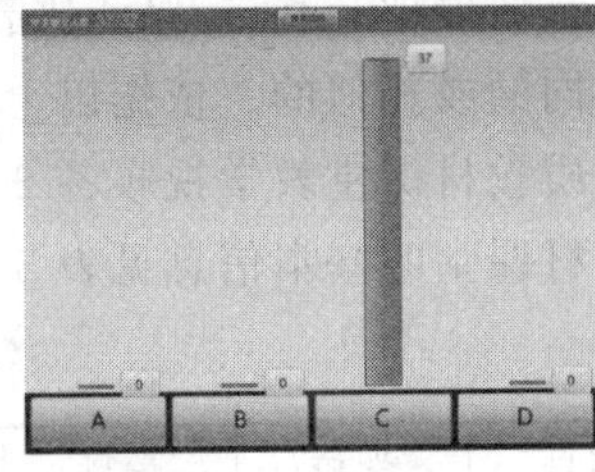

图 5-9 iTeach 平台学生反馈在教师端的页面截图

3. 三个比较维度内涵的界定

本研究主要是对比电子教材课堂和纸质教材课堂教学过程的差异，对比的变量有三个，分别是课堂活动量、课堂行为和技术角色，对这三个变量的界定如下。

(1) 课堂活动量(class activity capacity，CAC)：它指的是一节课中有效学习活动的总量。一个学生的有效学习活动指的是学生能够在规定的时间内完成学习任务并达成学习目标。判断一个学习活动主要根据三个条件，即学习任务、学习方法和学习结果。它的英文定义表述如下：

Class Activity Capacity: it refers to the amount of effective learning activities in a class, in which the effective learning activity for a student refers to the process the student completes learning tasks and achieves learning objectives within a certain period of time. So, a learning activity would be calculated if there are three components, such as learning tasks, learning methods and assessment inclusively, in its process.

(2) 课堂行为(classroom behavior，CB)：它指的是教师和学生在课堂中的行为或行为序列。一般来说，课堂行为通常包含教师行为和学生行为。它的英文定义表述如下：

Classroom Behavior: it refers to action or action series in a classroom for both the teacher and the students. Basically, the classroom behavior consists of two categories related to teacher(s) and students respectively.

(3) 技术角色(technology roles, TR)：它指的是数字媒体技术在课堂中的功能和受益。通常技术包含计算机网络、设备、支持软件、数字资源等。它的英文定义表述如下：

Technology Roles: it refers to the functions and benefits of technology involved in a class, which make the class different from the previous one. Herein the technology includes computer network, devices, supportive software, digital resources, etc.

为了科学地考察电子教材课堂与纸质教材课堂教学过程在以上三个方面的区别，本研究采用了现场观察、视频录像、访谈教师和学生、收集教师教学反思报告等多种收集数据的方式来提供更多的证据，用以更加准确地分析两者之间的差异。

5.2.2 课堂实录采集

本研究选取了北京市两所小学(HPS 和 DPS)的四年级学生为研究对象，其中包括男生 105 名、女生 104 名。12 名教师参与了本研究，其中包括 5 名语文教师、3 名英语教师、2 名科学教师和 2 名数学教师。保证所选择的两种类型的课堂教学过程具有可比性，这是本研究所面临的一大挑战。为了有效减少干扰因素，我们制定了选课条件：第一，保证所有的课堂都是新授课；第二，保证执教的教师是相同的；第三，保证前后观察比较的课堂教学内容是相同的或相似的。依据以上的选课条件，最后我们分别收集了 12 位教师的电子教材课堂和纸质教材课堂教学视频各 2 节课，所有 24 节纸质教材课堂的信息见表 5-4，所有 24 节电子教材课堂的基本信息见表 5-5。

表 5-4 纸质教材课堂信息列表

编号	学校	学科	课　例	教师	学生
1	HPS	科学	“6 流动的空气”	LL 老师	四一班
2	HPS	科学	“9 动物怎样吃食物”	LL 老师	四一班
3	HPS	科学	“8 植物的根”	WP 老师	四三班
4	HPS	科学	“8 植物的根”	WP 老师	四四班
5	DPS	英语	“Lesson 18 jobs and workplace”	ZN 老师	四一班
6	DPS	英语	“Lesson 18 jobs and workplace”	ZN 老师	四二班
7	HPS	英语	“Lesson 15 days in a week”	GS 老师	四一班
8	HPS	英语	“Lesson 15 days in a week”	GS 老师	四二班
9	HPS	英语	“Lesson 19 what is the time”	YF 老师	四三班
10	HPS	英语	“Lesson 19 what is the time”	YF 老师	四四班
11	HPS	语文	“3 鸟的天堂(1)”	LJ 老师	四二班
12	HPS	语文	“4 火烧云(1)”	Lj 老师	四二班
13	HPS	语文	“9 西门豹(1)”	ZL 老师	四一班
14	HPS	语文	“9 西门豹(2)”	ZL 老师	四一班
15	HPS	语文	“3 鸟的天堂(1)”	WL 老师	四三班
16	HPS	语文	“4 火烧云(1)”	WL 老师	四三班
17	HPS	语文	“3 鸟的天堂(1)”	LJJ 老师	四四班
18	HPS	语文	“4 火烧云(1)”	Ljj 老师	四四班

续表

编号	学校	学科	课　例	教师	学生
19	DPS	语文	“8 各具特色的民居”	RF 老师	四二班
20	DPS	语文	“8 各具特色的民居”	RF 老师	四三班
21	HPS	数学	“4.1 垂直与平行”	ZW 老师	四一班
22	HPS	数学	“4.1 垂直与平行”	ZW 老师	四二班
23	HPS	数学	“4.1 垂直与平行”	LY 老师	四三班
24	HPS	数学	“4.1 垂直与平行”	LY 老师	四五班

表 5-5　电子教材课堂信息列表

编号	学校	学科	课　例	教师	学生
1	HPS	科学	“12 植物怎样传播种子”	LL 老师	四一班
2	HPS	科学	“4 植物的叶”	LL 老师	四一班
3	HPS	科学	“7 植物的茎”	WP 老师	四三班
4	HPS	科学	“7 植物的茎”	WP 老师	四四班
5	DPS	英语	“Lesson 21 what does your mother do”	ZN 老师	四一班
6	DPS	英语	“Lesson 21 what does your mother do”	ZN 老师	四二班
7	HPS	英语	“Lesson 16 there are seven days in a week”	GS 老师	四一班
8	HPS	英语	“Lesson 16 there are seven days in a week”	GS 老师	四二班
9	HPS	英语	“Lesson 21 what day is it today”	YF 老师	四三班
10	HPS	英语	“Lesson 21 what day is it today”	YF 老师	四四班
11	HPS	语文	“3 鸟的天堂(2)”	LJ 老师	四二班
12	HPS	语文	“4 火烧云(2)”	Lj 老师	四二班
13	HPS	语文	“3 鸟的天堂(2)”	ZL 老师	四一班
14	HPS	语文	“4 火烧云(2)”	ZL 老师	四一班
15	HPS	语文	“3 鸟的天堂(2)”	WL 老师	四三班
16	HPS	语文	“4 火烧云(2)”	WL 老师	四三班
17	HPS	语文	“3 鸟的天堂(2)”	LJJ 老师	四四班
18	HPS	语文	“4 火烧云(2)”	Ljj 老师	四四班
19	DPS	语文	“9 和田的维吾尔”	RF 老师	四二班
20	DPS	语文	“9 和田的维吾尔”	RF 老师	四三班
21	HPS	数学	“4.2 平行四边形和梯形”	ZW 老师	四一班
22	HPS	数学	“4.2 平行四边形和梯形”	ZW 老师	四二班
23	HPS	数学	“4.2 平行四边形和梯形”	LY 老师	四三班
24	HPS	数学	“4.2 平行四边形和梯形”	LY 老师	四五班

5.2.3 数据收集与分析方式

1. 课堂活动量的收集与分析方式

本研究首先开发了一个课堂观察表,用以帮助研究者聚焦完成学习活动的课时数和每个学习活动的学生参与人数。在选取学生参与有效学习活动的样本方面,本研究的抽样方式为,任课教师对全班学生的学习能力按照高、中、低进行排序,研究者选取了四组学习能力分别为高、中、低的学生进行观察,其中对两组学生选派了观察员进行现场直接观察,对另外两组学生采用摄像机进行间接观察。最后，对于每个班级来说，本研究挑选了 12 名学生作为观察对象，探究他们在电子教材课堂和纸质教材课堂上参与学习活动的程度。

（1）学习活动的计算：根据之前的文献研究，判断一个活动的必要条件是指在规定的时间内，是否包含学习任务、学习方法和可测量、可观察的学习结果。根据这一标准，我们分别对一节课中学生完成的学习活动数和没有完成的学习活动数进行了统计。就如何判断一个活动是否为学习活动而言，我们通过一个例子来说明如何统计学习活动。以科学课“流动的空气”为例，其中一个学习活动片段的实例如表 5-6 所示，学习任务为判断空气在傍晚流动的方向。学习方法为学生观察教师提供的图片。学习结果是回答风吹动的方向并解释原因，同时这个学习结果本身是可以测量和观察的。本研究把完成的类似这样一个活动判定为一个学习活动。

表 5-6　示例：科学课“流动的空气”一个学习活动片段

师：刚才我们讲了实验箱的空气有冷热差别，在我们生活的地球上空气有冷热差别吗？下面老师出示一张图片（海边夜景图），请同学们根据刚才所学的知识，仔细观察，然后回答在傍晚的时候，风是从什么方向吹向什么方向？
生：学生观看大屏幕，观察海边夜景图
师：同学们记得联系之前学过的知识进行判断，风是从陆地吹向海洋，还是从海洋吹向陆地？下面我让一个同学来说一说。
生 1：在傍晚的时候，风是从陆地吹向海洋。
师：请你到讲台来，指着图片给同学们讲一讲为什么你认为风是从陆地吹向海洋的。
生 1：（学生来到讲台）在傍晚的时候，陆地温度低于海洋的温度，根据热空气原理，空气流动的方向是从冷空气向热空气方向流动。
师：同学们说他说对了吗？
生：……

（2）完成学习活动的课时数计算：统计在规定的时间里能否把规定的学习活动全部完成。主要是从教师的视角来说，考察一节课中教师的教学任务是否完成，也就是说如果一个课时中所有学习活动被完成了，观察者就把这节课计分为“1”；如果一节课中有学习活动没有被完成，观察者就把这节课计分为“0”。

（3）学生共同参与的有效学习活动计算方法：对学生个体来说，一个学生一节课的有效学习活动数指他（她）完全参与的课堂活动数。为了便于统计学生共同参与的有效学习活动数，本研究提出了一种计算方法，即把学生共同参与的有效学习活动理解为一节课中的学生参与度（learner engagement indicator，LEI），也就是学生参与学习活动的投入程度。它的计算公式如下：

$$\mathrm{LEI}=\frac{\sum_{i=0}^{L} x_i * i}{L * N} \tag{5-1}$$

其中：x_i 为完成 i 个有效学习活动的学生数（$i=1,2,\cdots,L$）；L 为课堂组织实施的活动总数；N 为班级学生总数。

对于公式（5-1）的解释如表 5-7 的示例所示。

表 5-7 学生参与有效学习活动的计算方法(以一节课为例)

四年级 1 班有 35 名学生参加了一节英语课。而整个这节英语课有 5 个学习活动,分别是知识复习活动(A)、新课句型学习活动(B)、新课词汇短语学习活动(C)、角色扮演(表演)活动(D)和创作作品展示学习活动(E)。对于全班 35 个学生来说,本研究采用随机抽样的方式现场观察了 12 名学生的课堂学习活动,我们从教师布置学习任务、学习方法和收集可观察、可测量的学习结果三个方面统计参与学习活动的学生数。在正式上课之前,研究者根据抽样出的学生座位位置设计了一个观察表格,然后针对每一个学习活动,如果有学生完整参与这个学习活动,那么就在相应的座位表位置上标记一个符号。

一节课结束后,根据视频拍摄和现场观察的座位表标记符号,研究者统计每一个座位上的符号个数,如下表所示。

	生 1	生 2	生 3	生 4	生 5	生 6	生 7	生 8	生 9	生 10	生 11	生 12
A	—	—	—	—	—	—	—	—	—	—	—	—
B		—	—	—		—		—		—	—	—
C	—		—		—	—	—					
D		—	—		—		—	—		—	—	
E			—	—		—	—	—		—	—	
	2	3	5	3	3	4	4	4	1	4	4	2

注:竖列为学生,横排为学习活动。

统计结果发现,参与了 1 个学习活动的人数为 1 人,参与了 2 个学习活动的人数为 2 人,参与了 3 个学习活动的人数为 3 人,参与了 4 个学习活动的人数为 5 人,参与了 5 个学习活动的人数为 1 人。根据公式(5-1),这一节课的学生参与度 LEI 为

$$LEI=(5\times1+4\times5+3\times3+2\times2+1\times1)/(5\times12)=0.65$$

由此可见,影响学生参与度的因素主要有两个:一是学习活动的总个数;二是学生共同参与完成学习活动的学生数。根据这个公式,我们把每一节课的学生参与度分别进行了统计。信效度的检验方式采用式(1-1)和式(1-2)。

2. 课堂行为的收集与分析方式

本研究的课堂行为包含教师行为和学生行为两大类。根据钟启泉和崔永漷于 2002 年的研究,笔者把教师行为分为三个维度,分别是教师呈示行为、教师指导行为和师生对话行为。借鉴美国 ISTE 协会 2009 年开发的课堂观察工具(a Classroom Observation Tool, ICOT),本研究把学生行为分为两个维度,分别是学生个人学习行为和学生小组合作学习行为。每一类行为包含的内容及对应的编码如表 5-8 所示。

表 5-8 课堂行为分类编码表

维　度	包 含 内 容	编　码
教师呈示(T)	讲解内容 示范(演示)某种现象或原理 批评或维护权威性	TT1 TT2 TD3
教师指导(D)	给予学生引导或提示信息 给学生提供咨询 辅导或答疑	TD4 TD5 TD6
师生对话(D)	教师提问 教师接受和正面的感情	TD7 TD8

续表

维　度	包含内容	编　码
师生对话(D)	教师接受或使用学生的主张	TD9
	教师表扬或鼓励	TD10
	学生个体发言	SD11
	学生小组发言	SD12
	学生全班集体发言	SD13
	教师和学生同时说话/解决一个问题	SD14
学生个体学习(I)	课堂练习(课堂练笔、测试)	SI15
	课本阅读(阅读、划重点)	SI16
	自主听读(自主听读课本中自带的数字材料)	SI17
	分享作品	SI18
学生小组合作学习(C)	学生讨论（小组讨论）	SC19
	课堂练习	SC20
	角色扮演(小组表演)	SC21
	资料收集(借助网络查找信息、收集资料)	SC22
	分享作品	SC23

课堂行为观察表有利于观察者准确分析教师行为和学生行为，为了便于统计每一种课堂行为所占用的课堂教学时间，本研究对收集到的视频的记录方式采用开始时间、持续时间、行为编码和备注四种类别进行统计，示例如表5-9所示，统计的基本单位是以秒为单位。信效度的检验方式与4.2.4节中第一部分的描述相同。

表5-9　持续状态单元的记录方法

序号	开始时间	持续时间/s	课堂行为编码	备　注
1	0：00：00	1	TT2	教师使用投影和阅读终端播放视频
2	0：00：02	5	TD7	教师提问学生
⋮				

3. 关于技术角色的分析

对于技术角色分析，本研究以黄荣怀等于2012年提出的SMART模型为框架，调查技术在电子教材课堂与纸质教材课堂中扮演的角色。本研究从内容呈现、管理环境、资源访问、实时交互、感知过程与环境等五个方面对技术在课堂中发挥的功能和受益进行了观察记录。此外，关于学生对技术角色的认识，本研究采用问卷的方式，从学生对技术的态度、满意度和动机三个维度进行了调查。在信度方面，通过内部结构一致性系数(Cronbach's Alpha)检验，各结构维度分别是：对技术的态度维度系数为0.88；满意度维度系数为0.88；动机维度系数为0.91；整体一致性系数为0.89。信效度检验达到了研究要求。

4. 访谈提纲编制

对于教师使用电子教材后的访谈内容，本研究编制了半结构化的访谈提纲用于收集教师的观点，主要从态度、满意度、教学负荷和未来使用意愿四个方面进行访谈，访谈提纲如表5-10所示。

表 5-10　关于教师使用电子教材的访谈要点

维　度	问　题
态度	您觉得电子教材教学过程与传统教材教学过程有区别吗？具体体现在哪些方面？
满意度	您觉得电子教材课堂教学过程和教学效果与您的预期符合吗？您对电子教材课堂教学效果满意吗？
教学负荷	采用电子教材进行课堂教学增加了您的教学负担吗？
未来意愿	您未来还想继续使用电子教材进行课堂教学吗？您会推荐这种教学方式给您的同事吗？

此外，本研究还对学生进行了访谈，考虑到学生所处的年级和认知特征，学生访谈主要围绕四个开放式的问题进行：

(1) 你认为电子教材对你的学习有帮助吗？为什么？

(2) 使用电子教材上课对你的学习态度和学习动机有哪些影响？为什么？

(3) 使用电子教材上课你觉得能够完成学习任务吗？

(4) 你认为使用电子教材上课与之前的课堂学习方式有哪些不同？

在实验结束后，研究者对参与实验的两位教师进行了深度访谈，并收集了教师的教学反思报告(教师的反思报告模板如附录 E 所示)。为了进一步了解学生的看法，研究者还随机选取了参与实验研究的男女学生各 10 名进行访谈。

5.3　结果分析

5.3.1　课堂活动量分析

本研究的目的之一是考察电子教材课堂活动量与纸质教材课堂活动量之间的区别。根据前面的界定，判断一个学习活动的必要条件包含学习任务、学习方法和可观察测量的学习结果。课堂活动量既包含教师教的量(教师完成的课堂教学活动)，也包含学生学习的量(学生参与的有效学习活动)。一个学生的有效学习活动是指学生能够在规定的时间内完成学习任务并达成学习目标。对于一节课而言，有效学习活动是指有多少名学生共同参与完成这节课的学习活动。本研究对学生共同完成的活动数进行了统计，即对学生的参与度进行了计算。同时，本研究统计了纸质教材课堂(Paper Textbook Class，PTC)样本和电子教材课堂(eTextbook Class，ETC)样本中完成有效课堂学习活动的课时数量，即统计了教师完成课堂教学活动的课时数。表 5-11 对所有 48 节课的课堂教学活动完成情况和每一节课中学生的参与度进行了描述。

从表 5-11 中可以发现，在电子教材课例中，师生完成教学活动的课时数比例多于纸质教材课堂完成教学活动的课时数比例。在 24 节纸质教材课例中，有 12 节课是完成了教学活动的，占整个纸质教材课例的 50%。在 24 节电子教材课例中，有 17 节课是完成了教学活动的，占整个电子教材课例的 71%。顺利完成教学活动的电子教材课时数比例比纸质教材课时数的比例高出 21%。

表 5-11　ETC 和 PTC 课堂学习活动完成情况的描述性统计

教师	纸质教材课堂					电子教材课堂				
	第一次课	学生参与度(LEI)	第二次课	学生参与度(LEI)	完成的课时数占比	第一次课	学生参与度(LEI)	第二次课	学生参与度(LEI)	完成的课时数占比
RF 老师	1	0.63	0	0.48	50%	1	0.93	1	0.93	100%
ZN 老师	1	0.46	0	0.40	50%	1	0.94	1	1.00	100%
GS 老师	1	0.59	0	0.58	50%	1	0.89	0	0.73	50%
YF 老师	1	0.55	0	0.45	50%	1	0.75	1	0.95	100%
ZL 老师	1	0.43	1	0.49	100%	1	0.78	1	1.00	100%
LJ 老师	1	0.68	0	0.79	50%	1	0.89	0	1.00	50%
WL 老师	1	0.45	0	0.77	50%	1	0.84	0	0.70	50%
LJJ 老师	1	0.56	1	0.57	100%	1	0.82	0	0.69	50%
LL 老师	0	0.36	1	0.27	50%	1	0.89	1	0.89	100%
ZW 老师	1	1.00	0	0.71	50%	1	0.86	0	1.00	50%
LY 老师	0	0.94	0	0.67	0%	1	0.65	0	1.00	50%
WP 老师	0	0.35	0	0.26	0%	1	0.90	0	0.95	50%
Total	9		3		50%	12		5		71%

注：1 为完成课堂活动的课；0 为没有完成课堂活动的课。

从学生视角来说，判断一个学习活动对学生是否有效主要通过学生的参与度公式进行计算，通过对所有的课堂进行观察，研究结果发现，学生在电子教材课堂中共同参与的学习活动的总人数高于学生在纸质教材课堂共同参与的总人数(MinETC=0.65 大于 MinPTC=0.26)。

对于电子教材课堂(ETC)教学中没有完成教学活动的课例，通过观察分析视频片段发现，造成没有完成课堂活动的原因如下：①技术故障影响到学习结果的呈现，导致教师无法获取来自学生的反馈。②学习任务比较复杂，难度过高，导致学生经过探究后没有给教师任何反馈。③教师的授课顺序没有按照教材的编排顺序进行，学生在不同页面之间跳转，不能很好地聚焦学习任务。④教师没有给学生提供借助电子教材完成学习任务的学习方法，导致学生在做学习任务的时候没有明确的学习方法，延长了学习任务时间，影响了学生完成有效学习活动的进度。

对于纸质教材课堂(PTC)教学中没有完成课堂活动的课例，整理教师访谈和反思报告，原因包含：①学习任务不明晰，导致学习方法的选用不明确。学习者不知道如何选择合适的学习方法完成学习任务。②学习方法缺失。教师给学生布置完学习任务后就在教室中巡视学生，并没有给学生学习方法的指导和提示。教师通过对话的形式，直接告诉学生学习任务和学习结果，忽略了对学生学习方法的指导。③分配的学习时间过短使得学生的学习方法和学习结果缺失，导致整个学习活动变成教师的自言自语活动。④学习结果被替换为教师直接呈现结论或教师通过经验判断学习结果。学习结果的反馈通过让学生举手的方式来获取，这种通过教师经验判断学习活动完成程度的方式无法真实反映学生的实际学习结果。

此外，为了验证电子教材课堂与纸质教材课堂在学生参与度和完成课堂活动的课时数是否有显著性差异，本研究对这两项进行了独立样本 t 检验，表 5-12 显示了电子教材课堂和纸质教材课堂独立样本 t 检验的结果。从表 5-12 中可以发现，在“学生参与度(LEI)”方面，电子教材课堂与纸质教材课堂相比有明显的进步，并且有显著性差异($t=-7.027, P<0.01$)。这个研究发现与之前的研究结论一致，给学生提供更多的电子资源、采用以学生为中心的学习方式可以让学生更加投入学习活动过程中[27]。在有效完成课堂活动的课时数比例方面，使用电子教材的课时数与使用纸质教材的课时数占比没有显著性差异($t=-1.479, P>0.05$)。

表 5-12　ETC 和 PTC 中的课堂活动和学生参与度 t 检验

项　目	课堂类型	课时数	平均值(M)	标准差(SD)	t 值	P 值
学生参与度(LEI)	PTC	24	0.56	0.19	−7.027*	0.000
	ETC	24	0.87	0.11		
有效完成课堂活动的课时数比例	PTC	24	0.50	0.51	−1.479	0.146
	ETC	24	0.71	0.46		

* $P<0.01$

以上结果表明，在电子教材课堂中学生参与度显著高于纸质教材课堂的学生参与度，这说明电子教材课堂对提升学生完成有效学习活动的深度有积极促进作用。因此，从以上结果可推断出，电子教材的课堂教学更有利于学生主动投入学习活动中，提升学生课堂参与度和提高学生共同完成有效学习活动的覆盖比例。

5.3.2　课堂行为分析

本研究还进一步对电子教材课堂与纸质教材课堂行为的区别进行了考察。就教师的行为变化来说，本研究对电子教材课堂与纸质教材课堂中的教师行为进行了独立样本 t 检验，结果如表 5-13 所示。教师在电子教材课堂中的呈示行为和指导行为与纸质教材课堂相比有显著性差异($P<0.01$)。在电子教材课堂中，教师的呈示行为所占用的时间显著低于其在纸质教材课堂中占用的时间($t=9.929, P<0.01$)；教师指导行为所占用的时间显著高于其在纸质教材课堂中占用的时间($t=-7.099, P<0.01$)。在师生对话行为一项，在电子教材课堂与纸质教材课堂中没有显著性差异。而从时间长度来说，电子教材课堂和纸质教材课堂中的多数活动是通过师生之间的互动来完成的(MeanPTC=13.16，MeanETC=12.47)。因此，从教师行为的变化可以发现，在电子教材课堂中，教师已经有意识地开始转变自己的教学行为，讲授、示范等呈示行为所占的时间逐渐减少，指导行为和对话行为在课堂中所占用的时间显著增多。

表 5-13　ETC 和 PTC 中的教师行为 t 检验

项　目	课堂类型	课时数	平均值(M)	标准差(SD)	t 值	P 值
呈示	PTC	24	10.47	2.04	9.929**	0.000
	ETC	24	6.07	0.74		
对话	PTC	24	13.16	1.30	2.455	0.073
	ETC	24	12.47	0.76		
指导	PTC	24	1.57	0.52	−7.099**	0.000
	ETC	24	2.75	0.63		

** $P<0.01$

关于教师行为的转变，从对教师的访谈和教师撰写的反思报告中也能看出，教师的观念在发生转变。如科学李老师在访谈中谈道：

“在使用电子教材上课的时候，我总是在想如何发挥电子教材的优势，能让我的课堂与纸质教材的课堂有一些区别。因此，我结合本学科的一些特点，思考‘怎么样的课才算一节好课？’，在上课的过程中，我逐渐体会到只要给学生提供一些辅助资源和工具，很多知识学生是能够自己去发现的。当然，对于科学课来说，学生发现的很多科学原理还存在片面性，一般来说，我会基于学生发现的结果，继续向学生提问，帮助学生找出一些漏洞，让学生更多地参与到课堂活动中来。我发现学生在日常生活中对一些科学内容已经有了一定的认识，因此课堂上我主要通过对话和指导的形式帮助学生探索科学奥秘，遇到重点难点再通过讲解和多媒体资源帮助学生理解。”

英语杨老师也认为：

“其实英语课中，我们学区已经有比较成熟的英语课教学方法。电子教材进来后，我考虑得最多的是如何借助电子教材让学生通过自主听读和角色扮演等形式，学会一些句型的表达。因此，在电子教材的课堂教学过程中，我就有意识地把一些活动融入教材中，然后主要通过对话和指导的方式让学生完成学习活动。电子教材内容呈现形式非常活泼，有一些内容不需要教师直接讲授。通过这次 iPad 电子教材实验研究，我有很多收获，最重要的一点是拓宽了自己在教学策略上的思路，从原先使用纸质教材时的‘我来教你来学’，变成了‘你先学，我再教’。”

就学生行为的变化来说，本研究对电子教材课堂与纸质教材课堂中的学生行为进行了独立样本 t 检验，结果如表 5-14 所示。学生在电子教材课堂中的行为时间比纸质教材课堂中的行为时间增多了($P<0.01$)。具体来说，相对纸质教材课堂，学生在电子教材课堂中的个体学习时间和小组合作学习时间都有显著性变化，且小组合作学习时间的变化更加明显($t=-4.123, P<0.01$；$t=-9.273, P<0.01$)。由此可以推断，在电子教材课堂上，学生更多的是采用小组合作学习的方式来完成课堂学习活动的。

表 5-14　ETC 和 PTC 中的学生行为 t 检验

项　目	课堂类型	课时数	平均值(M)	标准差(SD)	t 值	P 值
个体学习	PTC	24	7.36	1.49	-4.123^{**}	0.000
	ETC	24	8.79	0.82		
小组合作学习	PTC	24	6.92	1.78	-9.273^{**}	0.000
	ETC	24	11.20	1.41		

** $P<0.01$

具体来说，就学生个体学习行为的变化来看(表 5-15)，在 PTC 和 ETC 中，课堂练习和课本阅读行为时间没有显著性变化，自主听读和分享作品的时间有显著性变化。关于“自主听读”，学生在 ETC 中的自主听读行为所占时间显著高于其在 PTC 中的自主听读行为时间($t=-4.839, P<0.01$)。关于“分享作品”，学生在 ETC 中的分享作品行为所占时间显著高于其在 PTC 中的分享作品行为时间($t=-3.940, P<0.01$)。由此可以推断，在电子教材课堂中，学生个体从信息的接受者逐渐向自主听读和作品分享者的角色发生转变。

表 5-15 ETC 和 PTC 中的学生个体学习行为 t 检验

项 目	课堂类型	课时数	平均值(M)	标准差(SD)	t 值
课堂练习(SI15)	PTC	24	3.32	1.50	1.539
	ETC	24	2.69	1.32	
课本阅读(SI16)	PTC	24	2.56	1.35	−0.225
	ETC	24	2.63	0.78	
自主听读(SI17)	PTC	24	0.00	0.00	−4.839**
	ETC	24	1.30	1.31	
分享作品(SI18)	PTC	24	1.29	0.96	−3.940**
	ETC	24	2.27	0.76	

** $P<0.01$

关于学生小组合作学习的行为变化，表 5-16 表明，在 PTC 和 ETC 中，课堂练习和角色扮演类行为时间没有显著性变化，学生讨论、资料收集和分享作品的时间有显著性变化。

表 5-16 ETC 和 PTC 中的学生小组合作学习行为 t 检验

项 目	课堂类型	课时数	平均值(M)	标准差(SD)	t 值
学生讨论(SC19)	PTC	24	1.31	1.08	−2.969**
	ETC	24	2.41	1.42	
课堂练习(SC20)	PTC	24	2.85	1.45	−0.392
	ETC	24	3.00	1.24	
角色扮演(SC21)	PTC	24	1.97	1.49	0.116
	ETC	24	1.92	1.56	
资料收集(SC22)	PTC	24	0.00	0.00	−2.937**
	ETC	24	1.36	2.27	
分享作品(SC23)	PTC	24	1.04	0.92	−5.671**
	ETC	24	2.37	0.69	

** $P<0.01$

关于“学生讨论”，学生在 ETC 中的讨论行为所占时间显著高于其在 PTC 中的讨论行为时间($t=-2.969, P<0.01$)。关于“资料收集”，学生在 ETC 中的资料收集行为所占时间显著高于其在 PTC 中的资料收集行为时间($t=-2.937, P<0.01$)，且学生仅在 ETC 中有资料收集行为($M=1.36$; SD=2.27)。关于“分享作品”，学生在 ETC 中的分享作品行为所占时间显著高于其在 PTC 中的学生分享作品行为时间($t=-5.671, P<0.01$)。由此可以推断，在电子教材课堂中，学生小组合作学习的类型正在向多样化发展，小组合作讨论学习的行为时间也增多了。这与研究者[24]的研究发现有着相似性，即移动设备(iPad)在课堂上的使用将使学生投入学习过程中的主动性增强，学生共同参与项目的时间增多，将促进以学生为中心的学习活动的开展等。

由课堂行为的变化可以发现，在电子教材课堂中：

教师行为所占用的时间明显低于其在纸质教材课堂中所占用的时间，教师行为正在由呈示(讲授)行为向对话行为和指导行为发生转变。

学生个体学习和小组合作学习行为时间都有显著的增加，而且就学生行为的类型来看，学生参与课堂的行为方式出现多样化的趋势，在个体行为中，纸质教材课堂的行为方式主要是听教师讲课、阅读课文和简单的课堂练习。在电子教材课堂中，参与课堂的行为深度得到了有效的拓展，学生讨论和分享作品的时间增加了，这说明电子教材课堂促进了学生课堂参与深度。进一步研究发现，在电子教材课堂中，学生更多地采用合作的方式参与课堂活动，这说明在电子教材课堂中，学生的学习方式正在发生嬗变，从单一的学习方式向多样化发展，从接受信息向主动建构知识、分享作品发展；从个体学习向个体自主与小组合作学习发生转变。

电子教材课堂教学促使了课堂教学活动从以教师为中心的课堂结构向以学生为中心的课堂结构发生转变。从对教师和学生的访谈中还进一步发现：

教师对利用电子教材促进教学行为方式的改变有很强的意愿，教师愿意继续探索利用电子教材促进课堂教学行为方式的转变，从而改善学习质量。

在使用电子教材以后，学生参与课堂活动的主动性和积极性明显提高，参与课堂讨论和个体知识建构的时间明显增加，比如测试、课堂练习和展示学生作品的活跃性明显提高。

5.3.3 新媒体技术角色分析

对于技术角色的区别，本研究整理各种教学媒体和新技术在电子教材课堂和纸质教材课堂中的作用，结果如表 5-17 所示。

表 5-17 ETC 和 PTC 中的技术角色分析

技术角色	ETC	PTC
内容呈现（Showing Content）	• 教学材料的呈现更加清晰、适合学生的学习特征，内容更加连贯； • 学习材料能直接呈现在大屏幕上	• 教学材料的呈现多以 PPT 形式，连贯性不够； • 学习材料呈现主要是口头表达、实物投影的方式，清晰度不够
管理环境（Managing Environment）	• 桌椅布局灵活，如圆形布局，秧苗布局； • 教学材料分发便捷，一键式分发	• 桌椅布局以秧苗式为主； • 教学材料分发以纸质形式，一个一个传递
资源访问（Accessing Resources）	• 数字资源与电子教材内容整合在手持学习设备（iPad）中，利用学习设备访问数字资源更加快捷，针对学习者设计的数字资源支持个性化学习	• 教材内容与数字资源是分开的，访问形式比较低效，数字资源并没有与学生的使用需求直接匹配
实时交互（Real-time Interacting）	• 除口头语言、角色扮演外，还可以通过人机交互进行更加灵活的实时交互	• 口头语言、角色扮演
感知环境与学习过程（Tracking Environment/Learning Process）	• 有利于未来对学习环境进行感知，包含声音、光线、电路等； • 有利于未来对学习行为进行感知，包含学生的笔记行为、课堂学习的投入程度等	• 不能感知课堂教学过程，课堂环境和学习行为很难监控，不利于创设个性化的学习环境

从内容呈现来看，电子教材课堂的内容呈现方式更加符合学生的学习特征，呈现的教学内容更加连贯。从管理环境来看，电子教材课堂的资源分发更加便捷，桌椅布局更加灵活。从资源访问来看，电子教材内容与数字资源集成在学习设备（iPad）中，有利于学习者采用更加个性化和自适应的方式开展学习活动，资源访问的效率更高。从实时交互来看，电子教材

课堂的交互形式比较多样化，除了口头语言、角色扮演外，还可以通过人机交互更加灵活地进行实时交互。从感知环境和学习过程来看，电子教材课堂为未来感知学习过程和学习环境成为可能提供了更多可选择性。

当然，技术除了支持课堂教学外，还在初始使用阶段面临一些干扰（见第 4 章），可喜的是，随着教师使用电子教材进行课堂教学的次数增多，技术的干扰正在逐渐减少，技术的支持作用越来越突出。

另外，本研究还对学生分别在 ETC 和 PTC 中对技术角色的感知进行了考察，包含对技术的态度、动机和满意度，独立样本 t 检验结果如表 5-18 所示。

表 5-18 ETC 和 PTC 中学生对技术角色的感知 t 检验

项 目	课堂类型	学生数	平均值(M)	标准差(SD)	t 值
对技术的态度	PTC	164	3.63	0.57	−3.277**
	ETC	164	4.21	0.72	
动机	PTC	164	3.86	0.75	−0.969
	ETC	164	4.06	0.80	
满意度	PTC	164	3.70	0.50	−2.561*
	ETC	164	4.20	0.80	

* $P<0.05$，** $P<0.01$

表 5-18 表明，学生对技术的态度和满意度在电子教材课堂教学中显著高于纸质教材课堂（$P<0.05$）。学生的动机在电子教材课堂中高于纸质教材课堂，两者之间没有显著性差异。因此，可以推断出学生在电子教材课堂学习活动中把技术作为开展学习活动的学习工具，提升了电子教材课堂学习的满意度。

5.4 总结与讨论

本研究采用现场观察记录、视频分析和访谈等多种研究方法从课堂活动量、课堂行为和技术角色三个维度对电子教材课堂与纸质教材课堂进行了比较，得到如下研究结论。

本研究通过课堂活动量来考察电子教材的课堂容量。从课堂活动量来说，利用电子教材完成课堂活动的课时数比例比利用纸质教材完成的课时数比例高，学生在电子教材课堂中的参与度显著高于其在纸质教材课堂中的参与度。对于学生来说，在电子教材课堂中的学习活动比纸质教材课堂中的更加有效，学生通过个体学习和合作学习等多种方式建构知识意义，借助技术的支持发挥电子教材课堂的优势，完成有效学习活动的学生人数增多。对于学习活动不能顺利完成的原因，就电子教材课堂而言，主要是受到技术故障和学习任务难度的影响；对纸质教材课堂来说，主要受到学习任务不明晰、学习方法缺失、分配的学习时间过短和学习结果不可观察和测量等一些因素的影响。

从课堂行为来说，教师在电子教材课堂中的行为时间低于其在纸质教材课堂中的时间，就行为区别来说，教师在电子教材课堂的呈示行为时间低于纸质教材的行为时间，指导行为时间高于其在纸质教材课堂对应的行为时间。学生在电子教材课堂中的学习行为时间显著高于其在纸质教材课堂行为的时间。在电子教材课堂中，学生参与课堂活动的主动性和积极性明显提高，投入课堂学习活动的时间显著增加。

从技术角色来说，新媒体技术在电子教材课堂中从内容呈现、管理工具、资源访问、实时交互等方面发挥了重要功能，提供了更加符合学生特征的多样化学习活动支持服务；学生在电子教材课堂中对技术的态度和满意度显著高于其在纸质教材课堂的感知。

另外，本研究还发现教师在使用电子教材后，以电子教材为基础衍生出来的教学活动在后期的纸质教材课堂中也有一些体现，通过对教师的访谈发现，教师在电子教材课堂教学中对信息时代教与学的方式有了一些新的认识和变化，这促使教师的课堂教学观念正在发生变化，也促使了教师在纸质教材课堂中的教学行为发生了变化，进而引起了课堂教与学方式的转变。

参考文献

[1] 李秉德. 教学论[M]. 北京：人民教育出版社，1991：10-15.

[2] Davis H C，Fill K. Embedding blended learning in a university's teaching culture：experiences and reflections[J]. British Journal of Educational Technology，2007(5)：817-828.

[3] 乔晖. 语文教科书中学习活动的设计[D]. 上海：华东师范大学博士论文，2010：41.

[4] 杨开城. 学生模型与学习活动的设计[J]. 中国电化教育，2002(12)：42-46.

[5] 黄荣怀，陈庚，张进宝，等. 关于技术促进学习的五定律[J]. 开放教育研究，2010(2)：11-19.

[6] 裴娣娜. 基于现代教学观的课堂教学评价标准研究[J]. 教育研究与发展期刊，2008(6)：1-16.

[7] 骆玲芳，崔允. 学校课程规划与实施[M]. 上海：华东师范大学出版社，2006：61.

[8] 刘琪，刘丽娜. 如何提高课堂教学的"有效性"[J]. 试教通讯，2006(8)：12-14.

[9] Fredricks J，Blumenfeld P，Paris A. School engagement：potential of the concept，state of the evidence. Review of Educational Research，2004(74)：59-109.

[10] 曾琦. 小学生课堂参与的类型研究[J]. 心理发展与教育，2001(2)：41-45.

[11] 周彬. 让教学进度与学习接受度保持适当张力[N]. 中国教育报，2009-06-19.

[12] 文喆. 课堂教学的本质与好课评价问题[J]. 人民教育，2003(7)：9-11.

[13] 钟启泉，崔允漷. 新课程的理念与创新——师范生读本[M]. 2 版. 北京：高等教育出版社，2008：104.

[14] 顾小清，王玮. 支持教师专业发展的课堂分析技术新探索[J]. 中国电化教育，2004(7)：18-21.

[15] 张海，王以宁，何克抗. 基于课堂视频分析对信息技术深层整合教学结构的研究[J]. 中国电化教育，2010(11)：24-30.

[16] Samanta R K. Manual on instructional aids for teaching excellence [M]. New Delhi：Mittal Publications，1991：5-6.

[17] Wellman B，Quan-Haase A，Boase J，et al. The social affordances of the internet for networked individualism[J]. Journal of Computer Mediated Communication (JCMC)，2003(3).

[18] Sellen A Harper R. The myth of the paperless office[M]. Cambridge，MA：MIT Press，2002.

[19] Klopfer E，Squire K，Jenkins H. Environmental detectives：PDAs as a window into a virtual simulated world[C]. Proceedings of IEEE International Workshop on Wireless and Mobile Technologies in Education，2002：95-98.

[20] Patten B，Sa'nches I A，Tangney B. Designing collaborative，constructivist and contextual applications for handheld devices[J]. Computers & Education，2006，46(3)：294-308.

[21] Churchill D, Churchill N. Educational affordances of PDAs: a study of a teacher's exploration of this technology[J]. Computers & Education, 2008(4): 1439-1450.

[22] Yanjie S. What are the affordances and constraints of handheld devices for learning in higher education[J]. 1British Journal of Educational Technology, 2011(6): 163-166.

[23] Tan T H, Lin M S, Chu Y L, et al. Educational affordances of a ubiquitous learning environment in a natural science course[J]. Educational Technology & Society, 2012(2): 206-219.

[24] Chou C C, Block L, Jesness R. Opportunities and challenges in one to one learning1 with iPads in K-12 Schools [C]. Proceedings of International Conference of Educational Innovation Through Technology, 2012: 15-20.

[25] Cheung W, Hew K. A review of research methodologies used in studies on mobile handheld devices in K-12 and higher education settings. Australasian[J]. Journal of Educational Technology, 2009, 25(2)153-183.

[26] 黄荣怀,胡永斌,杨俊锋,等.智慧教室的概念及特征[J].开放教育研究,2012(2): 22-27.

[27] Hsu C K, Hwang G J, Chang Y T, et al. Effects of video caption modes on english listening comprehension and vocabulary acquisition using handheld devices [J]. Educational Technology & Society, 2013 (1): 403-414.

第6章

基于iPad的电子教材课堂教学应用实践研究

电子教材的潜能对智能时代教与学方式变革具有重要作用,要想电子教材真正应用于课堂教学,研究其能否融入师生日常课堂教学活动中将是考察电子教材应用价值的关键[1]。随着各种平板电脑在教育中的普及应用,以平板电脑为终端设备的电子教材也备受关注,在这样的背景下,由于 iPad 具有多点触控、高清屏幕呈现、响应速度快等优势,基于 iPad 的电子教材课堂教学活动备受中小学教师和学生的青睐。但事实上,并不是有了 iPad 就能满足信息化课堂学习方式的所有需求,电子教材正在经历一种从"能不能用"向"怎么用"转变的考验,那么,如何开展电子教材课堂教学活动成了亟待解决的问题。基于此,本研究以课堂教学实践为基础,对基于 iPad 电子教材融入中小学日常课堂的表现及价值体现进行了深入探究。研究中提及的基于 iPad 的电子教材特指利用 iBooks Author 开发制作的 iBooks 电子教材,在课堂教学活动中,iBooks 电子教材并不是孤立地在课堂中使用,而是根据教学需要,充分整合 iPad 上的其他虚拟学教具与课堂中的其他媒体共同发挥作用,促进有效教与学。

6.1 "互联网+教育"理念下的电子教材课堂使用理论

6.1.1 相关研究

在"互联网+"背景下,在教育改革创新发展中,如何引入新技术、新手段和新范式以应对新时代教育理念、模式和走向的变革,如何让"互联网+"成为推动课程教材转型升级和可持续发展的新引擎,如何借助"互联网+"增强电子教材改革创新能力,这一切都需要我们重新思考"互联网+"时代课程教材改革发展的价值取向,厘清实现路径,无疑具有积极的理论和现实意义。"互联网+教育"具有融合、智能、跨界、贯通、立交等五大典型特征。

1. 融合

"融合"作为"互联网+教育"的特征之一,首先是指要建立有效机制,促进人才培养与经济社会和产业相融合,实现共同发展。在实践中,需要考虑以下几方面的融合：人才培养与社会需求相融合；专业教学与技能实训相融合；教学内容与真实任务相融合；能力考核与技能鉴定相融合。

2. 智能

社会生产发展的不同阶段需要不同的知识体系和教材内容。随着机器的自动化、智能化,我们迈入智能化生产时代。智能化指的是人工智能技术正在与各行各业结合,帮助各行各业进一步升级,优化效率、创造价值。智能化包含数据化、自动化和自然化。从电子教材建设来看,数据化指电子教材内容生产和学习使用过程都被数据化,通过人工智能技术挖掘数据的价值。自动化指的是越来越多由人工完成的任务都将由机器取代走向自动化,电子教材提供的内容服务也将根据学习者的个性化提供有效的自动反馈。自然化指的是人类与机器、人类与互联网的交互将更加自然,通过语音、图像、意念等自然方式实现。对电子教材来说,其使用方式将以更友好的用户体验呈现给学习者。

3. 跨界

"互联网＋"中的"＋"有多重含义：融合、开放、创新、跨界。只有真正意义上做到实践和理论的统一,实现跨界融合,才能彰显人的智慧和创新的力量。跨界思维的核心是颠覆性创新,且往往来源于行业之外的边缘性创新。跨界是一种时空概念,它会随着时空的推进而改变,并非一成不变。因此,跨界将为电子教材打破学科界限,促进学科内容相互渗透融合找到一条合理的发展路径。

4. 贯通

"互联网＋教育"体系要贯通,对于基础教育而言,电子教材内容可以借助学习分析等智能技术打造中小学教育发展直通车,实现纵向贯通和横向融通。对于高等教育而言,"贯通"是专业长远发展的立足点,也是深化教育教学管理改革的立足点。因此,教材内容需要与外部实践建立外部联通,完成理论内容与实践需求对接。

5. 立交

从"互联网＋教育"体系角度来讲,"立交"特征关注构建一种"纵向贯通、横向兼顾、多层次交叉"的"立交桥"式的动态人才培养模式。在"互联网＋"时代,"立交"特征也强调了人、信息、物体和服务之间的连接,实现各方积极参与到整个教育系统中。电子教材将有机会在这样一个教育系统中实现课程与社会对接,虚拟课堂与实体课堂连接。

6.1.2　基于 iPad 的电子教材技术特征

iBooks Author 是 2012 年 1 月 20 日由苹果公司发布的免费电子教材制作工具,制作出的电子教材可以在 iBooks 上下载,在 iPad 上阅读。iBooks Author 为开发者制作电子教材提供了多种模板,插入包括交互式图片、音频、视频、3D 物件等在内的多媒体内容,同时还可利用到 HTML、JavaScript 等技术,所有操作都采用所见即所得的方式进行。iBooks 电子教材之所以能够成功地应用到教育教学中,从技术特征层面来看,主要因为其包含了模拟图书风格和富媒体性。

1. 模拟图书风格

电子教材阅读方式应尊重学习者现有的阅读习惯,潜移默化引导学习者轻松愉快地阅读,形成良好的阅读体验。模拟图书风格主要指电子教材的页面呈现和操控方式遵循了人们阅读纸质书籍的体验。从页面呈现来说,iBooks 电子教材采用目录、章、节、页等形式呈现,具有帮助学习者继承纸质书籍的阅读体验,获取教材内容结构和章节目录信息。从操控教材的方式来说,iBooks 电子教材提供滑动翻页、高亮、批注、画线、插入书签等工具支持师生完成教学活动。

2. 富媒体性

早期的电子教材仅是几种多媒体素材之间的组合,用户不能对媒体内容进行操控。现在"富媒体"技术日趋成熟,富媒体技术强调媒体性和交互性的有机统一[2]。iBooks 电子教材改变传统电子教材内容的单向呈现方式,通过提供交互式图片、3D 图像、拖拽题、选择题等各种 Widget 控件,实现学习者视觉、听觉、触觉等感官冲击和体验,让学习者可对媒体进行操控,实现电子教材与学习者的双向互动。电子教材的媒体操控主要有直接触控、多点手势和控制媒体进度三种典型方式。

6.2 研究设计

6.2.1 研究目的与问题

本研究将对融入日常教学的电子教材对教学过程和效果的影响进行探究,并选择了三类课堂来考察电子教材的课堂教学效果,其应用情景分别是:在常态课中独立使用电子教材(using etextbook in regular classroom,EC);在常态课中混合使用电子教材与纸质教材(blended using etextbook and paper textbook in regular classroom,EPC);纸质教材常态课教学(using paper textbook in regular classroom,PC)。对于课堂效果的考量,本研究从课堂过程和课堂结果两个层面围绕如下问题展开讨论:

(1) 在 EC、EPC 和 PC 三种课堂中,学习行为是否有区别?

(2) 在 EC、EPC 和 PC 三种课堂中,学习结果是否有区别?

(3) 在 EC、EPC 和 PC 三种课堂中,学生的自我效能感是否有区别?

(4) 在 EC、EPC 和 PC 三种课堂中,学生的满意度是否有区别?

6.2.2 参与者

本研究选取了北京市一所小学作为实验学校。为了避免教师因素对本研究带来干扰,在挑选实验教师之前,笔者本着自愿原则与实验教师进行协商,并经过与教师一段时间的仔细沟通和观察,最终确定了一位英语教师和三个平行实验班级。英语教师是一名年轻的女教师,有四年教龄。整个实验选取了四年级的三个平行班共 108 名学生作为研究对象,其中,男生 55 名,女生 53 名。

6.2.3 实验过程

根据研究目的,笔者提出了如下的研究过程框架,如图 6-1 所示。

(1) 本研究首先选取了实验班级,其中一个班级作为实验组,两个班级作为控制组,每个班级的学生均为 36 名。

(2) 对实验班级的学生进行前测。根据已有的研究,为了减少干扰因素,保证参与实验

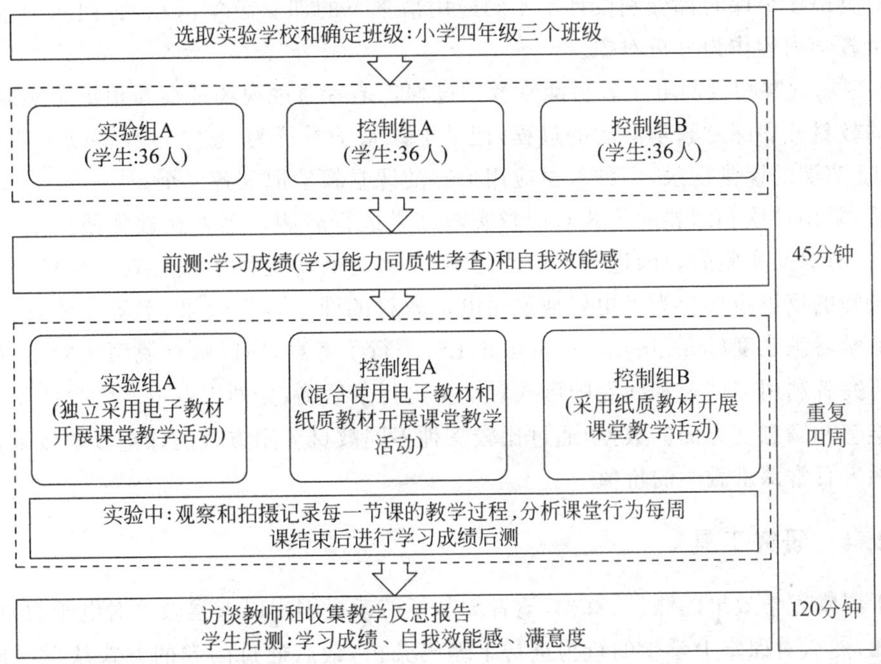

图 6-1 电子教材课堂实验过程框架

的学生在实验前的学习能力具有同质性,我们对所有实验学生的学习成绩进行了前测。另外,为了考查学生利用电子教材学习的自我效能感,我们在实验前分别对所有学生的自我效能感进行了前测。

(3) 确定教学单元,设计课时,开发电子教材。根据黄荣怀等[3,4]提出的电子教材设计与开发流程,我们选取了四年级上册英语的第二单元教学内容作为实验材料,并根据实验教师的教学需要,重构了电子教材的内容呈现方式和结构编排方式。三种课堂教学应用情景的描述如下:

EC:在 EC 中,每个学生拥有一个 iPad 作为电子教材的阅读终端,所有的学习内容、学习活动和随堂测试都在 iPad 阅读终端上完成,电子教材内容呈现在 iBooks 软件中,互动反馈活动采用本研究团队设计的 iTeach 平台。教师采用 iPad 完成教学活动,并且通过无线投影的方式连接 iPad 到大屏幕,向学生呈现教学内容。

EPC:在 EPC 中,每个学生拥有一个作为电子教材阅读终端的 iPad 和一本纸质教材,学生在课堂上使用纸质教材来完成课堂阅读活动,学习活动中的课堂实践环节和随堂测试混合使用 iPad 和纸质教材,及时互动反馈活动采用 iTeach 平台。教师混合使用纸质教材和电子教材开展教学活动,呈现教学内容和随堂测试题目则采用 iPad 无线投影到大屏幕上。

PC:在 PC 中,师生均采用常规课堂教学方式开展课堂教学活动,每个学生只有一本纸质教材,师生的课堂教学活动和随堂测试都是采用常规课堂教学中的纸质材料。

为了克服其他因素对本研究产生的干扰,在三种课堂教学应用情景中,都配置了投影仪和两块屏幕供师生展示课堂教学内容和材料。同时,为了克服实验者效应对本研究带来的影响,在实施实验前,研究者并未告知实验教师将对哪块教学内容的课堂教学进行分析,实验教师对英语多个课时都分别设计了不同应用情景下的课堂教学活动，我们从中选取了其中的一个教学内容作为分析对象。

(4) 现场观察和录制电子教材课堂教学过程。笔者通过现场观察并拍摄了实验教师利用不同的教材开展课堂教学活动的过程，记录了课堂学习行为，整个过程持续了四个星期，收集到 12 节课的课堂记录，每种教材应用形态的课堂教学记录各 4 个。

最后，采用访谈和问卷的形式对课堂实施结果进行后测。笔者在教师使用电子教材教学结束后，对参与实验的教师进行了访谈，并且笔者为教师提供了撰写教学反思的脚手架，收集了教师的反思报告。为了更好地说明电子教材的课堂教学效果，本研究还对实验组和控制组的学习满意度(learning satisfaction，LS)进行了考察，用以解释说明实验结束后的数据[5]。研究者利用测试题和问卷的形式对学生进行了后测，分两次获取了学生的学习成绩、自我效能感和满意度方面的数据，通过比较三种不同教材应用方式的课堂教学效果，探索电子教材融入日常课堂教学的价值。

6.2.4 研究工具

关于课堂教学效果的测量，首先，笔者编制了访谈提纲用以考察教师对电子教材课堂教学的感知，然后对课堂上学生的行为进行了编码分析，最后通过问卷的方式从学习成绩、自我效能感和满意度三个方面对课堂学习结果进行考察。

1. 学生行为分析

借鉴美国 ISTE 协会 2009 年开发的课堂观察工具，本研究的学生行为分为三个维度，即学生个人学习行为(individual learning，IL)；学生小组合作学习行为(group collaborative learning，GCL)；全班学生集体学习行为(whole class learning，WCL)。为了便于统计每一种学习行为所占用的课堂教学时间，本研究对收集到的视频的记录方式采用开始时间、持续时间、行为编码和备注四种类别进行统计。在正式进行视频编码之前，本研究进行了信效度分析。关于信度方面，本研究共有两位评分员进行信度检验，研究信度为 0.85，达到内容分析的要求。在效度方面则是把分析结果发送给实验教师核对，确保符合本研究的需要。

2. 学习成绩测试

前后测的测试题均由两位有经验的教师进行设计，通过这种方式开发测试学生学习成绩的题目已经在先前的许多研究中被使用[6~10]。其中前测试题主要是确保参与实验的学生在原有知识掌握情况方面是比较平衡的，题目类型包含不定项选择题、判断题、排序题和问答题，共计 30 道题，测试时间为 30 分钟，满分 100 分。后测试题包含不定项选择题、判断题、排序题和问答题，共计 25 道题，测试时间为 30 分钟，满分 100 分。测试题包含对意义建构类(学习保持)和能力生成类(学习迁移)知识的考察。测试题的内部结构一致性信度(Cronbach's Alpha)为 0.78，效度良好。

3. 自我效能感测试

本研究采用的自我效能感测试修改自 Wang 和 Hwang[11] 开发的问卷，包含 8 个题项的五点式李克特量表。自我效能感主要目的是检测学生参与课堂学习活动的主动性和积极性，比如学生回答课堂问题的主动性，完成课堂任务的积极性等。该问卷的内部结构一致性信度(Cronbach's Alpha)为 0.86，显示出很好的结构效度。

4. 满意度测试

满意度测试修改自朱慧春(Hui-Chun Chu)等(2012)[12]开发的问卷，该问卷包含7个题项，并采用六点式李克特量表。例如"使用这种方式进行学习，我觉得比以前的学习更具有趣味性"和"使用这种方式学习，我觉得能让我用新的思考方式来看待观察的事物"。该问卷的内部结构一致性信度(Cronbach's Alpha)为0.85，显示出很好的效度。

整个课程结束后，研究者向参与实验的学生发放了108份问卷，回收的问卷均为有效问卷，其中女生58份，男生50份。

6.3 结果分析

在本研究中，笔者对前测数据进行了描述性统计，分析了学生行为、学生成绩、学生的自我效能感和满意度。

6.3.1 学生行为分析

本研究还进一步对三类课堂的学生行为进行了考察。就学生的行为变化来说，本研究分别就相同教学内容在三种教材应用形态下的学生个人学习行为(IL)、学生小组合作学习行为(GCL)和全班学生集体学习行为(WCL)所占时间和行为频次所占比例进行了分析，结果如图6-2和图6-3所示。

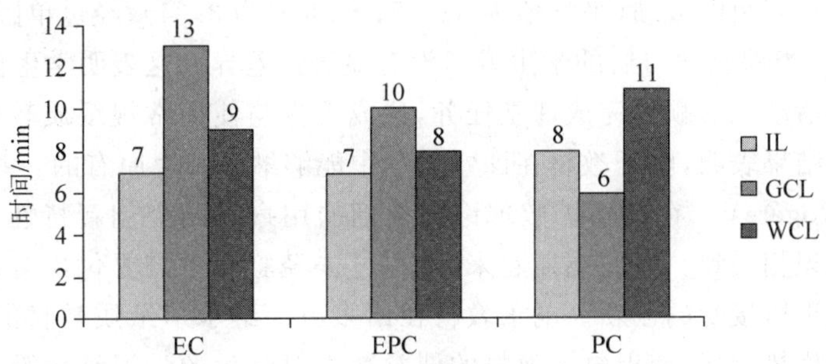

图6-2 EC、EPC和PC中的学生行为所占时间

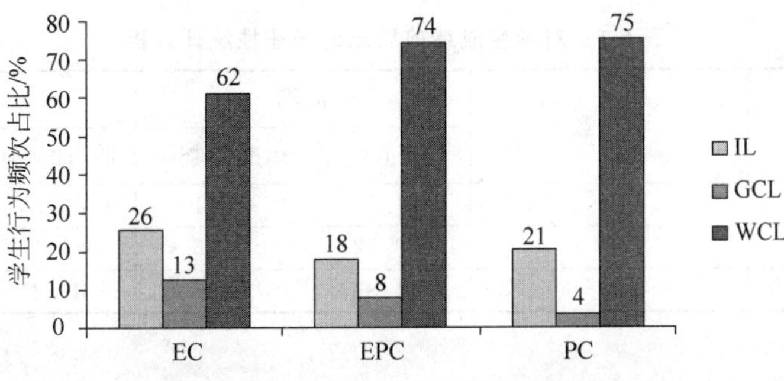

图6-3 EC、EPC和PC中的学生行为频次占比

图6-2表明，就学生总体学习时间而言，学生在电子教材课堂(EC)中的行为时间比在EPC和PC中的行为时间多。具体来说，相对纸质教材课堂(PC)，学生在含有电子教材课

堂(EC 和 EPC)中，小组合作学习时间和全班集体学习时间都发生了较大地变化，其中小组合作学习行为的时间增多了，全班集体学习的时间减少了，在 EC 中小组合作学习时间增加得更加明显。分析这一结果的原因，从课堂观察记录中发现，在电子教材课堂中，学生参与课堂的行为方式出现多样化的趋势。在个体行为中，纸质教材课堂的行为方式主要是听教师讲课、阅读课文和简单的课堂练习，在电子教材课堂中，参与课堂的行为深度得到了有效拓展，学生讨论和分享作品的时间增加，这说明电子教材课堂促进了学生课堂参与深度。由此可以推断出在电子教材课堂上，学生更多地采用小组合作学习的方式建构知识，完成课堂学习活动。

就学生行为频度占比来看(图 6-3)，在三类课堂中，学生小组合作学习行为(GCL)的频次占比较低，其次是学生个人学习行为(IL)和全班学生集体学习行为(WCL)。而结合行为频次占比(图 6-3)和行为持续时间(图 6-2)来看，学生在小组合作学习中的行为持续时间较长，而行为频度较低。这说明在电子教材的课堂教学中，学生的学习方式正在发生转变，从单一的学习方式向多样化发展，从被动接受信息向主动建构知识、分享作品发展；从个体学习和群体问答式学习向小组合作学习发生转变。

6.3.2 后测成绩分析

在实验正式实施之前，笔者对所有学生的先前知识掌握程度进行了前测。前测方式采用单因素方差 F 检验，实验组 A、实验组 B 和控制组 C 的前测结果显示没有显著性差异($f=1.098, P>0.05$)；因此，实验组和控制组学生的先前知识掌握程度比较均衡。

对于学生前后测成绩的描述性统计见表 6-1。研究结果发现，学生在 EC 中的学习后测成绩略高于两个控制组的成绩(平均值为 83.05；标准差为 3.34)，经过单因素方差 F 检验，EC、EPC 和 PC 三类课堂学习后的学生成绩没有显著性差异。这表明学生使用 iPad 电子教材开展课堂教学活动能够顺利完成课堂任务，达成至少与使用常规纸质教材相一致的课堂教学目标。这一结果表明，电子教材在课堂教学中能够继承师生原有的一些课堂教学习惯，并且与罗杰斯(Rogers)[13]在创新扩散理论中提到的用户对两个创新特性——“相对优势”和“兼容性”的认识相一致。在罗杰斯看来，继承过去经验而不需要付出全部变革代价的创新是一项能够被迅速接受的创新。电子教材在诸多方面继承了纸质教材的优势特征，并且发挥了电子书的优势功能，使得电子教材的课堂教学对学生的学习结果没有产生负面的影响。当然，未来研究者还需要进一步跟踪调查，探索学习结果变化的显著性。

表 6-1 对学生成绩前后测的描述性统计分析

类别	学生数	前测		后测	
		平均值(M)	标准差(SD)	平均值(M)	标准差(SD)
实验组 A(EC)	36	81.75	3.31	83.05	3.34
控制组 A(EPC)	36	82.72	4.25	81.17	3.15
控制组 B(PC)	36	81.87	2.39	82.21	4.09

6.3.3 自我效能感分析

自我效能感采用的是五点式李克特量表进行施测的，其中“5”代表非常同意(积极正面的反馈)，“1”代表非常不同意(消极的反馈)。本研究对实验前的实验组 A、控制组 A 和控制组 B 分别采用了配对样本 t 检验的方式考察学生的自我效能感。两配对样本 t 检验的结果如表 6-2 所示。

表 6-2　对学生自我效能感的配对样本 t 检验结果

类　别	学生数	M(SD)前测	M(SD)后测	t 值
实验组 A(EC)	36	3.64(0.42)	4.24(0.35)	−3.021*
控制组 A(EPC)	36	3.91(0.71)	4.11(0.67)	−1.079
控制组 B(PC)	36	3.87(0.60)	3.97(0.56)	−1.351

* $P<0.05$

表 6-2 表明,实验组 A 的学生自我效能感有显著提升($t=-3.021, P=0.021$)。也就是说,独立使用电子教材的课堂教学活动增强了学生课堂学习的自我效能感,他们参与课堂学习活动的自信心得到显著提升,学生参与学习活动的主动性明显增加。对于控制组 A 和控制组 B 的学生而言,在课堂学习活动结束后,他们的自我效能感没有显著性差异。因此,EC 课堂激励了学生参与课堂学习活动的意愿,增强了学生的自信心,提高了学生的学习主动性。这与麦克弗尔(McFall)[14]的研究发现有着一致性,即一本适合学生阅读的电子教材会让学生从传统的被动阅读课本转变为主动与文本互动。

6.3.4　学生满意度分析

在实验结束后,本研究分别调查了实验组和控制组学生的学习满意度。通过对实验组 A、控制组 A 和控制组 B 的学生满意度数据进行单因素方差 F 检验,可得表 6-3 所示结果。表 6-3 显示,实验组 A(EC)的学生满意度与控制组 A(EPC)、控制组 B(PC)的学生满意度有显著性差异($f=-4.211, P=0.002$);最小显著性差距(LSD)检验结果显示,实验组 A 和控制组 A 的学生满意度显著高于控制组 B 的满意度($P<0.05$);实验组 A 和控制组 A 之间的学生满意度没有显著性差异。因此,本研究发现学生在采用电子教材开展的课堂学习活动中的满意度高于纸质教材课堂学习的满意度,电子教材课堂教学活动对提升学生的学习满意度有帮助,学生在电子教材课堂中更加容易理解教材内容。

表 6-3　对学生的满意度进行单因素方差 F 检验

课堂类型	学生数	平均值(M)	标准差(SD)	F	两两比较
实验组 A(EC)	36	4.54	0.35	−4.211*	(1)>(3) (2) >(3)
控制组 A(EPC)	36	4.42	0.47		
控制组 B(PC)	36	4.01	0.50		

* $P<0.05$

6.4　iPad 电子教材融入日常课堂教学的使用建议

6.4.1　iPad 电子教材走进日常课堂教学的四个重要环节

电子教材的高阅读体验和教学体验可以作为纸质教材之外的一种教材选择。那么,电子教材应该如何走进课堂呢?从本次实验学校的使用过程和效果来看,可以归纳为四个重要的阶段，如图 6-4 所示。

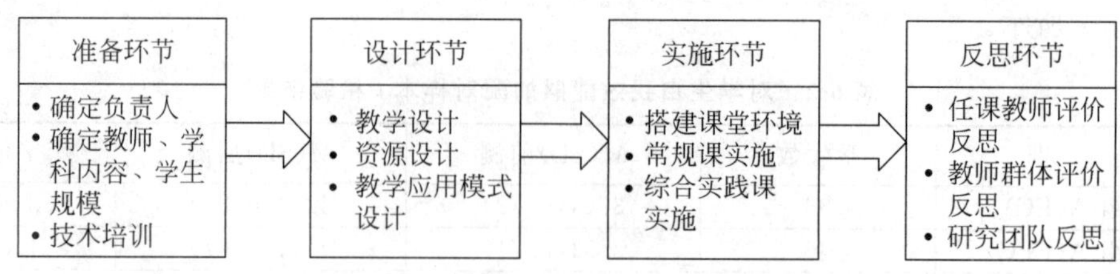

图 6-4 电子教材走进课堂的四个重要环节

1. 准备环节

准备环节主要包含两个重要内容：落实参与人员和规划技术培训方案。

1）落实参与人员

实施电子教材的学校需要成立课题组，落实负责项目的领导。一般来说，选择分管教学的中层校级领导较好，自中而上的方式有利于课题的顺利开展。中层领导起着承上启下的作用，他熟悉学校的教学业务流程，可以尽快确定参与课题的教师、学科内容和学生；并且，他有许多机会直接将课题的实施进展向校长汇报。当然，如果有相关的专家团队参与指导，会事半功倍。

2）规划技术培训方案

除了落实参与人员外，还需要规划好对参与人员的技术培训方案，建立技术使用规范，便于师生在以后的课堂中自如地使用 iPad 开展教学。

2. 设计环节

在设计环节，采用基于 iPad 的电子教材上课，主要包含三个层面的设计工作：教学活动设计、教学资源设计和教学应用方式设计。

1）教学活动设计

教学活动设计主要是针对实施电子教材课堂教学的科任教师而言，教师需要迁移以往的信息技术与学科课程整合的经验，听取技术人员讲解 App Store 上的一些与学科教学有关的应用程序功能和 iBooks 电子教材的功能，对教学过程、学习过程、技术整合课程等多方面进行综合考虑，设计出有效的教学活动。

2）教学资源设计

在教学资源设计方面，需要考虑 iBooks 电子教材内容的来源、呈现方式和组织方式；iPad 应用程序的使用方式；演示文稿 Keynote 等承载和表征信息资源的工具。只有紧扣教学目标、抓住媒体资源特性，才能有效进行富媒体化的教学资源设计。

3）教学应用方式设计

iPad 电子教材的课堂教学应用方式可以借鉴一对一数字化环境下的学习经验，充分发挥基于 iPad 的电子教材的优势，借助 iPad 聚合多种媒体技术，优化课堂教学结构，促进教与学方式的转变。

3. 实施环节

实施环节主要包含搭建课堂环境和课堂实施过程。其中典型课堂应用情境包含在常规课堂（学时长度以 40 分钟或 45 分钟为一节课）和综合实践课（跨度较大的基于主题的研究性学习活动）中实施教学。

1）搭建课堂环境

搭建课堂环境需要考虑网络、屏幕、资源同步与分发等技术方面的问题，如设置 Apple TV 无线投影，外网与局域网的设置和转换，多屏展示的位置，同步分发资源，调试软硬件设备等。

2）在常规课堂中使用

根据 TPCK（整合技术的学科教学法知识）模型，对 iPad 操作不熟练的教师和新手教师而言，其技术教学法知识储备还不够充沛，在开展正式课堂教学活动之前，需要进行 iPad 课堂教学环境的先导体验，以便尽快适应新型资源呈现和媒体呈现的方式。当然，参与课题的教师最好现场观摩同伴的教学过程，并交流经验。只有教师发挥主观能动性，落实新课程理念，变革教与学的方式，才能有效提升信息化教学环境下的课堂教学质量。

3）在综合实践课堂中使用

在综合实践课中使用，教师需要考虑 iPad 的便携性，整合 iPad 提供的多种应用程序（如相机功能、WiFi 功能、多种应用程序功能），开展主题学习活动，组织学生完成分组、合作分工、协同探究、完成创意表达等活动。

4. 反思环节

反思环节是非常重要的阶段，对于中小学教师而言，反思是进行下一轮行动研究的重要基础。反思主要包含任课教师的个人反思、参与课题的教师群体反思和整个团队的反思。在实施反思的过程中，课题负责人可根据研究需要提供教学评价反思的模板，使教师反思既有深度又有广度。

当然，在具体实施过程中，有一些环节是可以并行开展的，不同学校可根据自身的情况进行调整。

6.4.2　基于 iPad 的电子教材教学实践价值

基于 iPad 的电子教材并不是孤立地在课堂上使用，从教学实践价值来看，它是以 iBooks 电子教材带动 iPad 上的虚拟学教具共同发挥作用，完成课堂教学活动。具体而言，从学习者的视角来看，主要有两个重要的教学功能。

1. 作为支持课堂教学活动的主要学习资源

学习资源是指能帮助个人有效学习和操作的任何东西，包括学习材料、学习环境与支持系统。学习材料指经过筛选符合一定教学目标和教学要求，可用于教学并促进学习的一切信息及其组织，包括书本、教科书、教学器具、课件等。无可非议，教材仍然是开展课堂活动的主要学习资源。iBooks 电子教材继承了纸质教材的这一重要教学功能，成为电子教材课堂教学过程中的主要学习资源，它借助 iPad 通过内外延伸，最大化发挥学习资源的优势。

1）向内延伸：集成多种学习材料

iBooks 电子教材开发制作简单，可以非常便捷地整合课堂教学需要的多种学习资源，同时还可通过网络或者同步功能，实现资源之间的互通互用。这样，整合后的教材内容充分体现了电子教材的资源属性。

2）向外延伸：整合 App Store 商店中的应用程序和网络资源

iPad 可以从 App Store 中下载许多面向教育领域的应用程序，为教学提供所需资源。这些丰富的应用程序辅助电子教材发挥作用。当然，利用 iPad 上的网页浏览器，还可以获取更多的网络资源。只要对这些资源合理设计，就可作为扩展 iBooks 电子教材的重要补充资源，实现虚拟课堂与现实课堂同步进行。

2. 作为支持课堂教学活动的重要认知工具

关于计算机作为认知工具的观点，乔纳森(David H. Jonassen)早在 1996 年出版的《课堂中的计算机：支持批判性思维的认知工具》(*Computers in Classroom: Mindtools for Critical Thinking*)一书中就进行过详细的描述。他认为信息技术的认知工具可以帮助学生对正在学习的学科内容进行建构性地、高级地、批判性地思考。iBooks 电子教材作为支持课堂教学活动的重要认知工具，它对学习的支持作用主要如下。

1) 即时反馈学习结果

传统的师生课堂反馈主要通过言语(口语汇报)和肢体语言(举手)来完成。在 iPad 课堂上，借助 AppleTV 无线投影功能，学生可将在 iBooks 电子教材上的书写结果展示在大屏幕上，实现学习结果的即时反馈。当然，iBooks 电子教材还可以与 iPad 上的多种应用程序(如应用程序"iTeach"可提供即时互动反馈功能)配合使用，借助应用程序的即时反馈功能呈现答题结果，这样便于教师在课堂上诊断学习结果。学生通过及时反馈的数据，有利于及时发现问题和解决问题。

2) 捕捉学习活动过程

传统课堂教学中，如果教师想记录课堂教学活动的某些环节，需要技术人员通过专门的摄像机来完成，这样非常浪费人力、物力和财力。而在基于 iPad 的电子教材课堂上，教师可以利用 iPad 自带的摄像头捕捉课堂教学活动，通过摄像功能可以非常客观地记录课堂精彩瞬间，记录学生在课堂中生成的知识。

3) 支持信息收集和检索

iPad 自带 WiFi 功能，支持无线上网。教师在设计课堂教学活动中可以考虑网络功能。尤其对教授高年级的教师而言，教师可根据教学的需要，实施在线与离线相结合的信息收集活动，让学生利用网络收集有用的数据信息，培养学生甄别信息和培养信息的鉴别能力。

4) 支持协同创作

自从信息技术进入课堂后，是否有协作和展示成果是衡量课堂教学效果的两个重要指标。在电子教材课堂上，教师通过组织丰富的课堂教学活动，学生利用 iPad 开展合作探究活动、完成学习任务、分享展示学习成果、达成学习目标，促进学生由低阶认知目标向高阶认知目标发展。

6.4.3 两种典型的电子教材课堂应用方式

前面提到电子教材最主要的教学价值是作为支持课堂教学活动的学习资源和认知工具，基于此，电子教材在课堂教学过程中有两种典型的应用方式：基于资源的学习和基于问题的学习。

1. 利用电子教材开展基于资源的学习

基于资源的学习是按照知识贯通设计原理，以认知学习、建构主义等多种学习理论为基础，融自主、协作、探究等多种学习方式于一体的学习范式。在基于 iPad 的电子教材课堂中，可以从以下两个层面来理解这种应用方式。

1) iBooks 电子教材内容包含丰富的多媒体学习资源

传统教材呈现方式简单，多以知识的阐述和结论为主，辅以一定的插图和作业习题，少有对教学过程和教学活动的提示及引导，仅凭教材本身提供的学习材料很难展开有效的教学过程和组织有效的教学活动。在笔者跟踪的实验校中，基于 iPad 的电子教材主要以教师对教学目标的理解为依据，对纸质教材内容进行重构，更加贴近实际教学需求。教师将各种多媒体学习材料整合到 iBooks 电子教材中，学生根据学习任务要求，有选择性的阅读学习材料，达成学习目标。这种方式既发挥了教材作为重要的学习资源的功能，同时也考虑了学习者的多样性，并提供了有选择性的服务。

2）借助 iPad 连接课内资源和课外资源

对于高年级的学生来说，电子教材中提供的学习材料还不能充分满足课堂教学任务的需要，为了培养信息时代的学生利用技术进行有效学习的能力，教师在备课过程中会考虑选取一些潜在的学习资源，这些资源包含互联网上的学习资源或者 App Store 中的应用程序。一般来说，学生在这种课堂上学习，通常需要经历“确定学习任务，提供学习来源，撰写研究结果，汇报研究结果，评价学习过程”。学习者通过收集信息和筛选信息，将信息处理与使用和学习发生的基本要素——电子教材建立了联系，通过与多种资源的交互，深入学习某一主题，有利于提升学生课堂学习的认知参与深度和广度。

2. 利用电子教材开展基于问题的学习

基于问题的学习（problem-based learning，PBL）是让学生围绕着解决一些结构不良的、真实的问题而进行一种有针对性的、实践性的学习，即以提出问题作为开始、以解决问题为主线。在基于 iPad 的电子教材课堂中，基于问题的学习可以从如下两方面理解。

1）利用 iBooks 电子教材创设有效的问题情境

在基于问题的学习中，问题情境是课堂组织的核心。所谓问题情境，就是指把学生置于研究新的未知的气氛中，使学生在提出问题、思考问题、解决问题的动态过程中主动参与学习，这种学习活动不仅是让学生将已有的知识灵活运用于实际，而且还营造了一种学习气氛，激发学生的学习兴趣与动机。iBooks 电子教材通过改变以往纸质教材的内容呈现方式来创设有效的问题情境，主要包含两种方法：一种方法是将教材内容由“直接呈现”转向“间接呈现”，教师通过提供辅助学习材料，设置问题情境，在疑难处做必要提示和引导，让学生通过调查、观察、讨论、想象等途径获取教学内容或知识；另外一种方式是将教材内容由“肯定呈现”转向“疑问呈现”，教学中的知识是应该允许被质疑的，教师通过设疑的方式，凸显问题情境，通过这种以点带面、逐渐扩展和深入的方式，让不同层次的学生思考不同层次的问题，使每个学生都能获得学习的乐趣。

2）借助 iPad 主动解决学习问题，让学生成为学习的主人

在基于 iPad 的电子教材课堂教学过程中，学习者人手一个 iPad 终端，借助 iPad 开展自主探究与合作探究活动。这两种学习活动通常包含“根据问题情境开始解决一个实践问题，查找资料获取知识，利用不同演示工具汇报结果，反思问题解决过程，提炼所学到的知识”等几个典型环节。学习者可把 iPad 上的多种应用程序作为虚拟学教具，用以开展基于问题的学习，解决教学问题。这种基于问题的学习，对学习方式将产生很大的影响。从知识获取的途径来看，学习者获取的知识依赖于他自己所建构的知识意义和价值，而不是直接从教师和课本中获取知识。从学习者主体性来看，学习者获得知识主要靠自己，这自然而然地会使他们感到学习知识是自己的事，要对自己的学习负责，因此，在基于问题的学习中，学习者通过发挥自主性和主动性，主动建构知识，不断反思，以及批判性地思考知识，成为学习的主人。

值得注意的是，以上两种典型应用方式之间的界限是模糊的，在实际的课堂教学中，往往需要综合应用多种教学策略，促进课堂由预设走向生成，由授受走向建构。

6.5 总结与讨论

电子教材是教育信息化发展进程中的一种特定产物，它的强交互性、富媒体性和高用户体验对提升教师的课堂教学满意度发挥了重要作用，对抓住学生对新知识探究的好奇心、帮助学生理解重难点、增强学生的课堂参与程度等方面都体现出独特优势。本研究采用实地观察、问卷和深度访谈等多种研究方法从学生行为、学习成绩、学生自我效能感和满意度等维度对电子教材融入日常课堂教学的效果进行考察，并与传统课堂进行了比较，研究的结果不仅体现出电子教材的应用价值，还进一步发现电子教材在课堂教学过程中给师生带来的影响及其发挥的功能，这为将来开展电子教材的实践提供了重要的方向。

参考文献

[1] 顾明远.教育大词典[M].上海：上海教育出版社，1990：283.

[2] 龚朝花，陈桄.电子教材：产生、发展及其研究的关键问题[J].中国电化教育，2012(9)：89-94.

[3] 黄荣怀，张晓英，陈桄，等.面向信息化学习方式的电子教材设计与开发[J].开放教育研究，2012(6)：28-33.

[4] 陈桄，龚朝花，黄荣怀.电子教材的概念、特征及关键技术问题[J].开放教育研究，2012(2)：28-32.

[5] Chong P F，Lim Y P，Ling S W. E-book evaluation：efficiency and satisfaction[J]. International Journal of Human Computer Interaction，2010(1)：345-357.

[6] Moody A K. Using electronic books in the classroom to enhance emergent literacy skills in young children[J]. Journal of Literacy and Technology，2010(4)：22-51.

[7] Muir-Herzig R G. Technology and its impact in the classroom[J]. Computers & Education，2004(42)：111-131.

[8] Rockinson-Szapkiw A J，Courduff J，Carter K，et al. Electronic versus traditional print textbooks：a comparison study on the influence of university students' learning[J]. Computers & Education，2013(4)：259-266.

[9] Chang K E，Wu L J，Weng S E，et al. Embedding game-based problem-solving phase into problem-posing system for mathematics learning[J]. Computers & Education，2012(2)：775-786.

[10] Sung H Y，Hwang G J. A collaborative game-based learning approach to improving students' learning performance in science courses[J]. Computers & Education，2013(2)：43-51.

[11] Wang S L，Hwang G J. The role of collective efficacy，cognitive quality，and task cohesion in computer-supported collaborative learning[J]. Computers & Education，2012(2)：679-687.

[12] Chu H C，Hwang G J，Tsai C C，et al. A two-tier test approach to developing location-aware mobile learning systems for natural science courses[J]. Computers & Education，2010(4)：1618-1627.

[13] Rogers E M. Diffusion of innovations [M]. New York：Free Press，1995.

[14] MCFall R. Electronic textbooks that transform how textbook are used[J]. The Electronic Library，2005(1)：72-81.

第7章

利用电子教材开展有效翻转课堂教学研究

信息技术的快速发展和广泛普及使当今大学生的信息素养大大提高，学生的学习不再单纯依赖传统的课堂教学，越来越多的学生更倾向于利用互联网进行学习，以满足自己的个性化学习需求。可见，与十余年前相比，当今学生的成长环境与学习特征已发生巨大变化。然而，"以知识为本位"的教学在当前的高等教育中仍然是一种主流方式，这种教学方式通常是任课教师在课堂上系统传授知识并辅以作业练习。这种教学法通常也被称为"凯洛夫五段教学法"，它长期以来使我们的学生缺乏对知识的感性认知，认为所学的知识抽象，理解困难，课堂学习兴趣降低。学生不能根据自己的兴趣和习惯选择教学内容和学习方式，造成了信息时代教师的教与学生的学不匹配的困境，导致学生的学习结果不理想，影响了学生的专业技能提高和学习质量提升。

新形势下，为满足学生新的学习需求，学校教育教与学方式的变革迫在眉睫。一些学校和教师为激发学生的学习兴趣，提高学生学习的主动性、参与性，尝试教学模式的创新，让学生课前观看教学视频，自主学习课程内容，然后教师在课堂上进行答疑解惑，并组织学生进行协作探究等学习活动。其实这种教学模式的本质就是翻转课堂，并且已经被越来越多的教育工作者认可和积极尝试。本研究采用电子教材开展翻转课堂教学研究，主要探索如何根据学习者学习特征和电子教材的功能设计有效的翻转课堂，以及如何保障翻转课堂的顺利实施、改善学习者的学习体验。

7.1 翻转课堂研究现状

7.1.1 翻转课堂研究理论模型

2011 年的 TED 大会上，美国可汗学院创始人萨尔曼·可汗做了题为"用视频重新创造教育"的报告，报告中指出：很多学生课前观看教学视频，课堂上完成作业，遇到不懂的问题就和老师或同学共同讨论解决。这是一种与传统"老师白天在课堂上讲解新知识，学生晚上回家做作业”的方式恰好相反的模式，我们把它称作“翻转课堂”。此后，“翻转课堂”便在全球范围内成了教育工作者关注的焦点和热点。

翻转课堂自诞生以来，就引起了广大教育工作者的极大关注，很多专家学者和一线教师都从理论或实践上对翻转课堂潜心研究，而当下的理论研究主要聚焦在翻转课堂的教学模式和教学设计上。在教学模式上，国外研究者对翻转课堂模式提出了一些理论上的认知或根据实践经验建构出了几种比较有代表性的翻转课堂教学模式，本部分不一一列举和赘述已有的翻转课堂教学模式。周琳[1]、张金磊[2]、钟晓流等[3]研究者在前人研究成果的基础上，结合国内当前的教育状况，提出了一些具有实践操作价值的翻转课堂模式。其中，比较具有代表性、对本研究启发较大的是周琳等提出的翻转课堂教学模式，我们对其进行了适当修订，如图 7-1 所示。

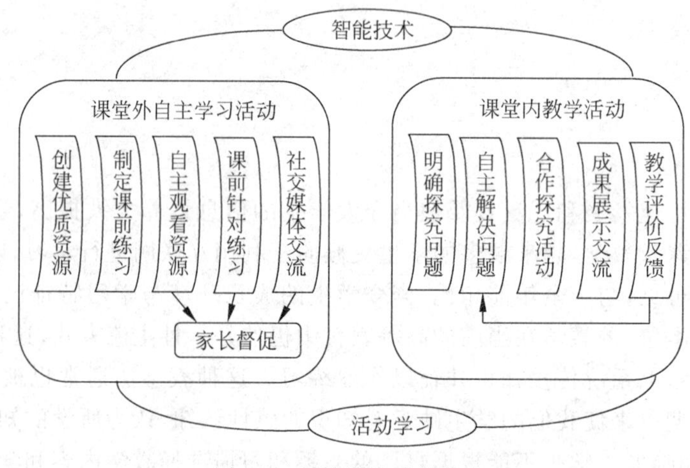

图 7-1 翻转课堂教学模式

该模型中，智能技术和活动学习是翻转课堂学习方式的两个重要成分，二者共同影响着学生学习的个性化学习环境，实现了学生课堂之外的自主学习和课堂之内的协作学习。课前，教师首先针对课程内容进行教学设计，然后再利用网络教学设备创建符合学生学习特征的优质教学资源（如高质量教育微视频），同时为学生遇到疑问时方便交流提供社交媒体工具，学生则在课堂上利用各种智能终端设备（如电子白板等信息技术设备）展示学习成果，并与他人交流分享。可见，翻转课堂为学生课堂内外的交流、自主探究、讨论等学习活动提供了平台和机会。

在教学设计方面，丁建英等在深刻分析翻转课堂内涵的基础上，结合教育信息化的时代发展要求，总结出设计翻转课堂时所要遵循的原则：要以学生为主体，保证课堂互动交流的有效性，以及“授人以渔”[4]。他们又根据这些原则提出了翻转课堂教学设计的内容和步骤，具体操作流程如图 7-2 所示。

可见，翻转课堂的探究已经形成了诸多成熟的模型和设计流程，这为电子教材的课堂内外应用场景提供了很好的理论支持和实践路径。

1. 教学实践研究

早在 2007 年春季，翻转课堂的雏形就出现在了美国科罗拉多州的林地公园中学。该校的两位化学老师乔纳森（Jonathan）和亚伦（Aaron）为了给平时因故缺席的学生补课，就把教

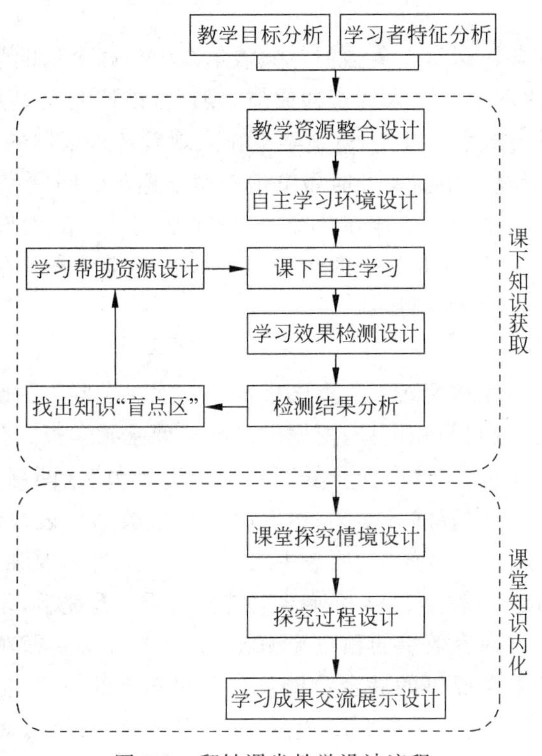

图 7-2 翻转课堂教学设计流程

学过程用电脑录屏软件录制成视频，上传到网上。这样，缺勤的学生就可以通过网络在家中进行学习了。后来，两位老师发掘了这种做法的优势，让所有学生在家中观看教学视频，回到课堂上完成作业，并针对学生在课前自学中遇到的困难进行答疑解惑。结果，这种新颖的教学模式受到了越来越多学生的热烈欢迎。2012 年 1 月 30 日，Jonathan 和 Aaron 两位老师又在林地公园中学举行了翻转课堂“开放日”活动，让更多的教师认识和接受了这种理念和方法，更多的教育工作者也在此见识到了翻转课堂的运作状态和学生的学习情况。

1）国外典型案例

弗吉尼亚大学“现代历史学”翻转课堂。弗吉尼亚大学的菲利普（Philip Zelikow）教授将其现代历史课程的教学视频置于“大规模网络开放课程”（MOOCs）平台之一的 Coursera，视频长度从 6 分钟到 36 分钟不等。在他的课堂中，学生去教室上课前，必须要预先上网观看当天的课堂教学视频，才有机会跟上课程进度；到课堂之后，菲利普教授完全将时间用来讨论与互动，不会重复在课程平台上提供的学习内容和进度。菲利普教授说：“这是我从教 20 年来最给力的教学模式设计了。”可见，翻转课堂模式对于大学历史学课程的教学带来了教学流程的变革和教学模式创新。

萨里斯伯里大学“社会工作学”翻转课堂。美国马里兰州萨里斯伯里大学社会工作学系马修（Deborah A. Mathews）教授指出[5]，他会在学期开始之前半个月就将社会工作学系的相关课程在网络学习平台上开放，包括与该门课程相关的教学视频内容及相关教材。正式上课时，教师不再针对这些基础的内容进行授课，完全将上课时间用于深度探究（in-depth exploration)。

柯林顿戴尔高中的翻转课堂。美国柯林顿戴尔高中对两个班的学生开展了为期两年的翻转课堂实验，实验结果取得了令人振奋的成绩。随后，该校大胆地在全校推行了翻转课堂教学模式。该校的实施方式为：首先，邀请学生在家观看教师录制的教学内容讲解视频(每段长5～7分钟)，在观看过程中需要及时做笔记并写下遇到的问题；到了课堂上，教师会把讲授时间重点安排来讲解多数学生存在的疑问，而课堂上留下的大部分时间则用来辅导学生练习和开展个性化的指导，并对学生的作业给予即时反馈。该校在规模化采用翻转课堂一年后，该校学生的学习成绩大幅提高[6]。

2) 国内典型案例

聚奎中学独特的翻转课堂模式[7]。重庆市聚奎中学在借鉴美国翻转课堂模式和经验的同时，结合该校的教学实践问题和优势，挖掘出以翻转课堂教学模式为主的特色课堂教学模式。该校的特色教学模式包含"课前四步骤"和"课中五环节"这两部分。课前，学科教师进行集体备课，制作对应课时内容的导学案，然后由学科组教师代表录制长10～15分钟的教学精讲视频，并上传至学校的"校园云"服务平台；学生在课外需要独立预习教材，然后采用平板电脑等设备下载相应的教学视频和导学案进行观看；看完后，学生被要求在网络学习平台上做一部分反应学习内容效果的预习检测题，学习平台将立即对答题情况进行批改和反馈；教师则通过软件平台提供的后台数据及时了解学生的学习情况，调整课堂教学的进度和难度，制定重点辅导计划。课堂上，学生先自主完成学习任务，对于遇到的难点或者疑问则通过小组或师生之间的讨论协商机制予以解决。课中，教师还会深入学生中巡视课堂，为有需求的学生提供必要的个性化指导。随后，学生再完成网络平台上的学习任务或其他资料上的相关练习，最后通过观看答案详解或教师的习题评讲视频进行自主纠错、巩固知识，以及反思总结。

重庆大学实施的翻转课堂。早在2013—2014学年秋季学期时，重庆大学就着手实施翻转课堂。该校试行的翻转课堂典型课程有"公共关系学概论"和"20世纪的世界"两门课程，这两门课程按照翻转课堂的教学模式组织开展学习活动，供学生选修。学生先在课外观看课程教学视频，消化学习内容；课堂上，学生在教师的主导下再一起交流讨论各自的看法和见解，以达到答疑解惑的目的。大部分学生认可这种教学模式，认为翻转课堂有一定优势，比如提高了学生学习的自主性。其实，自2013年4月由重庆大学发起成立东西部高校课程共享联盟以来，重庆大学就已经在积极推进加盟高校精品课程的共享进程中提出翻转课堂教学模式，这种模式可以在不同学科中进行创新应用。或者将翻转课堂和常规课堂有效结合，这样，更多的大学生有机会获取优质的教学资源[8]。

7.1.2 基于电子教材的翻转课堂悄然出现

传统教学与翻转课堂除了教学模式不同，教材形态也悄然发生了一些变化。传统纸质教材因其具有静态性、封闭性、内容更新慢等缺点，在课堂中的使用越来越有局限性。而教学音视频、演示文稿等多种媒体形态的电子资源就克服了这些缺点，它的出现和运用，对课堂教学带来了重要的影响。在翻转课堂教学中，学生通常都需要在课前或课后利用多媒体学习资源开展自主学习活动，这种基于多媒体形态的数字化资源是教材的重要形态，我们称为电子教材。当前电子教材作为一种新生事物，一些研究者对它的呈现形态以及功能特征还没有达成共识，那么如何有效设计电子教材来支持翻转课堂的顺利实施？究竟电子教材将对翻转课堂的教学实施会产生哪些影响？这些都是值得研究和关注的问题。为此，本研究主要探索如何根据学习者学习特征和电子教材的功能设计有效的翻转课堂，以及如何保障翻转课堂的顺利实施，改善学习者学习体验。

7.1.3 借助电子教材开展翻转课堂研究的意义

基于电子教材的翻转课堂是目前教育信息化中借助技术促进教学的具体运用形式，是信息技术与课程融合的产物[9]。因此，对其开展研究具有重要的现实意义。

(1) 顺应高等学校教学改革的潮流。高校教学改革强调学生是学习的主体，教学应以学生为中心，鼓励学生自主学习、合作学习、探究学习。从这方面来讲，引入电子教材则为高校教学改革的实施和推行增添了不少新的活力，电子教材也由此大受欢迎，成了学生们的良师益友。在基于电子教材的翻转课堂中，学生真正发挥了学习的主体作用，做了学习的主人，而教师则由传统课堂的主角变成了学生学习的引导者、指路人。

(2) 促进传统教学模式的反转和变革。实践证明，电子教材进入课堂已是大势所趋。传统教学基本上是以教带学，与此相反，基于电子教材的翻转课堂最大的特点就是先学后教。所以整个教学过程就变为：学生课前利用教学材料进行自主学习，教师则在课堂上进行答疑解惑、重点辅导或布置任务，组织学生协作探究，在探究过程中把知识转化为技能，以此达成学习目标和要求。这样一来，传统课堂就完成了向翻转课堂的反转变革。

(3) 增强学生学习的主动性，满足学生学习的个性化需求。在传统课堂教学中，学生往往只是被动地接受和完成教师布置的各种学习任务，主动学习的意识淡薄，自学能力也不强。而翻转课堂要求学生在课前完成课程知识的学习，遇到疑难问题时与他人合作解决。如此一来，学生原来的学习被动地位得到转变，成了学习的主人，自主学习、合作探究的能力也不断提升。另一方面，由于不同的学生在学习的基础、水平和能力上存在较大差异，每个人的学习目标、学习节奏、学习方法等也不尽相同。针对这种差异性，电子教材恰好又可以满足不同学生的个性化学习需求，既可以实现对“后进生”的教学突破，也可以促进优等生的加速学习[10]。如此看来，对基于电子教材的翻转课堂开展研究有重要意义。

7.2 研究设计

7.2.1 研究目的与问题

本研究主要探索采用翻转课堂形式开展基于电子教材的课堂教学活动效果。为此，本书选择了三类课堂来考察电子教材的课堂教学效果，其应用情景如下。

A1. 采用传统课堂教学(traditional classroom approach，TCA；传统教师讲授式的大班教学＋布置课后作业，无平台支持的方式)。

A2. 采用在线学习(online learning，OL)的方式。

B. 电子教材与翻转课堂结合的方式(flipped classroom approach with digital textbook，FCADT；课下：借助学习环境，学生自主阅读电子教材＋完成作业；课上：根据学生作业完成情况，学生问题答疑，讨论重点，互动交流)。

对于课堂效果的考量，本研究从课堂过程和课堂结果两个层面围绕如下问题展开讨论：

（1）考察学生的学习结果（学生的测试分数）、学习动机（采用问卷采集数据）、学习态度（采用问卷采集数据）。

（2）电子教材的教学功能研究（采用问卷和访谈采集数据）。

（3）电子教材支撑环境下的翻转课堂优势和面临的问题（采用问卷和访谈采集数据）。

7.2.2 实验内容设计

本研究选取“现代远程教育”这门课程的“远程教育评价设计与质量监控”这一章内容作为电子教材的主体内容，这一章包含三部分的知识内容，涉及远程教育的质量内涵与质量观、远程教育内部质量保障体系及远程教育外部质量保障体系。根据研究任务需要，本研究的主要内容包含四个知识点。知识点的难易程度根据布鲁姆的教学目标分类法，其中两个知识点属于低阶认知目标，两个知识点属于高阶认知目标，具体知识点如表 7-1 所示。

表 7-1 电子教材内容涉及的四个知识点

目标分类	知识点	教学要求
低阶认知目标	谈谈你对远程教育质量观内涵的理解	理解
	理解美国的 Quality Matters 标准包含的要素	理解
高阶认知目标	请使用 ISO 9000 质量管理体系标准并结合西南大学网络学院的教育现状，设计一个方案，分析西南大学网络学院的教育质量	分析
	请使用 QAA 提出的《远程学习质量保证指南》来评价现代远程教育这门课程	评价

注：QAA(Quality Assurance Agency for Higher Education)英国高等教育质量保证委员会。

电子教材的内容主要分为以下六个模块，如图 7-3 所示。

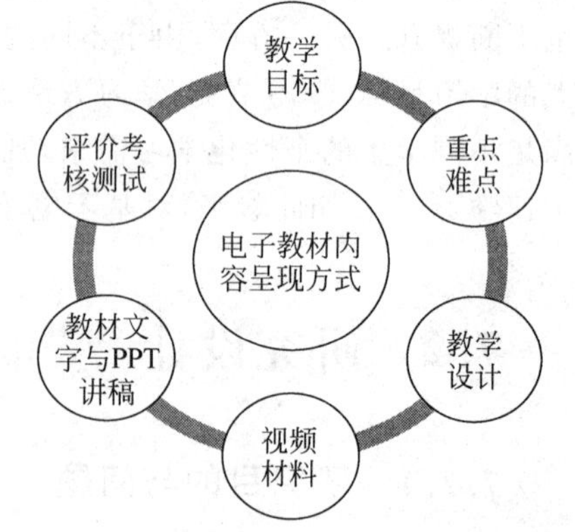

图 7-3 电子教材内容呈现方式模块设计

1. 教学目标

根据布鲁姆的教学目标分类法，本实验选取了以下两个低阶认知目标和两个高阶认知目标：

（1）通过学习，学生能够理解质量和质量观的内涵，说出其概念。

（2）通过学习，学生能够说出并理解美国的 Quality Matters 标准所包含的要素。

（3）通过学习，学生能够运用 ISO 9000 标准对远程教育质量进行分析。

（4）通过学习，学生能够运用 QAA 提出的《远程学习质量保证指南》对远程教育课程进行评价。

2. 重点难点

（1）学生能够了解远程教育质量和质量观的内涵，以及多种不同的质量观。

（2）学生能够理解远程教育质量保证体系，包括 ISO 9000 质量管理体系标准、Quality Matters 标准以及 QAA 提出的远程学习质量保证指南。

(3) 学生能够理解并运用 ISO 9000 标准对远程教育质量进行分析。

(4) 学生能够理解并运用 QAA 提出的《远程学习质量保证指南》对远程教育课程进行评价。

3. 教学过程

通过呈现大众对远程教育的观念的背景信息，引入新课内容，并呈现本章的知识结构：远程教育质量内涵与质量观；远程教育的内部质量保障体系；远程教育的外部质量保证体系。

(1) 远程教育质量内涵与质量观。通过提问“大家看到‘质量’这个词会想到什么?”引出质量观内涵。先从不同角度进行分析和阐述质量，这个过程则潜在反映了所在群体的立场和价值观，也就形成了相应的质量观。简单地说，也就是界定什么样的教育是高质量的标准。然后举例讲解民众对高等教育质量评估的常用准则，引出了远程教育的多种质量观：发展质量观、多样化质量观、适应性质量观、整体性质量观、特色质量关和系统质量观。

(2) 远程教育的内部质量保障体系。首先指出远程教育质量保证体系主要包括两个子系统，即组织内部的质量保证体系和组织外部的质量保证体系。在内部质量保障体系方面，着重讲解了 ISO 9000 标准，包括 ISO 9000 标准对远程教育质量管理的原则要求、ISO 9000 标准的文件方法、ISO 9000 标准的质量管理体系框架。然后通过英国开放大学的案例讲解，向学习者介绍如何有效地保障远程教育的质量。

(3) 远程教育的外部质量保障体系。通过涉及远程教育的内部质量保障体系，过渡到远程教育的外部质量保障体系。首先讲解远程教育评估的目的和类型、程序和方法，然后通过介绍英美国家远程教育认证的标准与实践(如 Quality Matters 标准、QAA 制定的《远程学习质量保证指南》)及我国现代远程教育评估的实践与发展，进一步理解和探讨远程教育的外部质量保障体系。

4. 视频材料

本章内容的教学视频来自爱课程网“资源共享课”，一共三节。第一节内容：远程教育质量的内涵与质量观，时长 22 分 53 秒。第二节内容：远程教育的内部质量保障体系，时长 26 分 18 秒。第三节内容：远程教育的外部质量保障体系，时长 40 分钟。教学视频具有视频定位功能，可进行快进、后退、暂停等操作；视频画面提供原始、4∶3、16∶9 三种宽高比，也可根据需要进行放大、缩小、全屏的操作，在“设置”中，还可对视频画面的明亮度、对比度、饱和度以及是否显示字幕(如果有外挂字幕)等进行设置和调整；视频的声音方面，学生可根据实际需要增大音量、减小音量或设置静音；另外，视频中根据教师讲解的进度还在相应位置插入了对应的演示文稿，以加深学生的理解和记忆。

5. 文字与讲稿

该系统提供了教学内容的电子稿，使知识呈现更加直观和系统，可与视频配合使用；针对一些学生可能感到陌生的专有名词，系统提供了相关名词术语解释的文本，供学生学习时参考使用；另外，电子演示文稿将知识点简洁明了地呈现出来，帮助学生快速浏览、记忆和回顾知识。

6. 评价考核

学习活动结束后，给学生布置相应的课后习题作业。

7.2.3 实验环境设计

本研究的实验环境主要包含电子教材运行系统、课外学习环境和课堂教学环境。

1. 电子教材运行系统

本研究的电子教材采用浙江师范大学周跃良教授团队主讲的《现代远程教育》。电子教材的运行系统采用爱课程网搭建，具体的电子教材课程访问网址为 http://www.icourses.cn/jpk/changeforVideo.action?resId=66941&courseId=2531&firstShowFlag=29。为了支持学习者利用电子教材开展自主学习，该系统设计了如下功能模块，如表 7-2 所示。

表 7-2 电子教材功能模块介绍

工具类别	子类	描述
课程学习工具	提问工具	发布学习过程中遇到的问题，请教师或同学解答
	笔记工具	观看教学视频时，用来记录问题、重点等
	评论工具	用于发帖和评论他人发的帖子
	作业工具	课后作业习题，用于自我检测和巩固
	同步工具	将学习记录同步至个人中心，以便浏览和查看
	管理工具	管理个人空间的内容，构建个性化学习空间
虚拟课堂互动工具	加关注	关注自己感兴趣的人，及时了解他们的动态
	同伴评论	通过发帖、评帖与同伴交流互动
	收藏课程	收藏自己感兴趣的课程，可随时调用并学习
	课程分享(站内和站外)	将有价值的课程在站内和站外与他人分享
	答疑解惑(提问、回复)	查看自己提出的问题和被解答的情况
	资源分享	上传资源或下载他人分享的资源，实现资源共享

2. 课外学习环境

课外学习环境指在上课前和课后学生根据老师布置的学习任务，利用电子教材开展自主学习活动，本研究的课外学习活动场所主要包括学生宿舍、自习室、图书馆等。通常课外学习环境需要学生在具有网络的环境中开展学习活动，学生可以利用台式机、笔记本或者手机登录系统进行随时随地的学习。

3. 课堂教学环境

本实验中，教师的课堂教学在多媒体教室环境中开展，该教室多媒体设备种类丰富、技术先进，由多媒体计算机、液晶投影仪、中央控制系统、投影屏幕、音响设备等多种现代教学设备组成，为师生之间、生生之间的交流讨论和活动成果的汇报展示等提供了良好的条件。

7.2.4 实验过程

1. 研究框架

课前，学生利用电脑或移动终端在电子教材运行系统上观看教学视频，获取知识，并完成相应的针对性练习，然后可以在系统提供的社交平台上与他人交流体验或向他人讨论自己在学习过程中遇到的问题。课堂上，教师首先根据教学目标和学生课前自学后对知识掌握的情况，确定需要讨论的问题，然后将学生分为若干学习小组，各小组成员协作交流，共同探讨和解决问题；协作完成后，各小组依次进行汇报，展示讨论成果，然后教师根据学生的表现及时给予教学评价和反馈，确定新的研究问题供学生思考讨论，直至问题得到彻底解决。课后，教师布置相应的习题作业，以达到知识复习和巩固的目的。此过程可用图7-4简要概述。

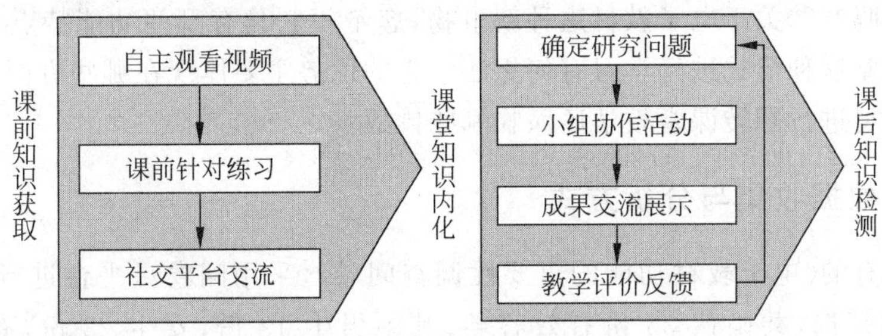

图7-4 "远程教育评价设计与质量监控"翻转课堂教学流程图

2. 实验对象

本研究实验对象为大学生，学段为本科四年级，共计有42名学生参与，其中男生14名，女生28名，这些学生之前对翻转课堂有一定了解，但是并没有基于电子教材的翻转课堂的参与体验。

7.2.5 研究工具

(1)《电子教材功能的重要性调查问卷》。为完善电子教材功能，给学生提供更好的学习体验，课程结束后，我们针对电子教材各项功能的重要性向学习者发放了问卷调查。问卷主要涉及三个维度方面的问题，即系统提供的各项"教学材料"的重要性体验；"课程学习工具"功能的重要性体验；"虚拟课堂互动工具"功能的重要性体验。每项功能采用五点式李克特量表设计，按照重要性依次分为"不重要(1分)、有点重要(2分)、重要(3分)、很重要(4分)、非常重要(5分)"五个等级，问卷对象根据自己的学习体验对各项功能的重要性进行选择，最后统计出的每项功能的平均分大小就表示了该功能重要性的大小。

(2) 知识检测习题。针对教学目标，布置课后检测题，检测学生对知识的掌握程度。按照布鲁姆的教学目标分类，本研究的测试题也分为高阶认知目标和低阶认知目标，本研究共设计了8道测试题，其中多选题4道(每题4分)；单选题2道(每题2分)；填空题1道(每题3分)；开放式问答题1道(每题7分)。总分共计30分，其中高阶认知目标15分，低阶认知目标15分。

(3) 学生满意度问卷。《"电子教材与翻转课堂结合的学习方式"学生满意度调查问卷》包含三个方面的内容：学生主观感受、翻转课堂对学习效果的影响和学生未来使用意愿，共7个问题。每道题的题干主要是学习者对这种学习方式评价的主观陈述。比如这种学习方式给学习者的学习和思维带来的影响，今后对这种学习方式一些新的期待，等等。问卷调查借鉴黄国祯等的研究，采用六点式李克特量表设计，按照学习者陈述的同意程度依次是："非常不同意"(1分)、"不同意"(2分)、"有点不同意"(3分)、"有点同意"(4分)、"同意"(5分)、"非常同意"(6分)。

(4) 随机访谈。访谈提纲的编制借鉴了陈颖青等学者的相关研究，围绕电子教材的功能特征、使用需求、翻转课堂的潜在优势和面临的挑战四个方面，在正式实施访谈前，本研究编制了访谈提纲初稿，分别挑选了三位访谈者进行预访谈，然后根据试验对象的反馈意见修订了访谈内容，并且把修订后的内容提纲进行了专家效度检验。综合专家的意见，本研究的访谈提纲主要涉及如下四个开放性的问题：①您对使用的电子教材有何看法，您有使用电子教材的需求吗？②关于电子教材这种新事物，您希望它具有哪些功能特点和优势？③您对采用翻转课堂这种形式进行学习有何想法？它的优势主要体现在哪些方面？④您认为当前结合电子教材进行翻转课堂教学还面临哪些挑战？

7.2.6 数据收集与分析方式

本研究所有的《电子教材功能的重要性调查问卷》，采用问卷星平台进行发放和回收。回收后经仔细筛选，共确认 35 份有效答卷，其中男生 12 份，女生 23 份，有效回收率为 83%；《电子教材与翻转课堂结合的学习方式学生满意度调查问卷》回收 40 份有效答卷，其中男生 13 份，女生 27 份，有效回收率为 95%。学生测评作业有效答案 42 份，回收率为 100%。根据调查目的，本研究将收集的相关数据输入 Excel 表格后进行统计和分析。

7.3 结果分析

7.3.1 电子教材功能分析

根据电子教材对学习者完成学习任务的支持程度，本研究将电子教材的功能分为核心功能和扩展功能。所谓核心功能指的是学习者在利用电子教材学习时，这些功能是必不可少的；而在学习时可能用到，也可能用不到的功能我们称为电子教材的扩展功能[11]。经过咨询相关老师，对于调查结果，我们把平均得分高于或等于 4 分的功能归为电子教材的核心功能；把平均得分低于 4 分的功能归为电子教材的扩展功能。下面，笔者就通过收集和统计的一些数据来分析本研究电子教材的功能分布情况。

1. 电子教材支持学习活动有效开展的主要功能(课程学习工具)

从表 7-3 中可以看出，评论工具、管理工具、提问工具和同步工具四项功能的平均得分都大于或等于 4 分，属于电子教材的核心功能，占比约 66.7%；而笔记工具和作业工具两项功能的平均得分都小于 4 分，属于电子教材的扩展功能，占比约 33.3%。

表 7-3 电子教材功能结果统计分析(课程学习工具)

功能\选项	不重要	有点重要	重要	很重要	非常重要	平均分
笔记工具	0	4	12	10	9	3.76
提问工具	0	4	6	16	9	4.03
作业工具	2	6	7	12	8	3.72
评论工具	2	0	6	15	12	4.24
同步工具	0	2	6	11	10	4
管理工具	1	1	9	12	12	4.1

2. 支持电子教材开展合作学习活动的主要功能(虚拟课堂互动工具)

从表 7-4 中可以看出,资源分享、答疑解惑、同伴评论、课程收藏和课程分享五项功能的平均得分均大于 4 分,属于电子教材的核心功能,占比约 71%;而电子邮件和加关注两项功能的平均得分都小于 4 分,属于电子教材的扩展功能,占比约 29%。

表 7-4　电子教材功能结果统计分析(虚拟课堂互动工具)

功能\选项	不重要	有点重要	重要	很重要	非常重要	平均分
答疑解惑	0	2	5	13	15	4.45
电子邮件	0	5	9	14	7	3.76
同伴评论	0	3	5	17	10	4.1
加关注	4	6	8	11	6	3.55
资源分享	1	1	1	12	20	4.66
课程收藏	0	3	9	14	9	4.03
课程分享	1	4	6	16	8	4.03

7.3.2 学生成绩统计分析

根据回收的学生测试题,按照不及格、及格、中等、良好和优秀五个分类,统计结果如表 7-5 所示。从表 7-5 中可以发现,83%的学生能够完成高阶认知目标知识的学习。93%的学生能够完成低阶认知目标的知识内容学习。我们把这个结果同学生采用传统课堂学习方式进行的上一个单元的学习结果进行了对比,发现针对高阶认知目标知识的掌握程度,学生在本单元中提升了 10%(上一个单元高阶认知目标测试结果为 73%),而低阶认知目标的知识掌握程度提升了 1%(上一个单元高阶认知目标测试结果为 73%)。可见,学生采用电子教材进行课前学习,课上通过翻转课堂加深理解这种方式使得高阶认知目标的知识掌握效果更为理想。

表 7-5　学生成绩统计结果(单位:人)

目标分类	不及格	及格	中等	良好	优秀
高阶认知目标	7	15	3	10	7
低阶认知目标	3	4	3	17	15

7.3.3 学生满意度统计分析

1. 问卷结果分析

从表 7-6 中可以发现,每道题的平均分都在 4 分(有点同意)到 5 分(同意)之间,可见学生对于电子教材和翻转课堂相结合的学习方式还是基本认同的。这种学习方式给学生带来了相比以前更加良好的学习体验和感受,能够较好地促进学生的学习和思维方式的发展,并且大多数学生还表示有继续使用甚至向别人推荐这种学习方式的意愿,进一步表明这种学习方式极有可能在不久的将来大受欢迎,并且得到广泛应用。

表 7-6 学生满意度调查结果统计

题目\选项	非常不同意	不同意	有点不同意	有点同意	同意	非常同意	平均分
1. 使用这个方式学习，我觉得比以前的教学更具有趣味性	2	1	5	10	11	11	4.28
2. 使用这个方式学习，我觉得可以帮助我发现新的问题	0	1	2	11	15	11	4.53
3. 这种学习方式能让我用新的思考方式看待和观察事物	0	0	3	15	11	11	4.69
4. 我喜欢用这个方式学习	0	1	5	12	11	11	4.33
5. 希望其他科目可以通过这个方式进行学习	2	1	2	10	11	14	4.25
6. 我希望以后还有机会可以使用这个方式进行学习	0	1	8	12	14	11	4.43
7. 我会推荐这个方式给其他同学	0	0	2	13	15	10	4.57

2. 访谈结果分析

通过访谈，笔者发现，学生对电子教材和翻转课堂基本上是持积极态度的。电子教材给他们带来了更好的学习体验和效果，并且有进一步使用电子教材进行学习的需求，同时还提出了自己对电子教材功能特性上的一些个性化要求和期望，比如学习内容的呈现方式要灵活多样、应提供更多更加人性化的学习支持服务、教学内容要精简高效等。同样，大多数学生也比较喜欢翻转课堂轻松愉快的学习氛围，这种模式强化了学生自主学习的意识，增强了他们的实践探究能力，培养了其合作与创新的精神。当然，电子教材与翻转课堂结合的教学模式也面临着挑战，如受传统教学观念影响，教师的“翻转”意识还不强；有些学校信息化条件落后，无法提供信息技术支持的学习环境，阻碍了翻转课堂的开展；优质的电子教材的研发更需大量人力、物力和财力的投入，门槛较高；等等。

7.4 电子教材支持翻转课堂讨论

7.4.1 对学生成绩的影响

从学生的测试结果发现，学生采用电子教材和翻转课堂学习的方式，不管是低阶认知目标知识的检测还是高阶认知目标知识的检测，都高于传统教学结果。进一步分析发现，低阶认知目标知识的检测结果在两种教学方式中并没有很大的差异。由此可以推断，采用翻转课堂的教学方式对学生低阶认知目标能力的发展可能影响并不大。而针对高阶认知目标的知识，采用电子教材与翻转课堂教学相结合的效果明显高于传统教学模式的学习效果，针对这一结果，根据前人的研究，可以发现学生在课前利用电子教材已经自主学习了一遍，课堂上又把课前遇到的重点难点进行了深入分析和讨论，进行第二遍学习。可见，这种翻转课堂的教学模式给了学生两次学习的机会，当然也增加了学生学习的时间。这为高阶认知目标知识的掌握提供了更多的学习时间和讨论时间，因此，其教学效果明显高于传统教学模式的效果。当然，未来还需要对学生投入的时间进行更为细致的研究，发现更多影响学生学习结果的因素，帮助我们改进研究设计，进而获取更多的研究发现。

7.4.2 电子教材的功能

经查阅文献，我们发现，目前有关电子教材中虚拟课堂互动工具的研究相对缺乏，所以这里我们把本研究和其他研究的比较焦点放在课程学习工具上。在课程学习工具的功能研究方面，研究者普遍认为笔记、作业和管理功能在电子教材的使用过程中很重要，这三项功能在本研究使用电子教材时均有体现，但只有管理功能的重要性与前人的研究成果吻合；本研究中笔记和作业功能属于扩展功能，似乎显得不是太重要，究其原因，我们会发现，大多数研究者探讨电子教材的功能时，电子教材的使用对象往往是中学生，甚至是小学生。中小学生与计算机接触的时间远没有大学生多，不具备使用计算机办公的条件，记笔记成了他们一种主要的学习习惯；此外，应试教育使中小学教师不得不通过给学生布置大量的作业以提高学生的考试成绩，所以作业工具也成了电子教材面对中小学生时不得不考虑的功能之一。而本部分研究的实验对象为高校的本科学生，对知识具有更高的认知和理解水平，记笔记的意识逐渐淡化；加之，大学生没有沉重的课业负担和考试压力，不是那么强调和看重作业工具，所以造成了上述研究结果之间的差异。

7.4.3 学生满意度

1. 问卷结果与其他研究的比较

已有研究者任改梅[12]、刘燕妮[13]、王安琪[19]等都结合教学实践对电子教材与翻转课堂相结合的教学模式展开了研究，且都对学生满意度方面做了类似的问卷调查。调查结果与本研究的结果大体一致：这种教与学的方式给大部分学生带来了更好的学习体验和学习效果，加强了学习的内部动机，激发了学习兴趣，得到了学生的广泛喜爱和认可，并表示希望继续通过这种方式进行学习。

2. 访谈结果与其他研究的比较

前面已经提到，本次访谈围绕电子教材的功能特征、使用需求和翻转课堂的潜在优势及面临的挑战四个方面进行。笔者查阅了相关研究文献，发现本研究的访谈结果与其他研究者的成果基本吻合。相比于传统纸质教材，电子教材具有知识内容更新速度快、交互性强、学习资源丰富多样等优势，因此学生对此有较强的使用需求。当然电子教材在设计中也需要考虑学生的学习体验。比如电子教材通常提供多种媒体来呈现内容，而针对视频的制作，需要考虑学生的学习习惯。同时视频的主讲教师也需要研究如何使自己的语言和讲课方式更切合学生的学习兴趣和学习热情。同时要看到，翻转课堂其优势在于借助了现代科技的迅猛发展，学生能够吸收来自全球的视频知识解读，可以反复看，复习时再看。这有助于学生自主学习、自己思考，真正成为一个思想的强者，适应终身学习的大趋势。当然根据学生的访谈结果，翻转课堂也存在一些问题。采用翻转课堂的方式，如果学生对课程学习不感兴趣，没有很强的学习内驱力，那么在课前的学习就可能是流于形式的，而课堂上就不能够开展深入的课堂讨论。当然，不同的学科课程有多种教学手段和方法，采用翻转课堂应该对教学目标和学生的学习风格等进行综合考虑，充分发挥它的优势。

7.5 利用电子教材变革传统教学模式建议

教学模式是指教学过程中两种或两种以上方法或策略的稳定组合与运用。电子教材作为智慧学习环境的重要组成部分，追求技术与教育的双向深度融合，实现学习者个性化知识建构，将改变传统重结果轻过程的教学模式。电子教材与虚拟学具、移动终端的结合在技术促进认知方面有天然的优势，结合学科特点，可以构建出系列化、开放式、智能化的教学模式，使得教学朝着体现“技术协同、技术沉浸、信息无缝衔接”，甚至“技术消弭”的移动性、泛在性、开放性和智能化的教学模式发展。

7.5.1 实现 O2O 线上线下教学闭环模式

随着互联网的普及，用户在移动网络中的教学行为都将被记录。师生可以利用 O2O (Online-Offline-Online)闭环实现新型教学方式。O2O 闭环是指两个 O 之间要实现对接和循环。师生通过线上线下教学活动完成教学任务，如课前，教师和学生可以利用在线网络进行交互、沟通和反馈等；课中，师生利用面对面的机会进行答疑解惑，重点难点讲解；课后，师生通过电子教材进行测评和作业练习等。当电子教材融合到线上线下教学环节中，实现完整的教学闭环后，将会有越来越多的教育环节中的参与者加入其中。教师和学生可以利用电子教材实现线上和线下的突破，使得教育与人实现无缝链接。

7.5.2 利用电子教材开展翻转课堂教学模式

利用电子教材开展教学活动不是简单复制传统的教学模式，教育机构应该跳出传统的学习方式，重新考虑更适合电子教材的教学方法和手段，促进电子教材应用的健康发展。也就是说，电子教材的教学方法和手段应该与传统教学方法区别开来，发挥电子教材的优势，扬长避短。

采用电子教材在大学生中开展翻转课堂教学有诸多优势。相比传统纸质教材课堂教学重视教学结果，电子教材与翻转课堂相结合，将把“重结果”的导向转向“抓过程”。在高等教育领域，有相当比例的课程是实验实训类，这需要学习者培养动手操作实践技能。针对这类课程教学，可以将教材内容进行重构，采用智能技术和富媒体等将理论和实践内容进行二次开发，并制作成电子教材，提供给学习者进行课外预习和在实践中解决疑问。

此外，有一部分公共课也可以探索电子教材支持翻转课堂教学的方式。电子教材支持系统及教材内容和活动学习是翻转课堂学习方式的两个重要部分，共同影响着学生学习的个性化环境。比如大学英语课程，可以通过电子教材云学习系统服务，采用多技术打通虚拟社区与现实课堂，采用混合学习空间实现英语学习情境的创设，学习任务“课内外＋线上线下”相结合，帮助学习者主动建构英语知识，并且完成大量的生成式学习资源建设，优化电子教材的内容。可以说，将翻转课堂和英语学科相结合，既可以从语言环境构建角度提升英语听说技能，又可以将个性化英语教学落实到实践中。

7.6　总结与讨论

本研究探索了电子教材与翻转课堂教学相结合的新型教学内容和教学模式对学生学习带来的影响。通过对42名大四学生进行一个章节的教学研究后发现，电子教材具有的评论、管理、提问和同步等功能，在支持学生开展有效学习活动方面发挥了重要作用，翻转课堂教学对学生的学习结果产生了积极的影响。学生对采用电子教材与翻转课堂相结合的教学满意度较高。通过研究，笔者建议未来研究者在考虑电子教材的功能设计时，要区分大学生和小学生的学习习惯和学习要求。在设计翻转课堂教学方式时要考虑根据知识的教学目标要求有针对性地进行设计，并不是所有的知识都适合采用翻转课堂的教学方式进行。

当然，这一部分研究还需要扩充研究样本，通过更为严密的实验设计进一步探索有效的电子教材功能特征和翻转课堂教学设计策略。力求结合学习者特征，将电子教材和翻转课堂融合考虑，针对不同学生的使用设备、学习时间、学习情境等进行精准推荐。电子教材支持下的翻转课堂教学对精准课堂教学服务也有非常重要的支撑，随着智能技术的推广，智慧学习环境的创设，这将为多样本的教材形态和教学模式提供了一种可行的选择。希望本研究的发现对其他研究翻转课堂教学和电子教材教学的研究者、学生、教师等有一定的参考意义。

参考文献

[1]　周琳，王红．基于文献计量分析的国内翻转课堂研究综述[J]．软件导刊，2015(1)：161-163.

[2]　张金磊．“翻转课堂”教学模式的关键因素探析[J]．中国远程教育，2013(10)：59-64.

[3]　钟晓流，宋述强，焦丽珍．信息化环境中基于翻转课堂理念的教学设计研究[J]．开放教育研究，2013(1)：58-64.

[4]　孙亚玲．课堂教学有效性标准研究[M]．北京：教育科学出版社，2008.

[5]　Buchanan，Rachel L.，Mathews，Deborah A. A comparison of student knowledge and attitude toward research：are main campus students different from those in a hybrid Environment? [J]. Journal of Teaching in Social Work，2013(4-5).

[6]　白聪敏．翻转课堂：一场来自美国的教育革命[J]．广西教育，2013(8)：37-41.

[7]　何世忠．科技改变课堂 文化塑魂教育 重庆市聚奎中学以“翻转课堂”为突破口推动学校整体改革的行与思[J]．今日教育，2013(10)：15-17.

[8]　黄建诗．慕课在高校思想政治理论课运用中的影响和对策研究[D]．重应：重庆大学硕士学位论文，2018.

[9]　宋艳玲，孟昭鹏，闫雅娟．从认知负荷视角探究翻转课堂——兼及翻转课堂的典型模式分析[J]．远程教育杂志，2014，(1)：105-112.

[10]　张琳．师范生信息化教学能力培养研究[D]．上海：华东师范大学博士学位论文，2019.

[11]　王锡智，肖洪云，闫广军，等．现代教育技术[M]．北京：人民邮电出版社，2015：201.

[12]　任改梅，汪晓东，焦建利．翻转课堂中学习指南的结构研究[J]．电化教育研究，2015，(11)：88-94+120.

[13]　刘燕妮．利用翻转课堂促进英语专业语法教学[J]．长春理工大学学报(社会科学版)，2013(12)：198-200.

[14]　王安琪．翻转课堂在初中英语语言技能教学中的应用[D]．上海：上海外国语大学硕士学位论文，2014.

第8章

基于微视频的电子教材对学习者心智游移的影响研究

近年来，可汗学院、MOOC、网易公开课、翻转课堂等新型数字化资源与教学方式备受大众热捧，使得以微视频为核心的教学资源脱颖而出，成为一线教师和教育管理者关注的焦点。知网学术趋势中显示，我国对微视频的关注始于十年前的优酷网，且公开发表的相关学术论文数量近五年呈爆炸式增长，高达1000余篇；这些研究主要聚焦于微视频的内涵、特征与结构[1]；微视频的设计、开发与创新应用模式[2,3]；微视频应用发展趋势与共建共享机制等[4,5]。随着微视频教育应用逐渐深入，其已作为开展翻转课堂等新型教学方式的重要学习材料，且自主学习微视频被认为是最常见的一种学习方式。然而，在自主学习过程中，研究者已经注意到一些微视频资源存在信息单向传递，缺乏深层次互动的教学缺陷[6]，使得学习者在微视频学习过程中注意力不集中现象较为突出。

如何在微视频学习过程中把学习者的注意力和精力等最大限度地有效利用以促进高投入学习已经成为教育研究者亟须解决的问题。已有认知资源分配理论认为，增加心智游离通常会伴随降低任务绩效，增加任务相关的思考会增加任务绩效。执行控制理论认为成功的执行控制需要注意力保持在与任务相关的思维活动中，心智游移则代表了执行控制失败[9,10]。

学习者能否在微视频学习过程中集中注意力已经成为影响学习质量的关键。为了有效监控学习过程注意力状态，已有研究通过对学习行为分析进行了有益尝试[11]。然而，单纯的学习行为投入并不能直接反映学习者的认知投入[12]；学习者利用微视频自主学习的心智游移状态如何？其与学习行为、学习绩效究竟有何关系等问题当前讨论较少，人们对学习者利用微视频开展自主学习的注意力转移状态还存在迷茫和不解。心理学家赤瑞特拉提出，交流互动比单纯地听或者看更能增强记忆，因此，交互式微视频是否比常规微视频更有利于学习者保持注意力等问题值得关注[13]。为此，本研究主要探索学习者在利用交互式微视频和常规微视频进行自主学习过程中的心智游移、学习行为和学习绩效的特征及其之间的关系。期望通过对这些影响学习质量的核心问题进行探讨来寻求降低心智游移的干预策略，并促进微视频学习健康发展。

8.1 研究一 微视频设计对心智游移和学习行为影响研究

8.1.1 研究目标与问题

研究旨在探索学习者在利用微视频进行自主学习过程中的心智游移特征、学习行为和学习绩效及其之间的关系；并进一步探索交互式微视频是否比常规微视频更有利于促进学习者有效学习。具体分为如下三个子问题：

(1) 在利用微视频进行自主学习过程中，学习者产生的心智游移现象具有哪些特征？

(2) 利用微视频进行自主学习的学习行为具有哪些特征？其与心智游移是否相关？

(3) 与常规微视频相比，利用交互式微视频开展自主学习活动是否更有利于提升学习者学习绩效？

8.1.2 微视频功能特征

研究中的常规微视频指学习者对微视频可进行简单自主控制，包含播放、快进、后退、暂停和退出。根据已有研究成果[14]，交互式微视频指除了常规微视频的自主控制外，学习者还可与学习内容进行更多的互动和操作，包含三个显著特征，如图 8-1 所示。

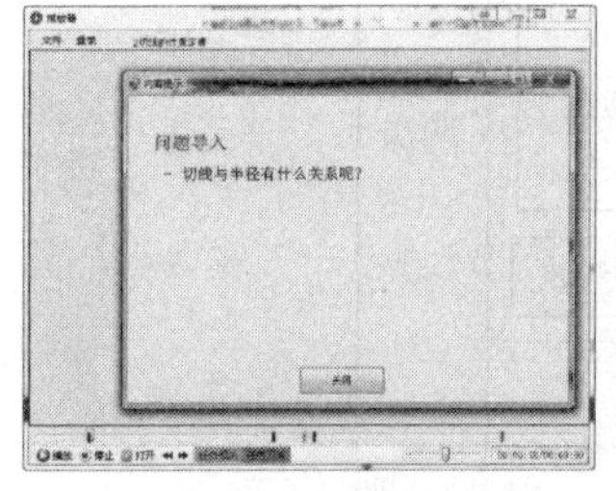

学习问题提示

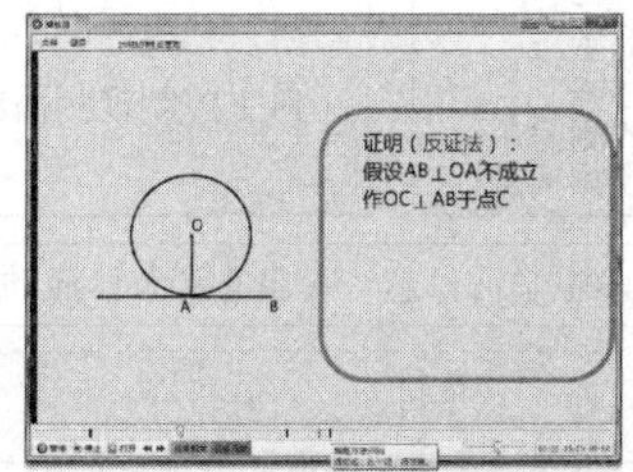

学习序列标签

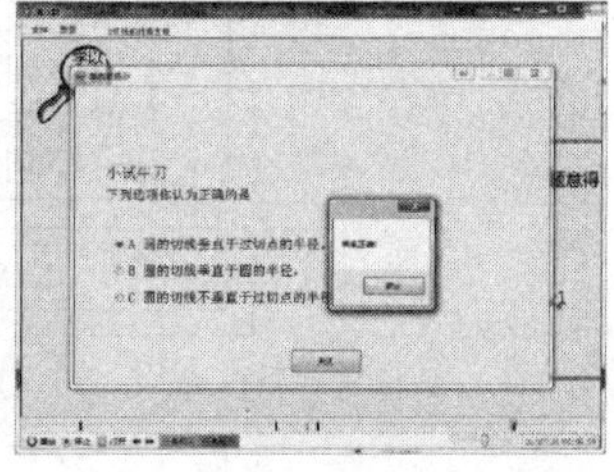

内置交互式测验

图 8-1 交互式微视频功能特征

(1) 学习问题提示：根据知识点设计思路，穿插问题提示功能，以调动学习者主动思考。

(2) 学习序列标签：根据学习逻辑对微视频内容进行关键帧标注，学习者可以通过标注名称，快速了解知识点设计的呈现结构。

(3) 内置交互式测验：在视频内部提供开放性问题和不定项选择题供学习者思考和作答，巩固学习内容。

8.1.3 微视频内容选取

为保证实验内容的科学性，并且排除其他干扰因素对实验内容的影响；实验中交互式微视频和常规微视频选取的知识点内容完全相同，且知识点主讲教师相同，视频讲解速度合适。学习内容选自初中几何中的“切线的判定”和“切线的性质定理”，并以 PPT 录屏方式形成两个微视频。其中“切线的判定”时长约为 7 分钟；“切线的性质定理”时长约为 10 分钟。交互式微视频内容呈现是根据有经验的初中数学教师建议，插入学习问题提示，标注学习序列和设置交互式测验题。常规微视频内容呈现直接以录制完成的两个微视频为实验内容。

8.1.4 研究对象

研究选择初中二年级下学期两个平行班级学生各 40 名，共 80 名学生为实验对象，其中男生 35 名、女生 45 名。已有研究表明，学习者的情绪对心智游移有干扰[15]，因此研究中剔除了最近两天情绪紧张焦虑的 10 名学生，最后分别选择了 35 名学生利用交互式微视频进行自主学习；35 名学生利用常规微视频进行自主学习。

8.1.5 研究框架及其流程

根据研究目的，研究框架及其流程如图 8-2 所示。

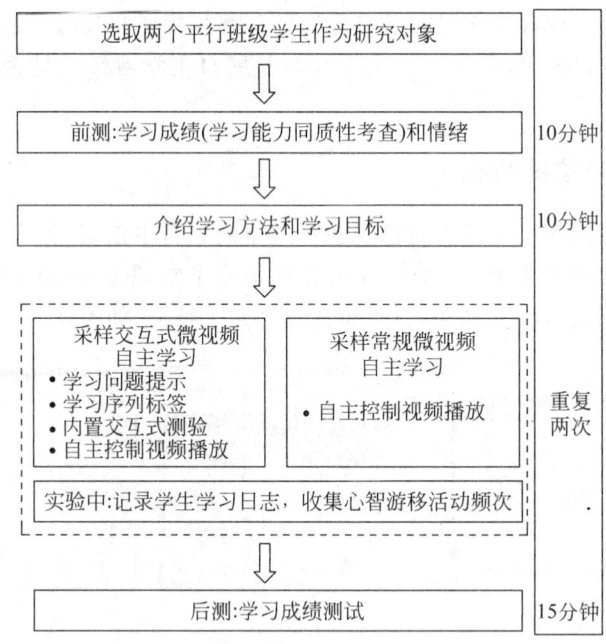

图 8-2 微视频自主学习研究框架流程

首先，研究选取两个平行班级学生作为实验对象开展利用微视频进行自主学习活动；学习者被分成两组，即交互式微视频自主学习小组（Interactive Mini Video Self-regulated Learning Group，ILP）和常规微视频自主学习小组（Conventional Mini Video Self-regulated Learning Group，CLP）。

其次，对学习者进行前测。为减少干扰因素，保证参与实验的学生在实验前的学习能力具有同质性，我们对所有实验学生的学习成绩和情绪进行了前测。最后保留符合实验要求的学习者，并对这些学习者进行了学习方法和学习目标说明。

再次，研究对象被分别分配到两个计算机教室中。每个学习者配一台电脑用于学习，为了保证实验对象相互不受干扰，分别给每一位学习者提供了耳机。在实验过程中，交互式微视频自主学习小组和常规微视频自主学习小组需要在规定的学习时间内根据学习任务指引清单完成学习任务和测验；“切线的判定”规定学习时间为 10 分钟；“切线的性质定理”规定学习时间为 15 分钟。学习者在学习过程中的内部思维活动、行为操作数据等将通过学习日志记录保存。

最后，对参与实验的学习者进行学习成绩后测。

8.1.6 研究工具

1. 心智游移测量

当前关于心智游移测量主要以思维探针（在任务过程中插入让被试回答有关心智游移的问题）和自我发现报告为主[16]；思维探针指学习者在完成任务过程中被插入的探针突然打断，要求学习者汇报当时的意识体验状态。该方式可以探测到学习者当时未感知到的心智游移状态。自我发现报告指学习者需要监控自己的意识状态，一旦发现心智游移便及时报告，该方式依赖于学习者对意识的监控能力，只能得到自己感知到的心智游移频次。为了兼顾学习者微视频学习过程中的流畅性和学习者自我意识监控能力有限的特性，本研究综合使用思维探针和自我发现报告获取心智游移数据。

自我发现报告：由于心智内部思维和感受通常包含两种状态，即“任务相关思维”（TRT）和“任务无关思维”（TUT）活动。本实验把任务相关思维界定为当前大脑中所想的都是关于正在执行的任务活动，如这个定义强调了亮点，这道题可以用刚才的定理来解决。任务无关思维被界定为当前闪过脑海的内容与正在执行的任务没有关系，如今天放学后要做什么等。如果学习者监测到自己有发生心智游移，可以根据心智游移的内容选择点击在播放器底端对应的“任务相关”和“任务无关”按钮。

思维探针：根据已往研究[17]，心智游移通常每隔 2 分钟就需要使用一次探针收集数据；因为那些不受意识控制的心智游移状态由于间隔时间过长而会被学习者忘记。因此，实验中探针将在学习者每隔 2 分钟没有汇报心智游移状态时自动触发，具体探针内容为：

本问题出现的前一刻，你有出现注意力转换或者走神的情况吗？

A：如果没有，请关闭弹出框继续学习。

B：如果有，你还并未报告，请点击播放器底端对应的按钮，然后关闭弹出框继续学习。

2. 学习行为测量

学习行为日志文件将真实客观地反映学习者的所有操作行为和心智游移操作，以及对应的视频内容位置。为克服个体主观性对心智游移测量的影响，实验采用学习经历数据框架（xAPI），该框架利用流（stream）来对操作行为进行建模，对学习者在微视频学习中所有的学习行为数据进行记录采集。由于学习过程中会产生大量的行为数据，所以需要对数据做出合理取舍。本研究借鉴顾小清等的成果[18]，选取如表 8-1 所示的五个指标作为学习行为核心数据统计指标。

表 8-1　学习行为数据编码

类　别	编码	描　述
回看频次	RF	学习者拖动进度条到已观看过的区域且每次停留时间超过 5s 以上计为回看频次 1 次（计 5s 是为了与连续的后退操作区别）
回看点与测试一致	RC	学习者每次回看内容位置与测试题考点一致计为 1 次
快进频次	FF	学习者点击快进按钮计为 1 次
暂停频次	PF	学习者点击暂停按钮计为 1 次
关闭时看完视频	CE	关闭时视频看完计为 1，否则为 0

3. 学习成绩测试

根据已有经验,前测后测的测试题分别由两位有经验的中学数学教师设计[19,20]。其中前测试题主要是确保参与实验的学习者原有知识掌握的比较平衡,题目类型包含不定项选择题、判断题和填空题,共计5道,满分20分,测试时间为15分钟;后测试题包含5道不定项选择题和5个知识点结构图填空题,满分20分,后测时间为15分钟。测试题兼顾学习保持和学习迁移能力考察,内部结构一致性信度(Cronbach's Alpha)为0.79,效度良好。

8.1.7 研究结果分析

1. 利用微视频进行自主学习的心智游移特征分析

1) 交互式微视频和常规微视频自主学习心智游移组内差异

分别统计交互式微视频小组(ILP)和常规微视频小组(CLP)自主学习中的心智游移组内差异,结果如表8-2所示。在ILP中,对学习者产生的任务无关思维(TUT)和任务相关思维(TRT)进行配对样本 t 检验,发现学习者产生的TUT频次($n=35, M=5.00, \text{SD}=1.85$)显著高于TRT频次($n=35, M=3.77, \text{SD}=1.22$),$t=-3.41, P=0.002, d=0.79$。同样,在CLP中,学习者产生的TUT频次($n=35, M=6.71, \text{SD}=2.60$)也显著高于TRT频次($n=35, M=3.86, \text{SD}=1.06$),$t=-5.39, P=0.000, d=1.44$。这表明在交互式微视频和常规微视频自主学习过程中,学习者都发生了内部心智活动,且这些内部活动中与任务无关的思维活动频次普遍高于与任务相关的思维活动,反映出学习者在微视频学习过程中的心智游移现象不容忽视。以往的研究指出,学习者发生任务无关思维的比例通常为30%~40%[21],本研究结果显示,学习者发生任务无关思维活动的比例较高,其原因可能是他们的研究对象是大学生,大学生在学习过程中具备较高的元认知控制能力。

表8-2 分别对两组学习者组内的心智活动频次进行配对样本 t 检验

组 别	维 度	学生数(N)	平均值(M)	标准差(SD)	t 值	P 值(双侧)	效应量(d)
ILP	TUT	35	5.00	1.85	-3.41^{**}	0.002	0.79
	TRT	35	3.77	1.22			
CLP	TUT	35	6.71	2.60	-5.39^{***}	0.000	1.44
	TRT	35	3.86	1.06			

** $P<0.01$; *** $P<0.001$

2) 交互式微视频和常规微视频自主学习心智游移组间差异

进一步分析TUT和TRT分别在交互式微视频组和常规微视频组间的差异,如表8-3所示。结果表明学习者在利用交互式微视频进行自主学习过程中,其TUT频次显著低于常规微视频自主学习活动的TUT频次($t=-3.18, P=0.002, d=-0.76$)。ILP和CLP组间TRT频次没有显著性差异。推断出在学习内容相同情况下,学习者利用微视频进行自主学习,经过精心设计的交互式微视频相比常规微视频而言,会降低心智游移产生的频次;有利于帮助学习者把学习注意力更多地分配到当前学习任务中。

表 8-3 分别对两组学习者组间的心智游移频次进行独立样本 t 检验

维 度	组 别	学生数(N)	平均值(M)	标准差(SD)	t 值	P 值(双侧)	效应量(d)
TUT	ILP	35	5.00	1.85	−3.18**	0.002	−0.76
	CLP	35	6.71	2.60			
TRT	ILP	35	3.77	1.22	−0.31	0.754	−0.08
	CLP	35	3.86	1.06			

** $P<0.01$

3) 心智游移在微视频自主学习过程中的发生特征分析

重点分析“任务无关思维”(TUT)的发生特征，结果显示，其发生的时段集中在三个阶段，频次由高到低依次是难点讲解阶段(ILP 占比 53.14%，CLP 占比 52.77%)；初始学习阶段(ILP 占比 29.14%，CLP 占比 28.51%)；归纳小结阶段(ILP 占比 17.71%，CLP 占比 18.72%)。可见，较难的知识更容易造成学习者产生与任务无关的心智游移现象。这与之前的研究一致，学习内容的复杂度会增加学习者与任务无关思维的发生频次[21]。进一步对 TUT 在 ILP 和 CLP 小组的差异进行检验，如表 8-4 所示。结果发现 ILP 中，难点讲解和归纳小结阶段产生的 TUT 频次显著低于 CLP(难点讲解：$t=-2.40$，$P=0.019$，$d=-0.57$；归纳小结：$t=-2.33$，$P=0.023$，$d=-0.56$)。这说明，如果对难点知识的表征方式处理不当，采用微视频进行自主学习容易让学习者产生更多的与任务无关的注意力转换，造成严重的心智游移现象。由此推断，对于难点知识的突破方式应该把难点知识表征和呈现方式与如何给予学习者更多的参与机会相结合，提供脚手架，探索最佳的知识呈现技巧，帮助学习者在学习过程中有效聚焦于学习任务。

表 8-4 对 TUT 发生特征的独立样本 t 检验

维 度	组 别	学生数(N)	平均值(M)	标准差(SD)	t 值	P 值(双侧)	效应量(d)
初始学习	ILP	35	1.46	0.78	−1.89	0.063	−0.45
	CLP	35	1.91	1.20			
难点讲解	ILP	35	2.66	1.35	−2.40*	0.019	−0.57
	CLP	35	3.54	1.72			
归纳小结	ILP	35	0.89	0.63	−2.33*	0.023	−0.56
	CLP	35	1.26	0.70			

* $P<0.05$

2. ILP 组和 CLP 组学习行为差异及其与心智游移相关性分析

1) ILP 组和 CLP 组学习行为组间差异分析

就学习者利用两种微视频进行自主学习的学习行为差异，通过对回看频次(RF)、回看点与测试一致(RC)、快进频次(FF)、暂停频次(PF)、关闭时看完视频(CE)等五个维度进行比较(表 8-5)，结果表明：ILP 组在 RF、RC 和 FF 三个维度上显著低于 CLP 组(RF：$t=-2.33$，$P=0.023$，$d=-0.56$；RC：$t=-2.88$，$P=0.005$，$d=-0.69$；FF：$t=-3.00$，$P=0.004$，$d=-0.72$)。在微视频中提供交互式功能可有效减少学习者回看行为，有助于增强学习过程中的短时记忆。同时还能够减少学习者快进行为，有利于学习者把精力聚焦于学习内容本身。关于 PF，数据表明 ILP 组显著高于 CLP 组($t=5.29$，$P=0.000$，$d=$

1.27）。究其原因，可能是ILP组提供的学习问题提示和内置交互式测验需要学习者点击更多的暂停按钮，且暂停也是学习过程中帮助学习者思考的一种重要学习策略。最后，在CE维度上，两组之间没有显著性差异。表明大多数的学习者都能够在规定时间内完成学习任务。

表 8-5 对 ILP 组和 CLP 组之间的学习行为进行独立样本 *t* 检验

维 度	组 别	学生数(*N*)	平均值(*M*)	标准差(SD)	*t* 值	*P* 值(双侧)	效应量(*d*)
RF	ILP	35	2.29	1.15	−2.33*	0.023	−0.56
	CLP	35	2.89	1.00			
RC	ILP	35	1.74	1.04	−2.88**	0.005	−0.69
	CLP	35	2.43	0.95			
FF	ILP	35	3.57	1.24	−3.00**	0.004	−0.72
	CLP	35	4.43	1.15			
PF	ILP	35	13.17	2.94	5.29***	0.000	1.27
	CLP	35	9.37	3.07			
CE	ILP	35	0.91	0.28	1.07	0.291	0.25
	CLP	35	0.83	0.38			

* $P<0.05$；** $P<0.01$；*** $P<0.001$

此外，在交互式微视频自主学习过程中，部分学习者在测试环节点击了学习序列标签，进一步分析学习日志后发现，有15个学习者点击了学习指引，其中4个学习者首次点击学习指引的时间发生在测试之前；11个学习者首次点击学习指引的时间发生在测试之后，并且5个同学在交互式测试和学习指引之间有多次来回切换操作。这表明学习序列标签对于学习者快速精准获取知识点有重要帮助。

2）学习行为与心智游移TUT相关性分析

重点分析“任务无关思维”(TUT)与五种学习行为的关系，通过Pearson相关性检验发现，在ILP组内(表8-6)，任务无关思维(TUT)与回看频次(RF)($R=0.84$，$P<0.001$)、回看点与测试一致(RC)($R=0.69$，$P<0.001$)、快进频次(FF)($R=0.68$，$P<0.001$)三个维度呈显著正相关关系；TUT与关闭时看完视频(CE)呈显著负相关关系($R=-0.51$，$P<0.01$)。在CLP组内(表8-7)，任务无关思维(TUT)与回看频次(RF)($R=0.60$，$P<0.001$)、回看点与测试一致(RC)($R=0.63$，$P<0.001$)、暂停频次(PF)($R=0.38$，$P<0.05$)呈显著正相关关系；TUT与关闭时看完视频(CE)呈显著负相关关系($R=-0.55$，$P<0.01$)。

表 8-6 ILP 组内 TUT 与学习行为的 Pearson 相关性检验

维 度	TUT	RF	RC	FF	PF	CE
TUT	1					
RF	0.84***	1				
RC	0.69***	0.83**	1			
FF	0.68***	0.83***	0.73***	1		
PF	0.30	0.38*	0.27	0.38*	1	
CE	−0.51**	−0.46**	−0.58***	−0.36*	−0.02	1

* $P<0.05$；** $P<0.01$；*** $P<0.001$

表 8-7　CLP 组内 TUT 与学习行为的 Pearson 相关性检验

维　度	TUT	RF	RC	FF	PF	CE
TUT	1					
RF	0.60***	1				
RC	0.63***	0.80**	1			
FF	0.27	0.74***	0.48**	1		
PF	0.38*	0.06	0.18	−0.26	1	
CE	−0.55**	−0.44**	−0.44**	−0.23	−0.22	1

* $P<0.05$；** $P<0.01$；*** $P<0.001$

以上结果表明，某些学习行为指标可以间接反映出学习者的心智游移状态。在两个小组中都存在一旦发生与任务无关心智游移现象，会使得学习者增加回看频次，测试过程中会重新回看之前学过的内容。在 ILP 组，学习者频繁的快进操作可视为心智游移 TUT 状态的出现。通常那些关闭时看完视频的学习者，产生的心智游移现象要比没有看完视频的学习者少。此外，在常规微视频自主学习中，学习者点击暂停后，也可能由于任务难度而使心智游移频次增多。

3）学习后测成绩及其与心智游移 TUT 相关性分析

首先，学习前测成绩通过方差齐性检查作为斜变量，然后对实验组和控制组的学习后测成绩进行单因素协方差分析检验，如表 8-8 所示。结果表明，利用交互式微视频进行自主学习的学习者（ILP）后测成绩显著高于常规微视频自主学习者（CLP）的后测成绩[$F(1,68)=4.07$，$P<0.05$]。这再次表明，相比常规微视频而言，经过精心设计的交互功能可使微视频发挥更好的优势，从而促进学习者学习。

表 8-8　对 ILP 组和 CLP 组学习后测成绩的单因素协方差分析结果

组　别	学生数（N）	平均值（M）	标准差（SD）	校正平均值	校正标准差	F
ILP	35	15.63	2.34	15.75	0.21	4.07*
CLP	35	14.34	2.33	14.20	0.21	

* $P<0.05$

任务无关思维（TUT）与学习后测成绩的 Pearson 相关性检验结果表明：在 ILP 组和 CLP 组，学习后测成绩与任务无关思维（TUT）（RILP$=-0.86$，$P<0.001$；RCLP$=-0.81$，$P<0.001$）都呈显著负相关关系。认知资源分配理论可以很好地解释这一结果，表明心智游移现象会占用大脑内部有限的认知资源，导致学习者从事当前任务精力不足，使得任务绩效下降。因此，利用微视频开展自主学习过程中，应该控制学习过程产生的任务无关思维，让学习者把注意力专注于学习活动本身。

8.2　研究二　微视频学习情境中心智游移特征及发生过程研究

8.2.1　研究目标与问题

心智游移是每个学习者在进行微视频学习中会出现的一种学习状态。本研究关注学习者在微视频学习过程中的心智游移的特征及发生过程，不仅可以更加深刻地了解心智游移，也可以为以后学习者发生心智游移提供有效干预措施打下基础。具体的研究问题为：

(1) 学习者在观看不同类型的微视频时，心智游移状态会有怎样的特征？

(2) 学习者在进行微视频学习中，哪些表情及动作与心智游移相关？

(3) 学习者在微视频学习过程中的心智游移是否与其认知负荷、学习经验以及学习结果有关？

8.2.2 研究材料

此次研究材料为四个教学微视频。每一个视频长度约为 5 分钟，在每个视频中间过渡和结尾时添加探针，用于了解被试的心智游移情况。

视频内容以科普类为主，内容分为四部分，分别为：①日食与月食；②幸存者偏差；③三门问题；④拜占庭将军问题。在四个视频中，我们设计了研究变量，这些变量包含人物位置信息、视频语音的语速、人物是真实性和虚拟性等。具体视频中，在以人物位置为变量的情况下，每一个视频前半部分人物在右侧，后半部分人物在左侧；以语速为变量时，每一个视频前半部分为正常语速，后半部分为正常语速的 1.4 倍；以人物是真实或虚拟为变量时，视频①和③中使用虚拟人物，视频②和④中使用真实人物。

每一个视频都有相对应的题目，看完一个视频就可以看对应的题目，做完后看下一个视频。题目详见附录 F。

8.2.3 研究对象

此研究被试均为大学生，无重度近视或散光，年级范围在大一到研二之间。此研究对应的实验耗时 10 天。有效数据 29 个(除 1 个被试摄像文件缺失)，男性 11 名，女性 18 名。

8.2.4 研究流程

研究流程如图 8-3 所示。

本研究分为三个步骤。首先是实验开始前招募被试者，预约邀请被试者来到实验室。被试者来到实验室后，需先填写完成前测问卷。

然后开始正式实验。被试者会收到指导语：本实验由四个科普视频组成，每一个视频都有对应的题目。在未看完视频时不能提前看题，看完一个视频后可以做对应的题目。题目均为不定项选择。若题目后有时间限制，则在此时间内完成。若未完成，时间到后停笔作答。需要注意的是，在视频中会随时出现一个问题，此时暂停视频回答问题。屏幕桌面为被试者划分了区域，左上角(青色)为视频区域，右上角(红色)为探针问题区域，如图 8-4 所示。

看完以后，打开便携摄像头，采集被试者实验过程数据。

最后当所有视频看完且所有题目完成后，被试者可以开始填写后测问卷。在后测问卷填写完成后，实验结束。

8.2.5 研究工具

本次实验的研究工具分为外部设备和内部工具。实验使用的外部设备有电脑、耳机及便携摄像头。电脑和耳机用于被试进行微视频学习，便携摄像头用于记录被试的行为。被

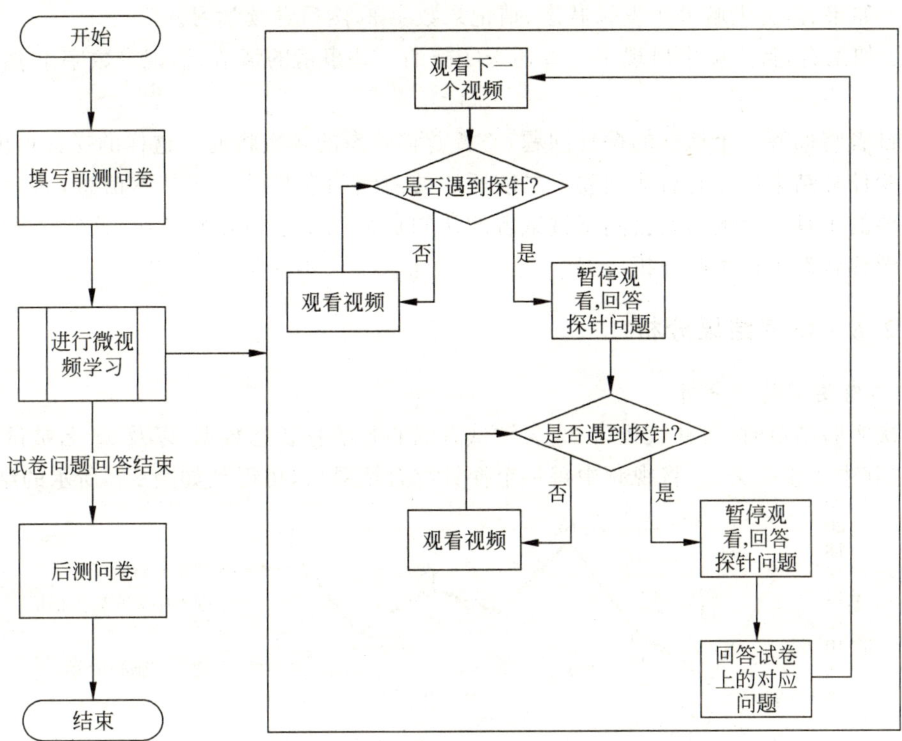

图 8-3　研究流程图

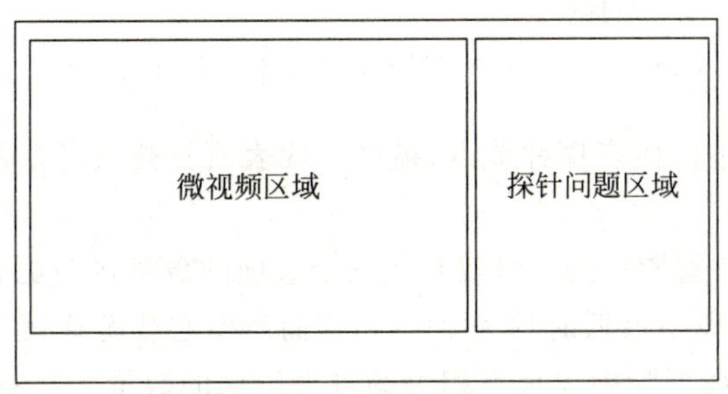

图 8-4　屏幕桌面

试者的行为包括表情及动作。将其中经常出现的表情及动作记录下来,并将其与心智游移状态的频次进行比较。

实验使用的内部研究工具之一为心智游移思维探针。由于高频探针而导致心智游移的频率显著低于低频探针,因此探针问题不宜太多。所以探针会放置在每一个视频的中间以及最后。这里的中间指的是在实验材料中所说的前半部分和后半部分的交界处。当到达探针时,被试者会遇到这样的一道题:

在本问题出现的前一刻,你有出现注意力走神或者心智游移的情况吗?

(1) 如果没有,请记录数字 1,然后继续学习。

(2) 如果有,且大脑中自发出现了一些与当前任务不相关的过去的记忆,请记录数字 2,然后继续学习。

(3) 如果有,且大脑处于发呆状态,请记录数字 3,然后继续学习。

(4) 如果有,且大脑中出现了一些还未实施的一些事情的情节,请记录数字 4,然后继续学习。

被试者将回答 8 个这样的探针问题,心智游移状态的频次将通过这样的探针得出结果。

实验任务结束后还有后测问卷。之前所说的前测问卷只是一些基本信息,而后测问卷才是主要的工具。后测问卷会测试被试者的认知负荷以及学习经验情况,这些个人特征会与心智游移状态进行关联分析。

8.2.6 研究结果分析

1. *心智游移特征分析*

本次实验结束时,总共收集了 29 名被试者的心智游移状态数据,以及 28 名被试者的摄像数据(其中 1 份丢失)。将视频中每一个探针综合记录后,可得到如图 8-5 所示的结果。

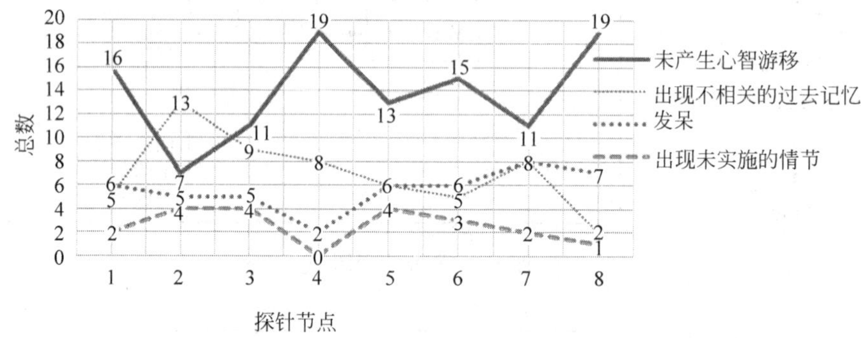

图 8-5 每一个探针对应的心智游移状态总和

其中,图 8-5 中横坐标代表探针节点,纵坐标代表所有被试者在探针处的心智游移状态总数。

总体来看,未产生心智游移的数量较其他三个选项的数量普遍更高,最高时可达 65.5%,即说明产生心智游移的概率最低时约为 34.5%。而产生心智游移概率最高时约为 75.86%。其中在第二个探针处,被试脑中出现不相关的过去记忆的数量明显有了很大的提升,其占比高达 44.83%。比较被试者脑中出现不相关的过去记忆和发呆的数量,可以看出,在探针 1、6、8 处,发呆的数量较多;在探针 2、3、4 处,出现不相关的过去记忆的数量较多;在探针 5、7 处,两者相同。

从趋势上来看,未产生心智游移的数量的趋势为"W"形,出现不相关的过去记忆的数量趋势为先增后减,发呆的数量趋势为先减后增,出现未实施的情节的数量的趋势为"M"形。虽然在一处,出现不相关的记忆的数量比发呆的数量少,但仅少一个,可当作近似相等。所以比较这两者的趋势可以这样理解:随着时间的推移,被试者在产生心智游移时,会逐渐从出现不相关的记忆过渡到发呆。

综上所述,在大多数时候,被试者在观看微视频时是比较专心的。若被试者发生了心智游移,在前四个探针处被试者脑中容易出现不相关的过去记忆;在后四个探针处,被试者容易发呆,且随着时间的推移,被试者在产生心智游移时会逐渐从出现不相关的记忆过渡到发呆。被试者脑中出现未实施的情节的次数总是最少的。

2. 不同人物角色下的心智游移特征分析

前面提到过，视频①与视频③使用的角色是虚拟人物，视频②和视频④使用的角色是真实人物。因此我们将探针节点1、2、5、6放在一起，把探针节点3、4、7、8放在一起可得到如下的图8-6和图8-7。

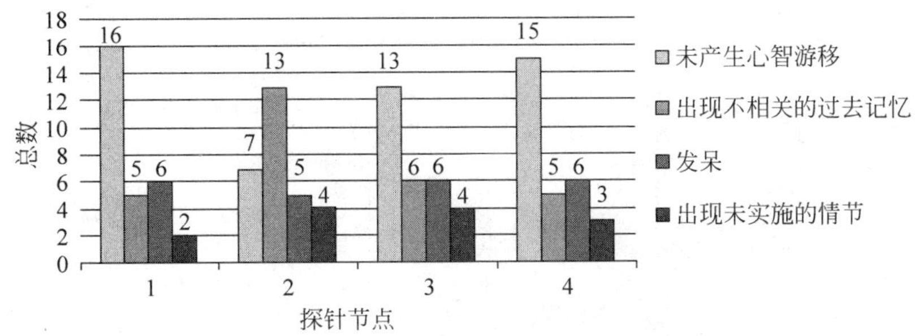

图8-6 主角为虚拟人物的心智游移状态

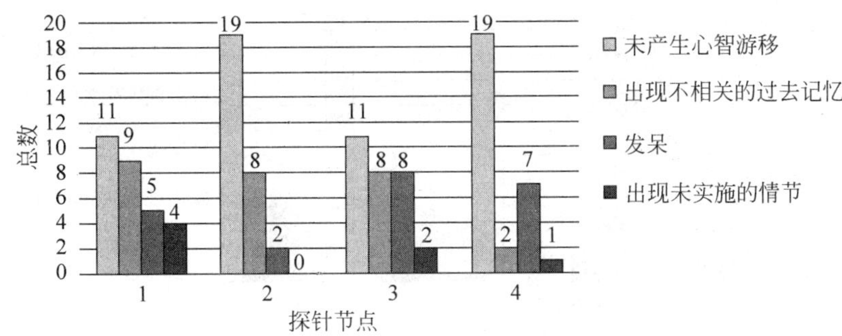

图8-7 主角为真实人物的心智游移状态

图8-6中，横轴的1、2、3、4分别对应探针节点1、2、5、6；图8-7中，横轴的1、2、3、4分别对应探针节点3、4、7、8。

从图8-6可以看出，在视频中的人物为虚拟人物时，被试者脑中出现未实施的情节的数量是最少的，除探针节点2，以外，未出现心智游移的数量明显比其他选项多，至少占总数的44.83%。在前两个探针，也就是视频①中，被试者脑中出现不相关的过去记忆的数量比发呆的数量多；在后两个探针，也就是视频③中，发呆的数量略比出现不相关的过去记忆的数量多。

从图8-7可以看出，在视频中的人物为真实人物时，未产生心智游移的数量是最多的，被试者脑中出现未实施的情节的数量是最少的。在前两个探针，也就是视频②中，被试者脑中出现不相关的过去记忆的数量比发呆的数量多；在后两个探针，也就是视频④中，发呆的数量大于或等于出现不相关的过去记忆的数量。

比较两个图中未产生心智游移的数量，主角为真实人物中其总数量要比主角为虚拟人物中的要多，为60∶51。

综上所述，当视频中主角为真实人物时，学习者会更加专心。但主角无论是虚拟人物还是真实人物，这对学习者产生心智游移的类型并没有太大的影响。

3．不同语速、人物位置的心智游移特征分析

每一段视频的前半部分语速皆为正常倍速，人物位置都在右侧；后半部分语速为正常语速的1.4倍，人物位置都在左侧。因此，我们将探针节点1、3、5、7分为一组，将探针节点2、4、6、8分为一组，于是得出图8-8和图8-9。

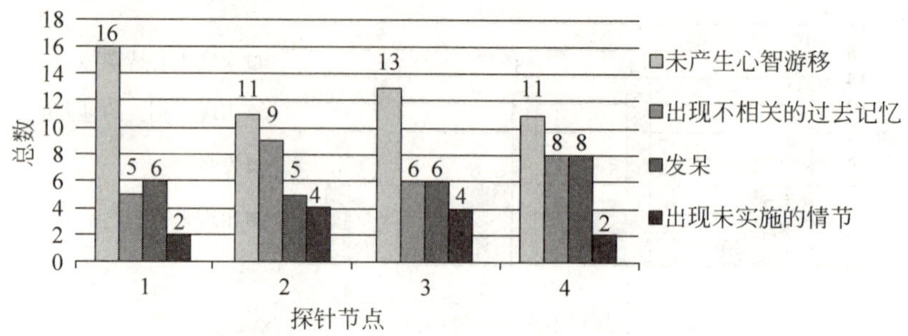

图8-8 人物在右，正常语速的心智游移状态

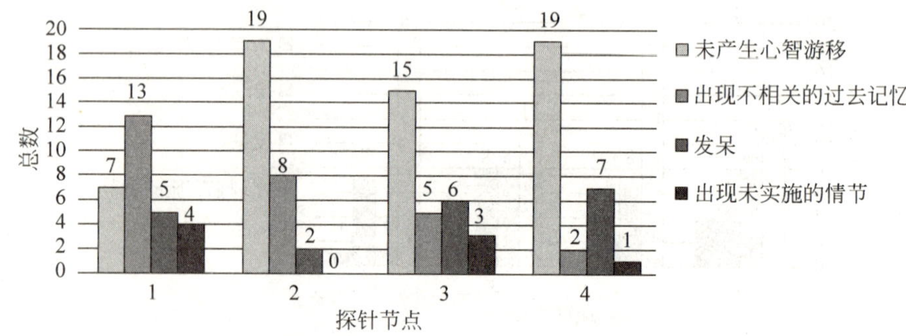

图8-9 人物在左，1.4倍正常语速的心智游移状态

图8-8中，横轴的1、2、3、4分别对应探针节点1、3、5、7；图8-9中，横轴的1、2、3、4分别对应探针节点2、4、6、8。

从图8-8可以看出，当视频中人物在右，语速为正常时，未产生心智游移的数量始终是最多的，占比至少37.93%。被试者脑中出现未实施的情节的数量一直垫底。被试者脑中出现不相关的过去记忆与发呆的数量非常接近，且在未产生心智游移与出现未实施的情节的数量之间。

从图8-9可以看出，在视频中人物在左，语速为正常语速的1.4倍时，除第一个探针外，未产生心智游移的比较多，占比至少51.72%。被试者脑中出现未实施的情节的数量一直是最少的。被试者脑中出现不相关的过去记忆与发呆的数量除第3处，即探针6外，在每一个探针处差距都不小，但在前两个探针处出现不相关的过去记忆的数量较多，在后两个探针处发呆的数量较多。

比较图8-8和图8-9未产生心智游移的数量，图8-8中总数为51，图8-9中总数为60。因此视频中人物在左，语速为正常语速的1.4倍时，学习者更加容易专心。根据现有研究表明，视频中人物在右侧比在左侧更加容易令学习者专心，因此，当语速为正常语速的1.4倍时，学习者更不容易产生心智游移。

4. 心智游移状态与学习者表情及动作的关系

表情是人的外显行为，通过一个人的表情可以大致了解此人的心理状态。美国著名的心理学家保罗·艾克曼将面部表情所表达的情绪分为六种，分别为愉快、惊奇、厌恶、愤怒、惧怕、悲伤。实验中，被试者被告知采用舒适的坐姿，可以正襟危坐，可以靠前等，因人而异。我们将被试者初始坐姿、偏离正常舒适坐姿和表情一一记录。首先，记录下所有被试者在两个探针期间全程都处于正常坐姿及表情的次数，再记录在这种情况下被试者的心智游移状态。分析得出：

(1) 在探针期间若被试者全程坐姿、表情正常，则未产生心智游移的概率约为50.77%，反之，被试产生心智游移的概率约为49.23%。

(2) 将被试者出现次数比较多的表情、微表情及动作记数，然后与其对应的心智游移状态总数相对比，可得出表8-9所示结果。

表8-9 表情和行为所对应的心智游移状态总和

心智状态类别	张嘴	抿嘴	嘟嘴	摸、拱鼻子	吐、舔舌头	挠痒、抠痒	托脸、摸脸	打哈欠	笑	睁大眼睛	提眼镜
1	6	11	4	4	10	7	8	3	0	6	7
2	4	7	2	2	6	6	8	2	7	1	1
3	2	1	2	1	2	2	5	6	2	2	1
4	0	2	1	0	2	2	5	0	1	0	0

注：1. 未产生心智游移；2. 出现不相关的过去记忆；3. 发呆；4. 出现未实施的情节

从表8-9中可以看出，在出现托脸、摸脸、笑、打哈欠这样的表情和动作时，被试者未产生心智游移的次数占总数的比例很小(最高频率仅为30.77%)。在出现提眼镜、睁大眼睛时，被试产生心智游移的次数占总数的比例较大(最低的频率高达66.67%)。

被试者经常会自觉或不自觉地动嘴，包括张嘴、抿嘴、嘟嘴。在本次实验中，被试者嘴部动作变化多的情况下，其产生心智游移的比例在50%上下。同样，若鼻子或舌头出现非正常状态时(如摸鼻子、吐舌头等)，其产生心智游移的比例也在50%左右。

因此，我们发现出现托脸、摸脸、打哈欠、笑这样的表情时，被试者出现心智游移的频率会增高；在出现提眼镜、睁大眼睛时，被试者出现心智游移的频率会降低；在出现张嘴、抿嘴、嘟嘴、摸鼻子或拱鼻子、吐舌头或舔舌头时，被试者的心智游移概率与正常情况下无明显差异。

同时，在被试者产生心智游移的情况下，除了嘟嘴、打哈欠、睁大眼睛、提眼镜外，当试者被探针监测到产生了心智游移时，更容易联想到不相关的过去记忆。将所有的状态相加，可以知道在产生心智游移的数量中，联想到不相关的过去记忆占比为55.66%。

5. 认知负荷、学习经验、学习结果与未产生心智游移频次的关系

通过分析后测问卷，将每个被试者的认知负荷平均值、学习经验平均值、试卷得分分别与被试者未产生心智游移的探针数进行相关性分析。通过皮尔逊相关分析的双尾检验可以看出，只有学习经验与心智游移状态有显著的相关性($r=0.399, P<0.05$)。由于相关性为正，因此学习经验分数越高，则未产生心智游移的探针数就越多。换言之，当学习者认为学习内容越容易理解和掌握，就越容易专注于学习中。

8.3 对未来微视频设计和学习的相关建议

8.3.1 对未来微视频设计的建议

当前微视频作为微课程和在线课程的主体资源，质量良莠不齐，存在较为突出的问题，例如：内容不具体，将传统课堂实录视频进行切片；容量不适合，将一堂课浓缩成10分钟左右，且内容严重超标；逻辑不清晰，将没有经过设计的内容直接打包生成视频；界面不简洁，视觉色彩华而不实，且与内容无关等。本研究结果将给未来微视频设计提供重要参考价值，具体体现在如下四方面。

(1) 微视频中符合学习规律的交互功能呈现和组织方式设计将避免学习者产生不必要的任务无关思维，比常规微视频能提供更友好的学习服务。本实验通过检验学习指引、学习问题提示和交互式测验等三个功能，发现内嵌交互式功能对于保持学习注意力有积极作用。在未来微视频设计中，重视交互功能表征方式与呈现技巧将有助于产生积极学习效果。同时，需要根据学习规律克服交互功能设计滥用现象，避免造成知识呈现过程流畅性不够，给学习连贯性带来干扰，阻碍有效学习的发生。

(2) 在同一个学习系统中，将不同模块的交互活动与常规微视频跨模块结合，可能会导致过多无效学习行为发生；如果将跨模块交互功能与微视频整合在同一页面呈现，可以有效降低无效学习行为的发生。学习者在学习过程中如果需要使用讨论、测验等交互功能，在不同模块中频繁切换的行为过多，将占用短时记忆过程中的认知资源，造成分配给学习任务的认知资源有限，这会对学习者集中注意力带来严重干扰。此外，那些被动接受微视频学习的学习者可能不会使用系统提供的其他交互功能模块，导致发生心智游移的频次增多，不利于有效完成学习任务。因此，单纯跨模块实现的交互式微视频设计存在教学要素时空分离现象，可能引发过多不利于学习的频繁操作行为。

(3) 微视频内容呈现需要精简视觉元素和优化讲解方式，避免产生视觉噪声(visual noise)和听觉噪声(auditory noise)，干扰学习者注意力。如提供的语音讲解如果不合理，那么这种与任务无关的言语刺激通常会增加学习者心智游移的频次。一些有效去除视觉和听觉噪声的方式有：

对重要内容进行特殊标记(signaling)，以帮助学习者把注意力转向重要内容；

提供学习线索(cueing)，以帮助学习者把注意力分配给学习内容；

语音讲解过程中注重根据内容需要切换语气和语速等，以引起学习者听觉刺激变化，专注视频内容；

对重点难点场景通过简笔画方式呈现，以帮助学习者更容易理解；

充分利用颜色，以帮助学习者聚焦静态的文字或图片信息；

设计学习者控制比学习系统控制更能有效激发学习者持续保持注意力。

(4) 未来微视频设计可以整合先进技术，降低学习者心智游移频次。从交互程度来看，当前的微视频交互形式仍然比较单一。随着语音识别技术、视频弹幕技术、视频切片技术、大数据分析技术等技术的不断成熟，未来微视频设计可有效整合这些新型技术，如智能感知学习者的学习状态，通过感官表情进行交互等，通过多种交互形式提高用户体验，帮助学习者提升学习注意力，克服心智游移无关任务思维频次过多的现象。

8.3.2 对未来利用微视频进行学习的建议

微视频学习重点已由单纯关注学习结果转向利用学习分析技术重点分析学习过程的行为发生。然而单纯的学习行为并不能有效真实地反映学生的注意力投入状态。只有行为投入转化为认知投入才能引起学生的有效学习。而根据认知资源分配理论，认知资源和心智游离倾向于出现很强的负相关。因此，本研究将对未来利用微视频进行学习提供如下五点重要建议。

(1) 对学习者出现心智频次较高的学习环节可提供适当的学习指引清单作为脚手架，有助于提升学习注意力。如对视频引入方式、难点突破技巧、归纳小结呈现方式等环节提供脚手架，可减少学习干扰，抓住学习者注意力。归纳小结代表相对简单的任务，研究表明，如果任务太简单也容易产生心智游移，这也为在何时何处采用何种方式为学习者提供合适的脚手架提供了更多有益的教学使用建议。

(2) 建立微视频控制方式、学习行为与心智游移的相关关系，预警心智游移现象发生，并尽早进行干预。如学习者频繁地点击快进按钮代表注意力可能发生转移的倾向。因此，通过监测哪些功能被频繁操作、中等强度操作和很少操作，结合建立的行为和心智相关关系来判断学习者内部思维状态，可对学习者进行有效监控，促进学习绩效提升。

(3) 提供安静学习环境可避免外界干扰，达到降低心智游移现象的发生频率。本研究发现，学习初始阶段的心智游移状态跟学习者受到外部环境干扰刺激有一定关系，因此学习过程中提供一些抗干扰工具和清晰的任务要求将有助于学习者降低心智游移频率。

(4) 在利用微视频进行学习时，需要适当采用不同学习策略和一些干预措施，有助于保持学习注意力。如果将常规微视频应用于课堂重点难点突破环节，建议教师在播放微视频过程中结合口头语言提示或暂停操作等，帮助学生理解。需要注意的是，如果教师频繁干预学习过程，可能会增加学习者心智游移频率，因此，教师干预时需要根据学习者状态实施有针对性的干预。在利用交互式微视频进行学习时，由于增加了激发学习者继续保持注意力的学习元素，如学习问题指引和嵌入式测验，这将有助于学习者投入冥思苦想的实践中，帮助其降低心智游移的发生频率。

(5) 学习者利用微视频开展的学习活动方式应由被动学习向主动学习、建构学习和互动学习(interactive dialoguing)进阶，提升学习质量。根据 ICAP-A 学习理论[22]，在互动学习中注意力最集中，在被动学习中注意力最分散。也就是说，心智游移由高到低发生的频次为被动学习(passive receiving)、主动学习(active manipulating)、建构学习(constructive generating)和互动学习(interactive dialoguing)($I \leqslant C \leqslant A \leqslant P$)。在利用微视频进行学习活动时，建议应避免学习者仅接收信息，并没有明显外显行为的被动学习；应让学习者充分参与到学习活动中，通过具体的外显行为操控学习材料，通过解释视频中的概念，把新概念与已有知识或其他材料做比较，或让两个以上的学习者开展对话交流，加深认知参与过程。

8.4 总结与讨论

当前人们对微视频的关注已从资源建设过渡到应用效果，从课堂教学过渡到课内外学习，从学习结果过渡到学习过程。尽管对于微视频的研究深度已经进入一个从理念到实践的领域，然而对微视频促进教学质量提升如果没有科学认识，必然会影响到学习者使用微视频开展学习活动的效果。诚然，影响微视频使用效果的因素颇多，本章中引入心智游移作为探索学习注意力的主要维度，将给微视频设计和学习方式设计带来全新思考。当然，心智游移并不一定全是负面影响，它是一种普遍存在的状态，也是影响创造力思维的重要因素。因此，未来还需要考量心智游移、学习行为和学习绩效之间的更多关系，并采用更多的测量方式交叉互证心智游移的发生特征，引入机器学习算法，对心智游移做自动检测，探索提升微视频的学习质量。

参考文献

[1] 容梅. 微型视频课例：相关概念辨析与应用思考[J]. 中国电化教育，2014(7)：100-104.

[2] 王觅，贺斌，祝智庭. 微视频课程：演变、定位与应用领域[J]. 中国电化教育，2013(4)：88-94.

[3] 王同聚. "微课导学"教学模式构建与实践——以中小学机器人教学为例[J]. 中国电化教育，2015(2)：112-117.

[4] 姜艳玲，古岱月. "互联网＋"环境下微视频实现创客学习研究[J]. 中国电化教育，2016(6)：71-76.

[5] 刘名卓，刘名海，王煜琴. 基础教育中微课程的现状调研与改进建议[J]. 现代远距离教育，2016，(5)：46-53.

[6] 沈夏林，周跃良. 论开放课程视频的学习交互设计[J]. 电化教育研究，2012(2)：84-87.

[7] 宋晓兰，王晓，唐孝威. 心智游移：现象、机制及意义[J]. 心理科学进展，2011(4)：499-509.

[8] Karapanagiotidis T，Bernhardt B C，Jefferies E，et al. Tracking thoughts：exploring the neural architecture of mental time travel during mind-wandering[J]. Neuroimage，2016(12)：272-281.

[9] Smallwood J. Distinguishing how from why the mind wanders：a process-occurrence framework for self-generated mental activity[J]. Psychological Bulletin，2013(3)：519.

[10] Smallwood J，Schooler J W. The science of mind wandering：empirically navigating the stream of consciousness[J]. Annual Review of Psychology，2015(1)：487-518.

[11] 罗恒，杨婷婷，伊丽莎·理查德，等. 开放课程中的学习行为分析：来自 Google Analytics 的证据[J]. 中国电化教育，2017(10)：8-14.

[12] Clark R C，Mayer R E. E-learning and the science of instruction：proven guidelines for consumers and designers of multimedia learning [M]. Hoboken：John Wiley & Sons，2016.

[13] 赵秋锦，杨现民，王帆. 大学视频公开课交互设计研究[J]. 重庆高教研究，2014(5)：15-21.

[14] 陈楠，苏古杉，焦宝聪，等. 微视频中内嵌式交互功能的设计与实现[J]. 中小学信息技术教育，2015(5)：58-61.

[15] Killingsworth M A，Gilbert D T. A wandering mind is an unhappy mind[J]. Science，2010(6006)：932-932.

[16] Sanders J G，Wang H T，Schooler J，et al. Can I get me out of my head? Exploring strategies for

controlling the self-referential aspects of the mind-wandering state during reading[J]. The Quarterly Journal of Experimental Psychology, 2017(6): 1053-1062.

[17] Hutt S, Mills C, White S, et al. The eyes have it: gaze-based detection of mind wandering during learning with an intelligent tutoring system[C]. Proceedings of the 9th International Conference on Educational Data Mining, 2016: 86-93.

[18] 顾小清，郑隆威，简菁. 获取教育大数据：基于 xAPI 规范对学习经历数据的获取与共享[J]. 现代远程教育研究，2014(5)：13-23.

[19] 龚朝花，陈桄，黄荣怀. 融入中小学日常课堂教学的电子教材之价值再探[J]. 中国电化教育，2014(2)：60-66.

[20] Sung H Y, Hwang G J. A collaborative game-based learning approach to improving students' learning performance in science courses[J]. Computers & Education, 2013(2): 43-51.

[21] Randall J G, Oswald F L, Beier M E. Mind-wandering, cognition, and performance: a theory-driven meta-analysis of attention regulation[J]. Psychological Bulletin, 2014(6): 1-22.

[22] Olney A, Risko E F, D'Mello S K, et al. Attention in educational contexts: the role of the learning task in guiding attention [DB/OL]. http://umdrive.memphis.edu/aolney/public/publications/olney-attention-learning-2014.pdf. 2014-12-17/2017-12-22.

第9章

适应智能时代的电子教材研发及实施展望

9.1 多技术融合环境的电子教材设计原则

新兴智能技术对学习环境的变革从未停止，已有研究者从多个视角探讨了智能时代学习环境的应然性和可能性[1]。近年来，大数据、人工智能、5G 网络、虚实融合技术等发展迅速，为多技术融合学习环境的创建提供了很好的技术支持。这种环境下的电子教材设计将是一个系统工程，涉及环节众多，且是一个根据教学需要动态调整的设计系统。因此，在实践中应该遵循一定的设计原则(图 9-1)。

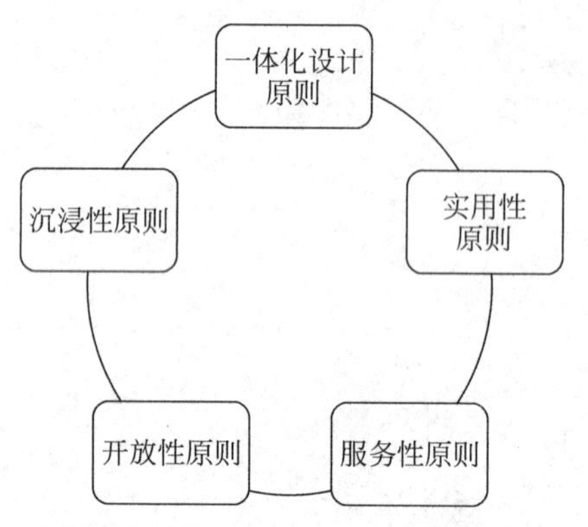

图 9-1 多技术融合环境的电子教材设计原则

9.1.1 一体化设计原则

多技术融合的学习环境将使电子教材的形态发生巨大变化，将从实体教材向虚实融合的电子教材形态发展。电子教材需要根据技术给予的学习环境提供与之匹配的形态，并满足数字化、智能化和个性化特征需求。在具体的内容设计过程中，需要从学科特点和实际教学要求出发，统筹分析和设计多种学习环境支持下的学习内容媒体要素，整合并优化各类学习资源形式，为学生的自主学习提供多形态、多终端、多通道的选择方式，为学习者提供随时随地、个性化的学习路径。

9.1.2 实用性原则

电子教材内容设计需要考虑如何促进有效学习的发生。对于实践性较强的学习内容，在电子教材展现的学习活动设计应该定位于面向实际应用和实验实训能力提升，需要基于特定行业充分挖掘核心技术进行归纳，构建由简单到复杂的系列学习活动，使学习者能够通过电子教材学习体验达到熟悉操作技巧、掌握制作流程、理解行业规范的目的。

9.1.3 服务性原则

任何教材内容的设计都是紧密围绕学习者，服务于学习者。电子教材设计过程中需要借助大数据和智能分析技术为学习者在学习过程前提供预习服务支持，在学习过程中提供课堂教学支持，在学习过程后提供复习巩固支持，并能够依据学习者的使用数据对已知学习个体或小组做出有针对性的个性化响应服务。也就是说，知识点和学习活动都要围绕学习者的实际情况进行归纳、设计，注重用户体验，让学习者进入服务支持有深度、服务范围有广度和服务时长有持续度的高效学习之旅[2]。

9.1.4 开放性原则

电子教材的设计可具备一定的开放性，应依据学习者个性化学习特点，为其提供充分的选择性和自主性，例如，电子教材应提供问题解答、练习测试、信息共享、学习效果反馈和交流等功能。基于教学目标，提供的测试练习和讨论交流，能促使学习者主动参与其中，提高分析问题和解决问题的能力。最后，学习活动的设计具有一定的开放性，增加实训案例，促进学习者实践能力的提升。

9.1.5 沉浸性原则

沉浸性原则强调电子教材的用户体验。高用户体验的电子教材会增强师生良好的阅读体验和教学体验。当人们全身心地投入某个活动时，他们会对周围的事物视而不见。这种状态被称为沉浸(flow)。当人们处于沉浸状态时，是非常高效的，为创造沉浸的感觉，学习者在使用电子教材过程中，与之的交互必须是自然的。“自然”一词常常被理解为对真实世界的模拟。自然是一种设计理念，是用户与产品交互和感知的方式，是指他们使用产品的过程和感受。因此，电子教材设计必须模仿学习者的本能，以最自然的方式满足学习任务和学习环境的需求，将学习者从笨拙、扭捏的新手状态尽快推进到流畅、舒适的使用状态。基于沉浸且强调自然交互的设计原则的主要目的之一就是优化学习者体验，促使其投入有效的学习。

9.2 电子教材设计方法与案例

9.2.1 面向知识贯通式学习的电子教材设计方法与案例

知识贯通式学习方式是指打通知识点之间的关联，便于学习者根据自己的学习状态随机选择学习路径，并获得较好的学习体验。电子教材可根据课程知识切割知识点，根据每类学习者的学习状态重构适合学习者的最优学习路径。具体方法包含课程知识图绘制、学习路径设计和用户体验设计三大模块[2]。

1. 课程知识图绘制

课程标准（教学大纲）是各科教科书编写的依据，规定了某一学科的课程性质、课程目标、内容目标、实施建议等，其中内容目标是主体，明确学生应该掌握的知识（概念、原理、法则等）和技能等学科内容。知识图是一种以知识点为基本单位，特定课程的学科内容的结构化表征，因此也被称为课程知识图。绘制知识图是在课程目标和知识选取的基础上，根据绘制规则（表 9-1）将学科内容形成图示化展示。学科内容划分为三级知识层次，最低层是概念、事实、原理等知识点类型，在常规学科内容的知识类型基础上，增加实例类型的知识点（包括典型工作任务、问题解决任务等情境），它为活动任务设计奠定基础，为知识内容与现实世界建立联系提供可能。三种关系类型表达逻辑和学习顺序上的包含关系、前提条件（依赖关系）、关联关系，用线段的方向和不同线端表示。根据知识内容与课程目标的紧密程度，分为高、中、低三种类型，用不同线型表示。在知识图绘制的过程中，绘制规则也可以提示绘制者增加或删除知识点或关系，因此，知识图也可以看作一种分析工具，保证知识的完备性。知识图绘制可以采用“自上而下”和“自下而上”两种思路，前者是从课程目标进行内容细化，后者是基于现有资源进行知识点归纳和整理。

表 9-1　课程知识图绘制规则

知识层次	关系类型	与课程目标紧密程度
一级节点 二级节点 三级节点	A ●——包含——▶ B A ≻——依赖于——≫ B A +——关联——+ B	高　中　低

2. 学习路径设计

学习路径图是为了达到课程目标，按照学习者认知规律，为不同学习者设计的一系列可能的个性化学习线索的图示化表征。学习路径图可以丰富学习主题、梳理学习顺序、明确活动任务，使学习者能够从多种路径切入学科内容知识，它在宏观层次上提供了多种学习方式的可能性。

比较知识图和学习路径图，可以得知：知识图重在细化学科内容的知识点及其关系，学习路径图则根据特定的组织策略将知识内容和具体任务或主题聚合，形成不同教材内容粒度。知识图和学习路径图以类似“工程制图”的形式，展示了课程核心知识及教材内容的组织方式，为不同角色的参与者把握、商讨学科内容和教材设计思路提供了基础。与课程标准（教学大纲）中列表形式的学科内容呈现比较，知识图更加强调知识之间的关联，增加实例知识类型有利于联系学习与工作两个领域。学习路径图在宏观上约束了学习方式（基于知识顺序的学习，基于任务/项目/问题的学习，测试引导的学习等）和内容粒度，是教材设计的蓝图。

将以上设计成果落实到作品原型的结构与交互设计时，离不开活动设计、媒体设计等，忽视这部分任务容易导致电子教材仅仅是富媒体化的纸质教材。单元活动包括活动名称、学习目标、知识点、重难点、学习策略、学习过程、活动评价等。从教材设计角度，教材要对单元活动的实施提供多种支持，包括任务描述与分析、重难点提示、资源工具等，并为最小节点层次知识点的学习提供丰富的例子、问题、练习等。不同层次的活动促进学习者与内容的深度交互,学习者之间产生良好互动。富媒体化是电子教材的显著优势之一,它为促进主动意义建构和良好学习体验提供了可能性。媒体设计不是简单图解。通过视、听、触等多种信息刺激和图像/言语不同表征方式来促进概念理解,超越从通道角度选择和设计多媒体呈现,关注表征的内容、教学意图和情境等,是电子教材中多媒体设计的关键。

3. 用户体验设计

用户体验是指学习者在与教学产品交互过程中,由产品自身特征引发的心理状态,包含对产品易用、有用等的满意程度,以及愉快、成就感、创意等心理感受。电子教材集合了内容资源和软件载体两个方面,所以电子教材的用户体验主要体现在学习设计和媒体开发两个阶段:学习设计阶段重在增进理解、认知参与和激发学习动机;媒体开发重在降低记忆负荷、创造自然的交互、增强视觉吸引力。本书中提到的用户体验设计特指设计和优化媒体开发阶段的用户体验。

结合电子教材的设计要素模型,从降低记忆负荷、增进满意度和情感体验出发,电子教材用户体验设计核心要素被提炼为易用性、吸引力、有效性。①易用性(easy),一方面,工作的速度快和精确性高,让学习者集中注意力于学习任务,产生愉悦感,另一方面,从使用角度实现学习者轻松学习,让传统的正式学习与非正式学习更有效地融合;②吸引力(engaged),任务流程和界面美观怡人、激发兴趣,让学习者真正投入学习活动中;③有效性(effective):从功能角度,实现学习者的目标,让学习者感到自信。

在实际开发时,用户体验设计的3E要素将贯穿于整个媒体开发过程中,通过对产品原型进行不断用户体验测试与修订,完善各设计要素。本书从高用户体验出发,针对电子教材的关键设计要素提出了三条设计原则。

(1) 结构与流程设计要遵循"图书"的隐喻和用户的阅读习惯。对于电子教材而言,要遵循图书的基本属性,兼顾学习者已经形成的网络使用习惯,既要保持书的框架结构,又要兼具灵活、个性化的原则。流程操作方面要在对用户群体细分的基础上,遵循用户的阅读习惯设计流程走向,操作简单、有效、可控,并能够提供及时的帮助信息。例如,可以设计差异化的学习路径流程、提供帮助说明、使用进度条或其他形式展示当前学习进度等。

(2) 交互设计要遵循易辨识、易触发的原则。电子教材中的交互行为主要是指用户与电子教材中各组件的交互,包括交互按钮、使用提示、输入操作等。具体设计时,这些操作要能够满足用户的心理预期,响应及时,使交互行为顺利完成。例如可以将存在交互行为的组件设计为按钮样式,扩大交互区域,减少用户误触操作,提示信息放置在不同页面上,保持位置和样式的一致性,使用户易发觉。

(3) 呈现界面设计要遵循风格明确、配色合理的原则。界面设计主要包括版式布局设计和视觉设计。版式布局设计是把界面所要显示的内容进行清晰明了的分组和排列;视觉设计主要是指构图和配色,应配合主题,突出重点,能够使用户产生视觉上的愉悦。可用、易用是基础,吸引力是重点,过于追求美丽的图片,缺少对关键任务信息的展示,会让学习者在短暂的兴奋之后放弃产品。

9.2.2 基于ARCS动机模型的VR电子教材设计方法与案例

VR电子教材作为一种新型电子教材样态,是在虚实融合环境中开展教学活动的重要资源。采用ARCS动机模型设计VR电子教材对引领电子教材新样态发展有重要参考意义。

1. ARCS理论模型

ARCS模型是包含注意、关联、信心和满意四个层次的一个教学设计模型。该模型关注的是如何通过教学设计来调动学生的学习动机问题。以ARCS理论模型为基础，围绕注意、关联、信心和满意四种策略来设计电子教材内容，可以激发学生在课堂学习中的动机。

2. 四种策略支持VR电子教材设计

(1) 注意策略：引起注意，激发兴趣。

注意策略就是指在电子教材内容开始前，采取一定的策略引起学生对相关学习内容的注意力，明确学习目标，提高关注度，以提高学习效率。比如针对VR电子教材内容，“低碳钢与灰铸铁的虚拟扭转实验”中，虚拟仿真场景、实验过程的逼真模拟都能提高学生的关注度，运用注意策略，在实验过程中给予相关提示，使学生的注意力放在课程内容上并加深记忆。

但是VR的嵌入使得一部分学生更加关注虚拟技术，沉浸于技术而忽略了VR在电子教材中的本质作用。因此，如何合理地强调电子教材内容、目标的重要性，维持学生的注意力是我们需要解决的问题。一方面，我们可以在实验过程中设置一些提示与反馈的操作；另一方面，将试验场景做得足够逼真，让学生不去考虑虚拟实验与现实操作的区别。在电子教材使用环节，教师着重强调学习内容和学习目标，将相关的听觉、视觉等媒体嵌入到VR电子教材中，达到维持学生注意力的目的。

(2) 相关策略：结合实际，贴近生活。

相关策略主要是指学习内容符合学习者的认知水平，与学习者熟悉的经验密切相关，对学习者的发展存在一定的价值，主要包含了熟悉度、动机匹配等子内容。

VR电子教材为学生提供虚拟的场景，学生在场景中产生较强的沉浸感，得到直观的感受。一方面，学生可以在VR虚拟环境中基于自己原有的认知水平，自主地避开“不相关”的区域进行探索，使得学习的广度与深度得以高效拓宽；另一方面，学生通过直观化、形象化、多维度地沉浸学习，认识层次得到提高，对知识点的掌握更加牢固。在运用到生活的过程中，不会存在像普通平面化电子教材内容讲授知识迁移运用困难的问题。在“材料力学——低碳钢和灰铸钢的扭转实验”中，搭建的教学场景、各种实验器材及相关操作跟学生认知中的实验室并无本质上的差异，实验在基于学生原有的力学基础的知识储备上进行。实验过程中，学生直观观察到实验现象并且快速获得相关参数。实验高效、直观的获取知识可激发学生主动学习的兴趣。

(3) 自信策略：提供材料，增强自信。

自信策略是学生自身感到成就感的策略。在VR电子教材系统中，学生可提前了解教学目标，并且可以随时随地主动地获取与该目标对应的教学资源和学习资源，同时，VR电子教材系统将整个教学活动指南发送给学生，根据教师的指导和系统的指引，学生在虚拟环境教学中亲自参与学习过程，在此过程中，学生可以通过VR电子教材系统平台远程与其他参与者一起学习并交流。比如，在“材料力学——低碳钢和灰铸铁的扭转实验”中，系统会为学生提供教学资源和此实验操作的行动指南，让学生自主探索低碳钢和灰铸铁的扭转实验，当学生获得成功时，引导学生把成功的原因归结为自身的努力，这样他们能有更强的自主学习意识，从而建立和增强他们的自信。运用自信策略时，提供材料很重要，更重要的是提供整个教学活动的进行指南和学习的方法，帮助学生树立切实可行的目标，建立和增强学生完成此目标的自信。

（4）满意策略：满足需求，奖励强化。

满意策略就是学生对自己学习行为感到满意，这种满意可能是学生自己获得的，也有可能是教师通过奖励或惩罚来实现的。对于学习结果给予积极的反馈，能使学生获得满足感，因此，进行 VR 电子教材设计时，要注意制定满意策略。在通过 VR 电子教材进行学习时，可以利用 VR 技术具有的超强交互性，对学生进行提问，这样一方面可以及时让他们对自己的所学知识进行巩固，获得自我肯定，另一方面也使他们更有热情去完成接下来的学习。在“材料力学——低碳钢和灰铸钢的扭转实验”中，基于此要素，把实验分成了两部分，第一部分是动手操作环节，即在仪器上进行扭转低碳钢的实验，第二部分是数据处理环节，学生做完实验后，对实验所得数据进行实时分析，发现错误立刻重新实验，进行修改。这种情况下，学生容易获得一定的满足感，即使第一次没有成功，在发现错误重新实验成功后，内心也会感到十分满意，从而拥有继续学习的动力。

9.2.3　基于设计思维的三维设计与创意电子教材设计方法与案例

基于设计思维的初中信息技术教材设计策略：以三维设计与创意为例（图 9-2）。

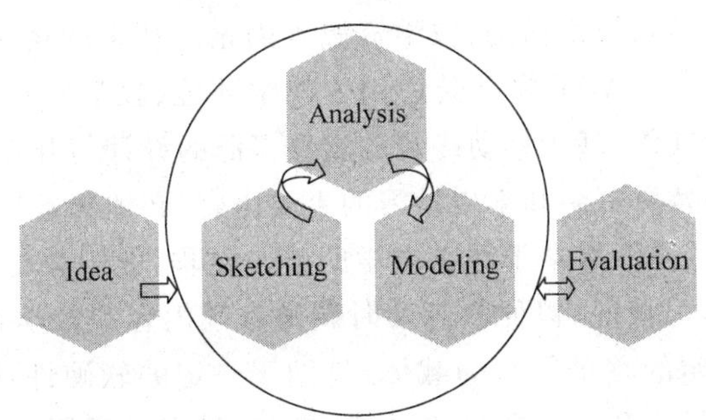

图 9-2　基于设计思维的初中信息技术教材设计策略

（1）产生想法（idea）：设计的真正挑战是理解用户需求，帮助人们明确表达那些甚至连他们自己都不知道的潜在需求，正是设计思考者面临的挑战。设计思维的任务是将观察结果转化为洞察，再将洞察转化为改善人们生活的产品和服务。我们通过换位思考建立起洞察的桥梁。换位思考是通过别人的眼睛来理解世界、通过别人的情绪来感知世界的一种努力。在这个阶段，学生可以通过观察真实生活情境、上网查阅资料等方式产生灵感，从自身角度出发或者用换位思考的方式确定需求和目的。

（2）设计草图/可视化（sketching）：设计的思维过程就是视角化思维，将问题可视化、将思考过程可视化、将方案可视化。设计师使用模型，采取以图形为主的编码方式（例如，绘制图标、草图），在辅助思考的同时，也能更好地将创意传达给他人。草图在设计早期创新想法萌生和发展的过程中起到了至关重要的作用。因此在这个阶段，强调将脑海中的想法表达出来，要求学生将自己的想法、需求用画简单草图的形式描述出来，并能考虑到合理性、实用性来确定模型的尺寸，是在上一个阶段的基础上加上一些限制，使其更好地实现。

(3) 分析模型(analysis)：分析的意义在于细致地发现关系并寻找能够解决问题的线索。分析思维就是经过仔细研究、逐步探索，最后得出明确结论的思维方式。在分析思维过程中，思维主体能意识到思维过程所包含的知识和操作，并能用语言将过程和结论清晰地表述出来。总之，分析思维过程是一个严密的、连续的、清晰的推理过程（"分析"是一种精细化思维方式）。在这个阶段要求学生对模型进行分析，采取一定的方式或顺序，比如从整体到局部，结合所学知识和操作，初步选择最好的建模实现方式。

(4) 建模和实施(modeling)：这个阶段主要就是实际操作阶段，经过之前的分析，在 3D One 软件中灵活运用各种工具、命令将模型实现。

(5) 评价改进(evaluation)：经过建模实施，对所得到的模型进行评价，学生得到直接的反馈，然后对模型的一些不足之处进行修改，进一步提升和改善。

整个设计过程是一个反复迭代，通过多次发现与反馈，实现知识反复应用和强化的过程，非常有利于学习者高级思维能力的发展，包括协作能力、问题解决能力和创造创新能力等。在这五个阶段中，想法和原型阶段是比较重要的。

9.2.4 基于 APT 模型的 iPad 电子教材设计

APT 模型将评价、教学法、技术三者融为一体。评价的实施和即时反馈，为教师教学实践的及时调整和改进提供了依据。教学法的选择和实施，需要以一定的教学目标为前提，综合考虑教学目标、教学内容、教学活动、教学资源等因素。技术的运用为评价和教学的进行提供了新的手段和方法[3]。APT 模型既适用于教学环境、教学模式的设计与应用，也同样适用于基于网络的教学软件、基于移动终端的教育资源的设计与开发。

电子教材作为一种教育资源和学生学习的主要内容，必须具备教育功能，满足最基本的教学和学习活动；同时，评价贯穿于课堂教学的整个过程，电子教材必须具备评价功能，及时了解和诊断学生的学习情况，以便教师及时调整教学内容和教学方式；电子教材作为一种资源形式，需要以一定的移动终端为载体，借助于一定的软硬件环境才能为教育教学服务。同时，电子教材必须具备一定的技术功能，稳定、易用且好用。我们运用 APT 模型并结合电子教材自身特点，构建基于 APT 模型的 iPad 电子教材的设计框架，如图 9-3 所示。

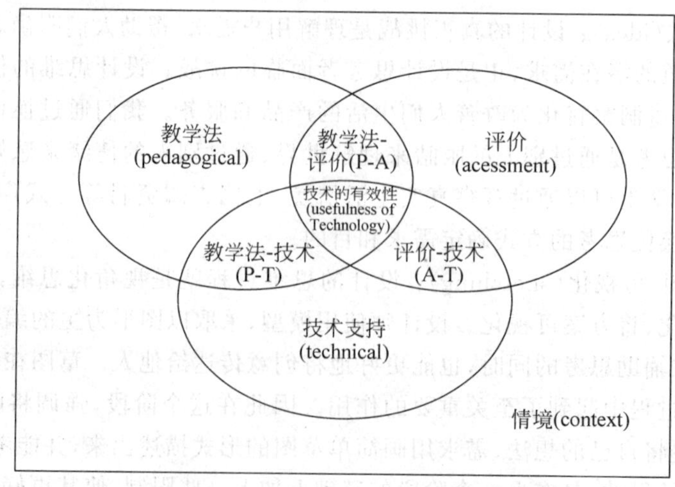

图 9-3 基于 APT 模型的 iPad 电子教材的设计框架

9.2.5 面向深度学习的电子教材学习设计

基于问题的学习能够有效促进学生的深度学习[4]。面向深度学习的电子教材设计与开发依托基于问题的学习这条主线，结合深度学习对学习环境及学习资源的需求，提出面向深度学习的电子教材设计策略，如图 9-4 所示。

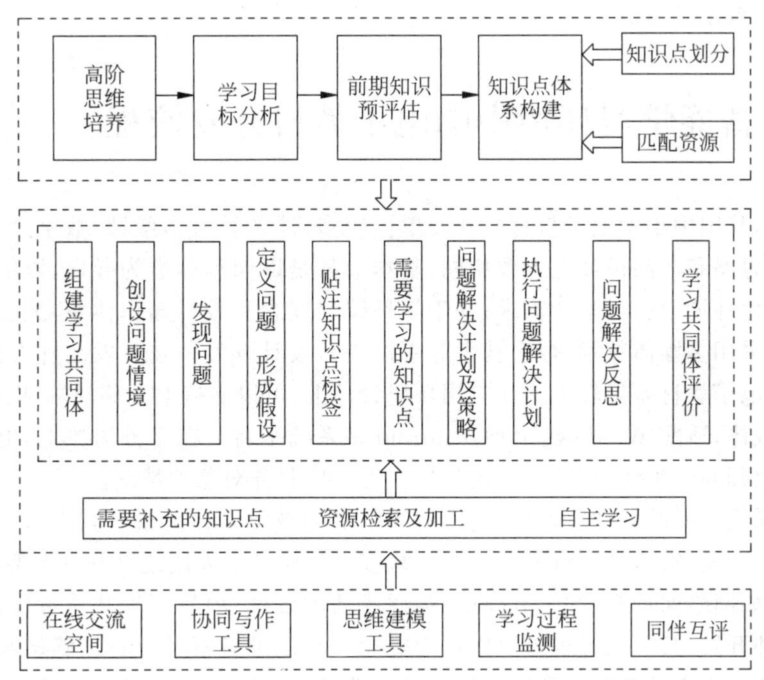

图 9-4 面向深度学习的电子教材设计策略

1. 以基于问题的学习为设计及开发主线

深度学习方法主要有两种策略：一种是创设真实社会情境中的问题，学生需要解决真正的挑战；另一种是基于项目的学习，学生需要创造完整的产品。因此，要达成深度学习的目标，要选择相应的学习方法、学习资源及工具等为之提供有效支持。

2. 问题情境创设

情境认知理论认为，学习的终极目标是将自己置身于知识产生的特定情境中，通过积极参与具体情境中的社会实践来获取知识、建构意义并解决问题。深度学习意味着迁移运用，面向问题解决。因此，电子教材的设计要根据学习内容、教学目标及学习者认知特征等因素创设真实复杂的劣构问题情境，促进学习者在真实情境中建构知识，并在相似情境中迁移应用并创造。

3. 基于学习共同体的协同意义建构

批判性思维、问题解决能力及协作学习能力都是以协作学习为主要学习形式，因此，面向深度学习的电子教材要基于学习共同体实现协同意义建构。

4. 基于知识点的学习及资源生成

基于知识点的学习及资源生成主要包含三个环节：第一，通过知识点标签定义问题，形成知识点标签集。第二，对比知识点标签集与知识预评估结果，得出需要学习的知识点。第三,学习者基于知识点对电子教材进行再编辑。

5. 过程性评价及学习共同体评价

过程性评价及学习共同体评价包含两个环节:第一,学习过程的监控与反思。需要利用电子教材学习系统完善对学习过程的监督,并对学习过程的收获进行反思,便于随后开展学习共同体评价工作。第二,通过群策群力,借助电子教材功能,有效完成学习任务,实现基于电子教材的深度学习活动。

9.3 智能学习环境中的电子教材开发流程

虽然目前我国中小学电子教材的开发单位较多,涉及教材出版社、数字公司、教研机构等,但在开发思路和产品设计上大致相同,基本上都是以课程标准为导向,以纸质教材为蓝本,针对信息化环境中教与学的需求,基于学科课程理念和教材知识体系,配套多媒体资源和学科工具,采用多媒体技术、数字技术等手段进行设计开发。在开发品种方面,根据教材版本的不同,电子教材差异较大。在应用环境设计上,可以支持PC、移动端、电子白板、一体机等多终端载体,适配Windows、iOS、Android多系统平台。在服务对象上,电子教材基本上都是针对教师和学生使用,也有只把学生作为主要服务对象的情况。

教材是课程开发的一种阶段性产品,是系统级的教学设计成果。教学系统设计一般包括分析、设计、开发、实施和评价五个阶段。众多设计模型常采用这一基本框架,并反映特定情境的要求,如网络课程开发"三五模型"强调了活动设计、项目管理和质量保证,再如传统的多媒体课件开发,其开发过程可以概括为概念、设计、准备素材、集成、测试和发行这六个阶段。为了使教育产品既能高效地支持用户的学习和表现,又能让用户满意,用户中心的设计与开发包含用户研究、情境分析、迭代设计等主要组成要素。电子教材的设计与开发不仅需要明确宏观的工作框架和工作任务,作为一种基于专业知识协同开发的实践活动,还需要包括建构和传递复杂见解的方法。知识可视化通过视觉表征改进知识的创造和传递为设计领域提供了重要参考,譬如面向复杂认知技能的四要素教学设计模型(4C/ID),以图示展示学习任务、支持性信息、程序性信息与部分任务练习四大要素的设计流程及操作方法,使其设计思想更容易被理解。

为了应对电子教材设计的三大挑战,在分析电子教材开发情境的基础上,以面向智能学习情境中的多样学习方式的需求为目标,电子教材的开发过程模型如图9-5所示。电子教材开发过程包括需要分析、学习设计、媒体开发、作品发布四个阶段,在内容分析、学习者分析的基础上绘制知识图、设计学习路径。用户体验设计围绕产品原型多次迭代进行,包括结构和交互设计、呈现界面设计等。在作品原型通过审定之后,进行批量的媒体制作、内容封装和作品发布。电子教材开发已经不是个体能够独立完成的,需要团队和多方利益相关者的参与。形成性评价以产品原型、用户测试等方式内隐到每项工作的设计和执行中,总结性评价贯穿整个开发过程。

9.3.1 需要分析阶段

内容分析和学习者分析是并行的工作。内容分析的主要任务是表征课程的能力结构和

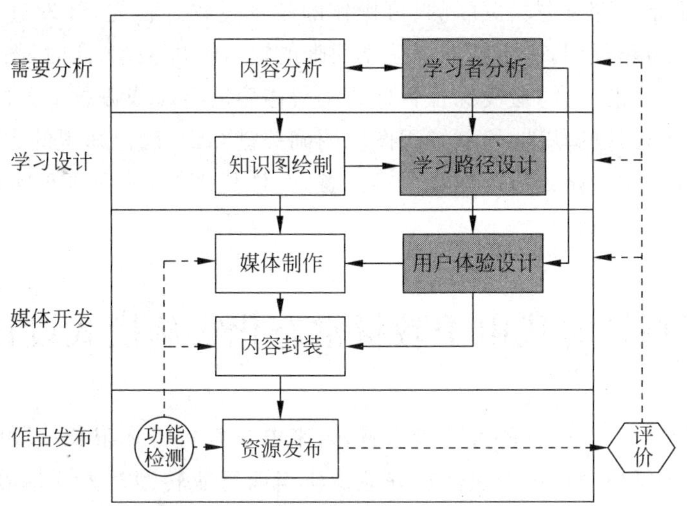

图 9-5　面向信息化学习需要的电子教材开发过程模型

学习目标，分析课程的核心知识模块及典型知识类型，分析知识模块之间的关系，明确知识对于课程目标实现的重要程度以及学习的难度。学习者分析包括先前经验和能力水平、学习风格、人口统计学特征以及使用情境等四个方面，它们分别作为知识图绘制、学习路径设计和用户体验设计的基础数据，用于划定知识范围、设计个性化学习路径、影响交互方式和界面风格等。

9.3.2　学习设计阶段

知识图绘制是在内容分析的基础上依据绘制规则表征知识之间的关系，明确知识的层次以及与教学目标的紧密程度，形成内容组织的基本方式。知识图绘制是学习路径设计的基础。学习路径设计的任务是根据课程内容和学习者特征选择学习方式，形成学习路径图，设计学习活动和媒体呈现，促进认知参与和知识建构。可视化知识结构和可选择的学习路径有利于保证课程目标、教材内容、学习方式的一致性。

9.3.3　媒体开发阶段

用户体验设计是一个反复评审的迭代过程，通过作品原型的多次修正，结构化内容呈现，形成优良的交互机制和使用体验。交互是连接内容分析、学习设计与呈现界面设计的桥梁，采用"图书"的基本隐喻，设计电子教材的结构、导航系统和任务操作流程。呈现界面设计主要包含界面组件设计、视觉效果设计、版式设计等。内容封装则要根据跨平台、适应多终端的需要选择合适的封装和方式。

9.3.4　作品发布阶段

在电子教材与后台数据库间建立联系，做好网络服务器端的部署，保证电子教材应用的可靠性和可接入性。总结性评价对于修订电子教材、积累开发经验有重要作用。

知识图绘制贯穿内容分析、学习路径设计和用户体验设计，学习者分析结果可作为绘制知识图、学习路径设计和用户体验设计的前提，使得此电子教材开发过程不仅仅是设计与开发的工作框架，也是一套有逻辑关联的、可操作的技术过程。首先，开发过程通过可视化方法绘制知识图、学习路径图，为不同环节建立明晰的输入输出关系，同时，图示化的开发过程可作为深度合作沟通的中介，避免课程目标或学科内容的衰减或偏移。其次，开发过程将知识贯通式学习作为设计的基础，绘制知识图以明确关键知识，确保知识的完备性及与课程目标的紧密联系，通过学习路径设计保证关键问题、个性化需要，从而真正实现学习效果和用户体验两个维度的开发目标。

9.4 后疫情时代电子教材常态化实施模式设计

从当前经济发展以及教育的大背景来看，未来电子教材将在很长一段时间内与纸质教材共同发展。由于纸质教材内容无法更好地适应当前行业转型对人才培养的需求，电子教材将通过内容形态创新应用于学校常态化课堂教学中。

9.4.1 电子教材走进课堂的实施方式

对于高等教育机构而言，电子教材的引入一般有三种方式：高校自主开发电子教材支持系统与内容；按需购买电子教材内容、支持服务系统和教学服务；入驻第三方电子教材支持服务平台[5]。

1. 高校自主开发电子教材支持系统与内容

这种引入模式最大的优点就是高校可以根据自身的需求进行量身定制。在教与学的方式方法上，由于不同专业，不同学科都有各自的特点和差异，对电子教材的教学功能有不一样的要求。自主开发的电子教材支持系统与内容无疑能够更好地满足教师和学生不同的需求。然而，自主开发系统肯定要投入更多的成本，至少要数以百万计，很显然对大多数高校来说是一笔庞大的开支，只有少数高校能够承担。如北京师范大学知识工程研究中心就根据学科差异自主研发了我国第一款基于 Windows 操作系统的电子教材支持系统 eCell 阅读器。

2. 按需购买电子教材内容、支持服务系统和教学服务

相比自主研发，按需购买电子教材内容、支持服务系统和教学服务能够减少成本、节省开发时间，只需要购买当前需要的内容就可以支持投入教学活动中。不过，这种方式生产的产品最主要的缺陷就是功能过于大众化，而且更新速度相对较慢。比如，现有的 Inkling 电子教材出版机构、Coursesmart 数字出版机构等都可以实现按需购买电子教材的相关章节部分。学习者可以利用电子教材支持系统进行自主阅读、做笔记、分享笔记和讨论等活动。

3. 入驻第三方电子教材支持服务平台

入驻第三方电子教材支持服务平台是当前大部分高校热衷参与的模式。这种模式不但可以节约教育机构的开发成本，还能解决师生初期使用电子教材而产生的经验不足、人才不足等问题。不过从长远来看，这种模式同样存在缺陷，就是会制约高等教育机构发展独立品牌的空间。如入驻当前比较热门的 MOOC 平台(Coursera、edX、udacity、爱课程网、中国大学 MOOC、超星慕课)，电子教材相关制作机构提供的数字出版和教学平台。

9.4.2　电子教材的应用案例

1. 国家开放大学的电子教材与 iTunes U 平台整合

iTunes U 是苹果公司 2007 年在 iTunes Store 上推出的教育专用频道，迄今有超过 500 所高校设有活跃的 iTunes U 站点，诸多名校如斯坦福大学、耶鲁大学、麻省理工学院、牛津大学和加州大学伯克利分校都在 iTunes U 上公开发布其教育内容。国家开放大学 iTunes U 站点的建立是国家开放大学借鉴国际经验，促进中华文化走向世界，践行国家开放大学“开放、国际化”核心理念的重要举措。

国家开放大学 iTunes U 站点首批推出 30 余门免费公开课，内容主要为对外汉语教学和中国文化教学资源，可以为国内外汉语和中国文化教学者提供语音学习、汉字学习、从零起点到中级的语言课程和中国文化欣赏课程。公众可通过苹果 iTunes U App 自由下载或订阅这些教学资源。

国家开放大学以学习者为中心、以电子教材为核心建设网络课程、网络学习空间、网络教学团队、网络支持服务、网络考试测评和网络管理体系；整合专业领域最全面优质的学习资源，支持以“云教室、云 OPAD、云手机、云电视、云桌面”等多终端融合，提供基于网络自主学习、远程学习支持服务和面授多种形式相结合的新型学习模式，以及终身学习档案袋、学习成果认证与互换等，提升智慧学习环境下学生的学习能力。

2. 利用 iTeach 课堂互动教学系统支持电子教材课堂教学

为有效应对电子教材规模化建设与应用的关键技术难点，北京师范大学和北京博雅新创科技有限公司达成了共同创建“教育技术学北京市重点实验室博雅智慧校园研究中心”的战略合作意向，确立了电子教材开发技术和应用模式。为满足电子教材课堂教学的规模化应用具有无线投影、内容自动分发、纪录学习过程等需求，开发一套支持教师和学生的课堂互动教学支撑系统，为教师研修、备课，学生自主学习，课堂互动和校内资源建设等提供功能支持，支持多种移动终端，延伸学校教学的各个环节，支持传统教学和新型教学的多种模式。

教育技术学北京市重点实验室博雅智慧校园研究中心设置了采用 iBooks 和 iTeach 平台为主要支撑环境的体验教室，为大学生利用电子教材开展课堂教学观摩活动提供了有力保障。每年该中心都有一批大学生加入进来，参与电子教材的研发，体验电子教材的课堂教学模式，提升信息化课堂教学能力。

3. 实训类电子教材内容设计虚拟仿真实验

虚拟仿真实验教学依托虚拟现实、多媒体、人机交互、数据库和网络通信等技术，构建高度仿真的虚拟实验环境和实验对象，学生在虚拟环境中开展实验，从而达到教学大纲所要求的教学效果。近年来，在国家教育部的大力倡导下，虚拟仿真技术也逐步走进了高职教育的大门。虚拟仿真实验类电子教材内容对职业教育实验实训的重要价值如图 9-6 所示。

它可以解决操作具有危险性、设备成本过高的问题。把实操与虚拟仿真软件相结合，开展虚拟仿真实验，模拟职场环境和操作过程，使用者在虚拟环境中认识生产装置和体验操作过程，并且与现实实验相结合，有利于提高学习者岗位操作的规范性；通过对典型生产装置的模拟，真实再现各操作流程，有利于使用者加快掌握生产原理、熟练操作和提高操作的安全性，实现教师和学生在互联网环境下双双获益。由于是虚拟软件，提高了学生参与的广泛

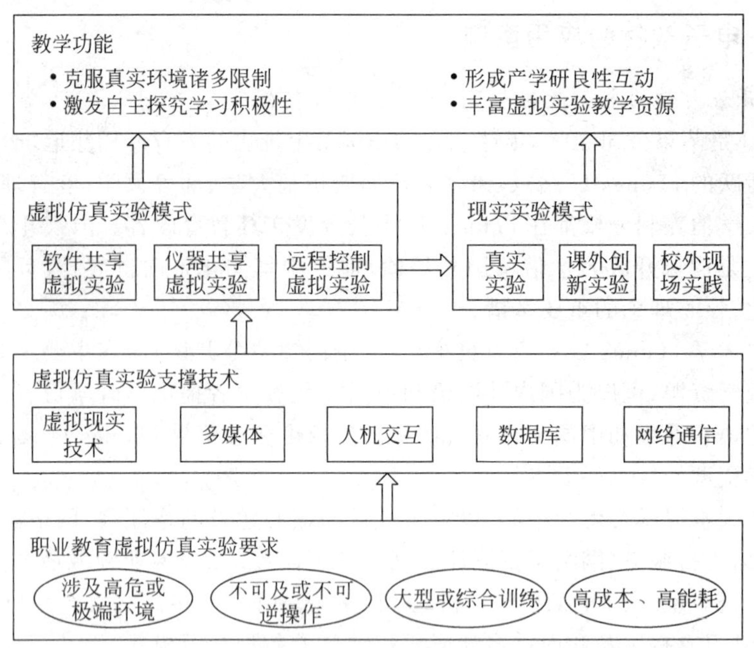

图 9-6　实训类电子教材内容采用虚拟仿真实验

性和积极性，对时间和空间的要求也更为灵活，对设备的维护保养也省时省力；对于诸如化学实验这样易污染、易爆炸、高危险的实验，或者像 CRH 动车组一级检修等类似的高成本、高难度实验通过虚拟仿真实验可大大降低成本，提高实验效率，减少污染。

实训类电子教材内容设计虚拟仿真实验的特征表现如下。

(1) 虚拟资源开放共享：利用信息技术突破时空和资源使用限制，提供全方位、多层次、多种类的虚拟仿真实验服务，实现远程教育和交互式操作等功能。且由于虚拟器材零损耗、可反复利用的特点，使学生随时随地都可“走进”实验室。

(2) 建立“学习需求导向型”教学体系：虚拟仿真实验围绕“学习需求”构建实践教学体系，开发实验课程，以学生自主学习需求为导向要求教师创新教学实验，引导学生在虚拟实验环境下主动探索、自主实践和相互协作，以达到自我建构知识体系和促进自我发展的目的。

(3) 增强教学效果，丰富课堂教学形式：抽象的实验过程浓缩在形象逼真的动画演示中，教师可结合实际教学需求，最大限度地发挥虚拟元器件资源的优势，提高教学效果。对于实验室无法完成的实验，传统实验教学形式单一，只能通过粉笔＋黑板的形式，靠教师一张嘴进行讲解。而虚拟仿真实验，可突破实验教学对客观条件的依赖性(如环境污染、设备缺乏、实验危险性过高等问题)，满足实际的课堂教学需要，是学科教师得力的实验制作工具，也是学生自主性和探索式的学习平台。

4. VR 电子教材教学系统

南京铁道职业技术学院 CRH 动车组一级检修 VR 电子教材教学系统，采用 VR 技术手段，通过 zSpace 与裸眼 3D 的组合方式开展实施。它是深圳国泰安教育技术股份有限公司和南京铁道职业技术学院以高铁产业发展需求为导向，历时三个月，开发完成的 CRH 动车组一级检修 VR 教学系统。以“动车组一级检修作业”实训课程为载体(图 9-7)，采用动车组 380B 车型，包含动车组结构认知、岗位作业训练、岗位作业考核等模块，可实现人机交互、作业工位交互等功能。这些功能紧密对接动车组地勤机械师岗位工作。比如，动车组展示模块中对整车结构进行拆分展示，可对相关组件自由翻转。

图 9-7　一级检修作业流程

一级检修认知：从第一步动车组入库清洁开始到作业人员、作业分工、作业路线、故障认知等。触控笔点到之处均有部件常见故障菜单，学生可通过故障展示现象和菜单中故障名称类比，选中并标记故障。

一级检修考核：一级检修考核环节严格按照岗位需求，可自由选择 1～4 号作业人员中任意一名按现场实际作业顺序进行岗位考核，学生考核结束后，系统会自动评分，并对考核结果提出建议。动车组模型采用精细化建模，VR 效果十分逼真，可身临其境体验，极大地提高了学生学习兴趣。学生佩戴简易 VR 眼镜，就可通过触控笔与设备进行人机交互，设备与裸眼 3D 显示屏可进行同屏显示。考核环节与岗位要求相一致，考核评价具有实时性，可及时反映学习效果并提出建议。系统启动速度快，界面运行流畅，模型翻转及界面切入自如，模块互换响应速度快，教学系统设计合理。从动车组结构认知到动车组一级检修认知再到动车组一级检修考核，逻辑层次清晰、系统素材选取科学严谨，动车组模型均按照真实车体全景建模，故障案例库均来自于常见的真实故障案例，裸眼 3D 显示打破了传统 VR 头盔等设备的负担感，能使学生轻装上阵，大幅减轻长时间学习中的眼睛疲劳及身体不适感，使用反馈效果极好。

这样的新型 VR 电子教材学习系统给教师带来了诸多便利：在传统的教学当中，使用的设备很难满足教学需求，很多同学得不到动手操作的机会，有了这套 VR 系统，每个学生都可以在课堂上进行操作。在传统教学中，一个教师同时面对很多学生，难以实现有效的指导，有了这套系统的辅助，一个教师可以在一堂课中同时指导很多学生进行实际操作。除此以外，有了这套系统，可以让每个学生在虚拟环境下，到车顶这样以往难以接触到的环境中体验真实工作场所。在真车上，出现这样的故障一般较难模拟，而通过该系统，可以更好地还原故障现象，从而提高学生一级检修和故障处理能力。

5. 清华社数字教材一览

清华大学出版社数字教学产品的介绍可扫以下二维码查看。

9.5 新形态电子教材展望

新形态电子教材是一本变得"生动鲜活"的书，承载了更多教学内容，基于以上对它的介绍和特色分析，可以看出新形态教材的编制与实施对教师要求更高。为此，构建新形态电子教材需要突出以下几个特点：

第一，强化前沿性与先进性；

第二，注重应用性与实践性；

第三，立足立体化与系列化；

第四，基于线上线下开展混合式教学。

传统的纸质教材经过长时间的使用和调整，已经形成了相对完善的结构和知识体系。而新形态教材作为"互联网＋"背景下发展起来的新生事物，教材的形式、内容设置乃至整体规划等，都还处于起步摸索阶段，无论数量还是内容质量等均有待完善。无论是什么教材形态，内容始终是教材的核心和基础。作为适应智能时代的电子教材，新形态电子教材应针对不同学生，充分考虑学生的差异性和个性化，做好内容设计和形式设计。而新形态电子教材的建设转型需要持续创新、不断迭代以及长期的进化。将不同形态的电子教材打通，使之适用于各种不同的学习环境，为教学双方提供一体化学习方式。

新形态教材的建设和实践离不开使用者的参与。教师作为教材的使用者和传播者，首先要保证自己对新形态电子教材的理解和认识到位。新形态电子教材中涉及大量信息技术的使用，以及不断更新的知识内容，都需要教师不断学习才能充分发挥新形态电子教材的优势。因而在推进新形态电子教材开发的同时，还要加强对教师的培训。通过培训让教师充分认识信息技术的强大，认识到新形态电子教材对教育教学的促进作用，才能更好地促进新形态电子教材质量和数量的提升，确保电子教材能在教育教学中常态化的开展实施。

参考文献

[1] 逯行，沈阳，徐晶晶，等. 智能学习环境中主体需求冲突及其平衡研究[J]. 现代远程教育研究，2020(1)：51-60.

[2] 黄荣怀，张晓英，陈桄，等. 面向信息化学习方式的电子教材设计与开发[J]. 开放教育研究，2012(3)：27-33.

[3] 张屹，陈蓓蕾，李晓艳，等. 智慧教室中基于 APT 模型的 iPad 电子教材设计与应用研究——以小学英语五年级上册《Toby's Dream》为例[J]. 电化教育研究，2016(8)：63-71.

[4] 杨琳，吴鹏泽. 面向深度学习的电子教材设计与开发策略[J]. 中国电化教育，2017(9)：78-84.

[5] 王志刚. 我国中小学数字教材开发现状及发展建议——基于中小学数字教材典型产品调研的分析[J]. 出版科学，2020(5)：22-30.

附录A

部分访谈提纲

《中小学电子教材的可行性应用调研》访谈提纲(初稿)
(教师版)

姓名：______________________ 工作单位：__________________

联系电话：__________________ 邮件地址：__________________

时长：60min

访谈目的：

- 了解当前所教授课程的备课过程、教学内容、教学组织形式等
- 了解使用电子教材的功能需求,以及可能带来的正面影响和负面影响
- 探索电子教材内容设计与开发的建议

一、当前所教授课程的备课过程、教学内容、教学组织形式等(15min)

1. 您当前选用的哪本教材(主教材、辅导书籍和电子资源)?它有哪些优势和缺陷?(知识编排合理吗?)您在备课过程中如何处理教学内容?

2. 您当前上课的教室环境是多媒体教室吗?您一般上课的教学过程是如何安排的?可以举例说明一下吗?(教学方法、教学策略、教学模式等)

3. 您有使用CAI课件上课吗?您对当前的CAI课件有什么看法?(特征、功能、作用)

二、使用电子教材的需求,以及可能带来的正面影响和负面影响(25min)

1. 您之前听说过电子教材、电子书包、电子书阅读器吗?您使用过哪些电子阅读产品?

2. 您认为电子教材会不会取代纸质教材?如果不能,您认为最重要的限制因素是什么?(或者说,您认为电子教材与纸质教材哪方面的差距使电子教材不可以取代纸质教材?对学生视力有影响?学生使用纸质教材会理不清头绪?还是会影响学生的深层次认知?)

3. 您认为电子教材与纸质教材的主要区别是什么?

4. 您认为电子教材上增添的网络要素——图片、音频、视频……会不会加深学生对知识的更深层次理解？

5. 您认为电子教材的导航结构会不会加强学生自主选择的能力和自主学习意识？

6. 您认为电子教材丰富的内容和活泼的呈现形式会不会增加学生的学习兴趣和提高学习积极性？

7. 您认为电子教材的优点是什么？缺点有哪些？

8. 用电子教材教学和用纸质教材教学的教学方式和方法会有改变吗？您认为会有哪些改变呢？

9. 非电脑实验班教师：如果当前的纸质教材换成电子教材，您认为可能带来哪些积极的影响？（教材更新）您最担心的是什么？（难以驾驭课堂、无法监控学习过程、会增加熟悉新教材的时间、对技术操作的担心）

10. 电脑实验班教师：您认为电脑实验班与传统课堂教学存在哪些差异？您在教学过程中是如何处理这些差异的？您觉得在电脑实验班教学最想分享的经验是什么？您当前面临的最大挑战是什么？

11. 向教师演示 iPad 上的电子教材应用程序和教育类应用程序，并让他们自由体验：您认为电子教材如果以这种方式呈现是否合适？您认为还需要哪些功能？您能否接受触摸式操作方式？iPad 的屏幕大小、重量和电池续航时间是否可以满足您日常应用的需要？

12. 在您的日常教学中，使用纸质教材有哪些不足？

13. 当使用电子教材可以弥补这些不足时，您愿意使用电子教材吗？

14. 您觉得哪些科目以及科目中的哪些内容比较适合做成电子教材？为什么？

15. 您喜欢多大尺寸的显示屏幕？

三、电子教材内容设计与开发的建议（20min）

1. 您对现有的教材编排有哪些看法？如果让您参与教材的设计，您有哪些建议？

2. 您认为电子教材在内容设计过程中应该注意的问题是什么？

3. 学科教材制作成电子教材时，您能给我们提一些建议吗？比如教学内容的逻辑结构，它应该具备哪些功能模块？

4. 您认为有必要控制学生使用电子教材的时间吗？

5. 使用电子教材对您的教学方式将会产生什么样的改变？

6. 使用电子教材对您的教学评价将会产生什么样的改变？

7. 若使用电子教材您需不需要培训？如果需要培训，主要关注哪方面的培训内容？

8. 您认为电子书阅读器令人不满意的方面有哪些？（阅读体验不如纸质书好，需要阅读的内容找不到，长时间注视非 E-INK 屏幕伤眼，操作复杂，还是直接买纸质书阅读方便）

9. 您认为在学校推广电子教材会面对哪些阻力？

（别忘记追问，根据访谈对象修正访谈提纲）

附录B

电子教材功能特征调查指标

交互式媒体(I)
- I1: 纯文本
- I2: 图片、文字、视频等混排
- I3: 音视频片段播放
- I4: 在画廊中浏览图片、动画、视频

笔记工具(N)
- N1: 书签
- N2: 高亮
- N3: 批注
- N4: 语音笔记记录
- N5: 笔记共享
- N6: 下画线

作业工具(A)
- A1: 多项选择题
- A2: 填空题
- A3: 图画类作业
- A4: 文本作业
- A5: 手写作业
- A6: 键盘输入类作业
- A7: 在线/离线测试题

电子教材功能特征(初始设计)

结构(S)
- S1: 遵循纸质书版式
- S2: 页码标识
- S3: 页面缩放功能
- S4: 翻页效果
- S5: 索引
- S6: 章节标题
- S7: 目录
- S8: 自动播放图片或视频
- S9: 嵌入滚动条
- S10: 页面滚动
- S11: 自动翻页效果
- S12: 单双页浏览设置
- S13: 导航

管理工具(M)
- M1: 辅助学习工具
- M2: 作业分发
- M3: 笔记管理
- M4: 作业管理
- M5: 搜索
- M6: 内容重组
- M7: 嵌入离线字典
- M8: 学习卡
- M9: 复制教材内容/笔记
- M10: 更新内容
- M11: 打印教材内容/笔记
- M12: 网络链接
- M13: 家校沟通

附录C

中小学电子教材功能及应用的可行性调查研究

中小学使用电子教材的可行性研究调查问卷
（教师版　节选）

尊敬的老师：

您好！

非常感谢您参与本次调查活动，本调查的主要目的旨在了解您对电子教材的认识、使用需求、期望和态度。您的意见将为我们研究电子教材在中小学的发展提供十分有价值的参考。您的回答对于我们的研究十分重要，请认真填写。您所填写的所有信息我们将保密，请您放心填写，谢谢合作！

电子教材调研项目组

一、基本信息

1. 您的性别：A. 男　B. 女

2. 您的学校在下列哪一个类别：◎城市　◎农村

3. 您任教的学科：______________

4. 您使用电脑的年限：______________

5. 您任教的年级：______________

二、对电子教材的期望

1. 您认为在中小学推行电子教材可行吗？（　　）

A. 不可行　　B. 可行

C. 将来可行　　D. 不能操之过急，要一步步进行

2. 如果要尝试使用电子教材，您希望每天使用电子教材的时间应该控制在几节课内？（　　）

A. 1～2 节课　　B. 3～4 节课　　C. 5～6 节课　　D. 7～8 节课
E. 9～10 节课

3. 如果要尝试使用电子教材，您认为每天使用电子教材的时间应该控制在（　　）

A. 1 小时以内　　B. 2～3 小时　　C. 4～5 小时　　D. 6～7 小时
E. 大于 7 小时

4. 您认为电子教材设备应该由谁来购买比较合理？（　　）（多选题）

A. 政府　　B. 家长　　C. 学校　　D. 出版社
E. 硬件设备厂商　　F. 协商购买

5. 您希望电子教材的电池充电后能使用多久？（　　）

A. 1～3 小时　　B. 4～6 小时　　C. 7～9 小时　　D. 大于 10 小时

6. 您认为最适合使用电子教材的科目是（　　）（可多选）

A. 语文　　B. 数学　　C. 英语　　D. 品德与生活（社会）
E. 科学　　F. 艺术（音乐与美术）　　G. 计算机
H. 物理　　I. 化学　　J. 生物　　K. 历史
L. 地理　　M. 政治　　N. 体育　　O. 综合实践
P. 校本课程

7. 您认为最适合试行电子教材的年级是（　　）（可多选）

A. 小学 1 年级　　B. 小学 2 年级　　C. 小学 3 年级　　D. 小学 4 年级
E. 小学 5 年级　　F. 小学 6 年级　　G. 初中 1 年级　　H. 初中 2 年级
I. 初中 3 年级　　J. 高中 1 年级　　K. 高中 2 年级　　L. 高中 3 年级

8. 您认为电子教材现阶段在课堂上可能的使用方式有哪些？（　　）（可多选）

A. 电子教材与纸质教材并存　　B. 全部用电子教材
C. 电子教材辅助纸质教材理解　　D. 纸质教材辅助电子教材学习
……

三、请选择与您对电子教材了解相符合程度的选项。请根据您的实际情况在符合的选项下打上“√”，在做问卷的过程中，希望不要遗漏题目，谢谢！

编号	项　　目	很符合	较符合	不确定	较不符合	很不符合
1	电子教材的版式结构应该按照纸质书本的版式呈现					
2	电子教材应该具有翻页效果以模拟纸质阅读体验					
3	电子教材的内容可以自由缩放大小					
4	电子教材的内容应该设有清晰的导航结构					
5	电子教材应该具有批注功能					

续表

编号	项　　目	很符合	较符合	不确定	较不符合	很不符合
6	电子教材应该具有高亮功能					
……						
19	使用电子教材能减轻学生书包重量					
20	使用电子教材能提高学生的信息素养					
21	使用电子教材有利于教育资源共享					
22	使用电子教材有利于学生自学能力培养					
23	使用电子教材能够快速推送和更新教学资源					
24	使用电子教材导致学生的注意力下降					
25	使用电子教材会对学生视力带来负面影响					
26	使用电子教材会使学生的口头语言交流能力下降					
27	使用电子教材会导致学生对电子设备的依赖性					
28	电子阅读难以实现纸质阅读的良好体验					
29	担心电子阅读设备在使用过程中突然死机					
……						

四、您认为要在中小学课堂教学中使用电子教材，必须先解决哪些问题后方可实施？您有哪些实施建议？

____

____

附录D

电子教材的课堂应用调查问卷

iPad 电子教材课堂使用调查问卷(学生版　节选)

亲爱的同学：

您好！我们已经在课堂上使用电子教材授课了，请您谈谈您的使用心得，以便帮助我们了解您的使用态度和感受，并帮助我们更好地设计电子教材课堂教学活动。我们将对您填写的数据信息保密，只用于实验研究分析，请您放心填写，谢谢！

电子教材调研项目组

基本信息

班级：____________________

您的性别：A. 男　B. 女

您家里是否有 iPad：A. 有　B. 无

一、请选择与您自己实际情况相符合的选项，快速地选出一个答案。请在符合的选项下打上"√"，在做问卷的过程中，希望不要遗漏题目，谢谢！(列出了部分选项)

1. iPad 电子教材对我的学习有帮助。

A. 非常同意　B. 同意　C. 不确定　D. 不同意

E. 非常不同意

2. iPad 电子教材是有用的。

A. 非常同意　B. 同意　C. 不确定　D. 不同意

E. 非常不同意

3. iPad 电子教材使课堂学习变得非常轻松。

A. 非常同意　B. 同意　C. 不确定　D. 不同意

E. 非常不同意

4. 使用 iPad 电子教材可以节省时间。

A. 非常同意　B. 同意　C. 不确定　D. 不同意

E. 非常不同意

5. iPad 电子教材能够满足我的学习需要。

A. 非常同意　B. 同意　C. 不确定　D. 不同意

E. 非常不同意

6. iPad 电子教材容易操作使用。

A. 非常同意　B. 同意　C. 不确定　D. 不同意

E. 非常不同意

7. iPad 电子教材的操作不太烦琐。

A. 非常同意　B. 同意　C. 不确定　D. 不同意

E. 非常不同意

8. 我很满意用 iPad 电子教材学习。

A. 非常同意　B. 同意　C. 不确定　D. 不同意

E. 非常不同意

9. 使用电子教材让我付出了更多学习精力。

A. 非常同意　B. 同意　C. 不确定　D. 不同意

E. 非常不同意

……

二、请您谈谈电子教材有哪些优点和不足？

附录E

教学反思模板

iPad电子教材的课堂教学反思（教师反思样例）

<table>
<tr><td>学科</td><td>英语</td><td>课题名称</td><td colspan="4">iPad 电子教材实验研究</td></tr>
<tr><td>教师</td><td>杨帆</td><td>授课班级</td><td>四、3</td><td>四、4</td><td>四、5</td><td></td></tr>
<tr><td rowspan="2">教学反思</td><td colspan="6">(1) 与原有的纸质教材相比，您在 iPad 电子教材上做了哪些修改？（补充了哪些内容？删除了哪些内容？调整了哪些顺序？）
与纸质教材相比，我利用 iPad 电子教材补充了学生自主听、说、读、写的内容。还在课堂接近尾声时，加入了当堂反馈的环节。有效地为师生提供了一个很好的互动交流平台。删掉表演课文的内容，让孩子们通过制作动画短片或课后拍摄表演视频来完成 production 环节。</td></tr>
<tr><td colspan="6">(2) 在课堂中使用电子教材有哪些优势？还存在哪些需要改进的地方？您使用了电子教材的哪些功能？请举例说明。
优势：1. iPad 电子教材较纸质教材来说更加新颖，容易吸引学生的注意力，提高学生学习英语的积极性。
2. 可以插上耳机让学生自主学习，听、跟读课文，巩固所学的课文，加深印象。
3. 可以在课文上做笔记，及时记录重点难点知识。
需改进：要是能够将学生跟读课文时的声音收录到 iPad 中，让他们能够对比自己读的声音与课文中的发音，使得他们的发音更加标准，这样就更能体现出 iPad 电子教材相较于 PPT 的优势了。
使用过的功能：视频播放（warming up 中的歌曲播放）、图片浏览（展示几张课表）、检测题（熟悉课文前的提问）、插入 keynote（让学生进行体验式跟读）、记笔记（单词书写练习、课文中的重点词和句）、单词卡（上课前预设好的生词，让学生们更快速地查阅）、iTeach（课后反馈）。</td></tr>
</table>

续表

<table>
<tr><td>学科</td><td>英语</td><td>课题名称</td><td colspan="5">iPad 电子教材实验研究</td></tr>
<tr><td>教师</td><td>杨帆</td><td>授课班级</td><td>四、3</td><td>四、4</td><td>四、5</td><td></td><td></td></tr>
<tr><td rowspan="2">教学反思</td><td colspan="7">(3) 使用 iPad 电子教材上课，您的收获是什么？您认为还有哪些问题需要解决？
通过这次 iPad 电子教材实验研究，我有很多收获，首先是拓宽了自己在教学策略上的思路，从原先使用纸质教材时的“我来教，你来学”，变成了“你先学，我再教”。而且对于如何运用 iBooksAuthor 来编辑制作 iBooks 教材有了初步了解，并掌握了一些技术。
怎样能让 iPad 的优势更加明显，或是如何开发出除 iBooks 外更加适合课堂教学的软件，尤其是英语教学主要是以听说为主，如何利用这项技术使其功能发挥到极致，还是值得我们慢慢推敲的。</td></tr>
<tr><td colspan="7">(4) 从您所任教的学科来说，iPad 电子教材可以在哪些内容的教学上发挥作用，请举例说明。
英语是一门语言学科，语言就是要以听、说为主。所以 iPad 电子教材的优势就在于学生们能够利用自己手中的 iPad 自主练习听和说，再结合读与写，就能够更加完美地展现英语学科的魅力了。
当我们刚刚熟悉了一篇课文后，学生们可以戴上耳机听、跟读课文，可以反复听自己不太会的句子和生词。可以利用记笔记的功能，用手写体输入法练习正确书写生词。做到听、说、读、写面面俱到。</td></tr>
<tr><td>使用意向</td><td colspan="7">您总共用 iPad 上了几节课：(10)次
您是否愿意继续使用 iPad 电子教材上课(A)A. 是　B. 否
您是否愿意推荐其他老师使用 iPad 电子教材上课(A)A. 是　B. 否</td></tr>
</table>

附录F

微视频材料实验任务设计

任务 1：日食与月食

(1) 发生日环食时，地球在哪个范围？(10 分)答案：C

A. 本影区　　B. 半影区　　C. 伪影区　　D. 以上三个都不是

(2) 月偏食发生的条件是什么？(10 分)答案：C

A. 月球在地球的本影区中

B. 月球在地球的伪影区中

C. 月球在地球的本影区与半影区之间

D. 月球在地球的半影区与伪影区之间

任务 2：幸存者偏差

(1) 飞机哪些地方受到袭击最容易坠毁？(10 分)答案：AB

A. 驾驶舱　　B. 螺旋桨　　C. 机翼　　D. 尾翼

(2) 三扇门(3 分钟)：

假设你正在参加一个游戏节目。若有四扇门，一扇门后面是车，三扇门后面是羊。你被要求选择其中的一扇门，选中门后有车算中奖。你先选择了一扇门，然后知道门后面有什么的主持人开启了一扇后面有羊的门。他随后问你“你是坚持刚才选的那扇门，还是需要换成其他的门？”此时你换策略会有多大概率中奖？(15 分)答案：C

A. 1/4　　B. 3/8　　C. 7/16　　D. 1/2

任务 3：拜占庭将军问题(3 分钟)

(1) 请绘制出当将军是叛徒时，与三位副官的传令情况，并写出 1、2、3 的命令集合。(假设叛徒将军会乱发布命令)(15 分)

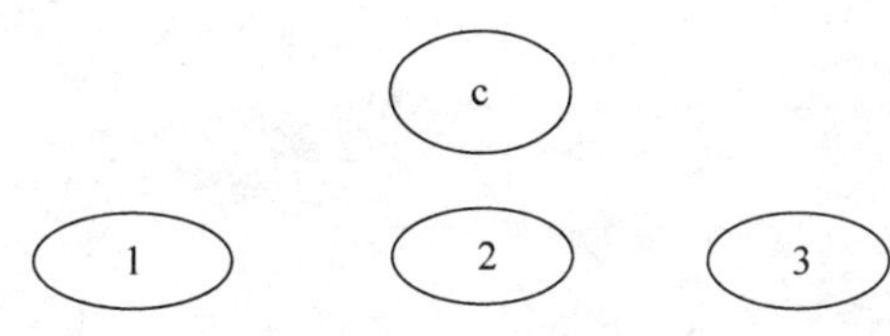

得分规则：列出所有(3 个)命令集合 15 分

列出 2 个命令集合 10 分

列出 1 个命令集合 5 分

在图上画出完整关系箭头＋列出 0～2 个命令集合 10 分

在图上画出不完整关系箭头＋列出 1～2 个命令集合 10 分

在图上画出不完整关系箭头 5 分

其中,为节省时间,最后两题限时 3 分钟。若到 3 分钟还没有做完,则停止答题。这些题目会印在一张 A4 纸上,交到被试者手中。

后 记 一

当前,我国基础教育课程改革正处于关键期,教材是课程的重要组成部分,其先导性和基础性作用日益突出;电子教材的出现给基础教育课程改革带来了前所未有的机遇和挑战。本书旨在探索电子教材的教学适用性,开展的研究层层递进,时间跨越近十年。尽管通过多种研究方法开展了电子教材教学实验研究,但科学研究探索无止境,当前的研究还存在一些需要改进的地方。

第一,外部效度的局限。我们调查的电子教材涉众所在地区比较有限,有关结论能否推广到全国,需要进一步扩大样本的研究。参与实验研究的教师和学生人数有限,这些使研究结论的可推广性受限。

第二,研究工具和研究方法的效度局限。如何处理研究的信度和效度问题一直是困扰内容分析的难点。尽管研究问卷调查的效度通过结构效度的检验得到了一定保障,但是电子教材课堂是一种全新课堂,对课堂行为编码类目表的设计提出了挑战,尽管对于每一堂课的分析结果我们都和任课教师进行了核对,但是在具体的处理数据过程中,由于对方法和规则的不熟练也可能使得研究结果受到影响。

该领域未来研究方向,电子教材进入课堂还需要多角度进行探究,继续深入对电子教材的教学适用性展开研究,从更广阔的视野来认识和完善电子教材的课堂教学实验研究。比如,需要完善电子教材的课堂教学过程有效性分析。我们从有效学习的视角对电子教材课堂教学过程进行了分析,并且引入课堂活动量来考查学生共同参与学习活动的有效性。而对于学习活动的观察判定,我们只是初步从学生的行为参与给出了一节课中学生参与有效学习活动的计算方法。未来还将深入考察学生的行为参与与认知参与之间的关系,设计更为科学的评价方法考察有效学习活动。如将引入适应性学习研究领域的相关结果对学生的学习行为进行跟踪和记录,以判定学生是否有效参与了学习活动。

同时,还需要进一步扩大研究样本,加强对电子教材的课堂教学效果进行研究。我们的研究成果可能只适合于与本研究具有相同使用条件的教师和学生群体。因此,未来研究应该选取不同实验条件的学校,在更多的学科和年级中开展电子教材课堂教学实验,从研究的深度和广度上拓展对电子教材的教学适用性实验研究,将来的研究还应争取把学校所在地区、学科性质、教师的教学经验等纳入研究的变量中。

此外,还需要探索更加丰富的新型课堂教学方式来适应电子教材的课堂教学。我们对师生使用电子教材的课堂教学方法进行了初步探索,未来还需要深入一线调研,了解教师在备课、课堂教学方面都有哪些典型的教学行为方式,熟悉和尊重教师的现有教学习惯,通过获取教师使用教材的行为特征,整理教师的教学行为规律特征,挖掘出教材在教学过程中提供的支持服务,从而使得电子教材的使用符合教师信息化教学需要。对于学生的学习方法,未来还需要充分挖掘学生的学生方式和阅读习惯的规律、不同应用情境下使用教材的行为特征、与教材的互动方式等;通过获取的这些重要学习行为特征来探索电子教材的功能与结构特征,找到这两者之间的相互对应关系,从而使得电子教材能够适应不同类型的学生开展自主、合作、探究等方式的学习活动。

随着智能技术在学校的推进，未来还需要开展电子教材的课堂教学实践追踪研究。我们在研究课题的支持下探索了电子教材课堂与传统课堂的变化。教师们能否继续坚持使用电子教材来探索适合信息化学习方式的课堂教学是值得重视的，因此，未来需要继续深入改善课堂应用情境，利用物联网、5G网络等智能技术场景，跟踪教师的电子教材课堂教学实践过程，从深度学习角度挖掘师生的电子教材课堂行为究竟发生了哪些持久的变化，探索并揭示这些变化将如何引领智能时代教与学方式发生转变，促进学习者全面发展。

后 记 二

书稿整理工作时间跨度较大，大部分内容是基于博士论文基础进行框架扩展和工作中开展的一些实验总结。现在，回头再看当年写作博士论文的心路历程，唯有这篇致谢深有感触。得益于当初导师的悉心指导，项目老师的无私帮助，太多老师、同门或同班的兄弟姐妹，以及实验校的老师的帮助才得以完成论文。此时，将博士论文的致谢附上，将此作为勉励自己前进路上的一盏明灯，不忘初心，继续在新时代背景下做好教育本职工作。

曾经无数次的想象在博士论文定稿后，我会怀着什么样的心情？在无数个因博士论文而惆怅得几近失眠的夜晚，畅想着论文写完后要撰写一篇深情满怀而又激情洋溢的致谢，这成了我一个强大的精神支撑。现在，面对已成形的论文，回想四年艰辛繁忙的学习生活，真是感慨良多。撰写博士研究论文，让我经历了目前人生中的最大一次挑战，我为自己坚持到了最后感到欣慰，为自己在这个过程中所获得的心态、学识、眼界等各方面的成长而自豪。当然我更清楚没有那么多人的帮助，我很难完成这个任务。

对我的导师黄荣怀教授，唯有感激。感谢您对我论文的悉心指导，这篇博士论文从选题到框架设计，从资料搜集到数据分析，直到论文的撰写和修改，每一个环节无不倾注着恩师大量心血。在我为自己研究课题冥思苦想、不得其解的时候，是您带着我一起界定问题，讨论研究设计，拨云见日，帮助我度过迷茫期。在我为自己的胆怯不敢跟您直接对话时，是您鼓励我，帮助我卸下思想包袱。在我沉入项目实践中不能自拔时，是您耐心地点拨我，将我从项目中“拔出来”。您用“A 小花”和“B 小花”的比喻帮助我理解如何进行项目角色和研究角色的转换。与您的每一次讨论，都加强了我对论文的整体把握。这几年您教导我们有关做研究、做事、做人的点点滴滴，是我在以后的教学和研究生涯中应当珍视并学习的。记得您把自己多年在协作学习领域取得的研究成果应用于和博士生讨论的例会中，训练我们倾听别人的汇报，锻炼了我如何抓住别人发言的要点，如何提出建设性问题的能力；您带着我和师弟师妹们学习如何用英文撰写学术论文，您逐字逐句的修改以及耐心指导，教会了我如何驾驭文字撰写英文学术论文。您知道表达是我的弱项，您总是耐心地给我举例，教导我如何训练自己的表达能力，比如建议我说话时管住自己的夸张手势等。您教导我的这些细节是我人生重要的财富，我会一直珍视。还要特别感谢您四年来为我提供的各种学习机会，让我有条件与国际一流专家进行交流，开阔眼界。虽然您一贯要求严格，但我总能从您那获得许许多多的鼓励。对于博士生的培养，您常说的一句话是：您关心十年后的我们会发展成什么样？对于工作和学习，您希望我们能够用“开心”“勤奋”“务实”“包容”的态度来对待，这些我一直铭记在心。恩师对我的指导和影响之大，怎样言说都表达不尽，自己取得的点滴成绩无不凝聚着恩师的心血。您国际化的视野、严谨勤奋的治学风格、犀利睿智的见解都让我永志不忘，不仅使我明白了如何看待事物，还懂得了许多待人接物与为人处世的道理，将深刻影响着我日后的工作和生活。博士期间能得到您的指导，实为我平生一大幸事。

感谢所在研究小组的指导教师陈桄老师。在我攻读博士的生涯中，您一直是我的一位非常重要的导师，给我提供了极为重要的帮助，从您身上我同样学到了将影响自己一生的东西。从博士一年级下学期开始，我就一直由您带着做项目和研究。这几年来，我在项目和研究中遇到的许多问题都是您具体指导的。您对我的帮助历历在目，我一直铭记于心。当我在为准备开题汇报而手忙脚乱的时候，是您耐心倾听我的汇报，帮助我梳理汇报的思路，缓解我的压力；当我为博士论文研究设计想找您讨论时，您总能爽快地答应我，并且不厌其烦地倾听我提出的种种有点灵感或是完全不靠谱的初步想法，并和我分析讨论，耐心地提出各种关键而中肯的建议；当我的逻辑表达混乱时，您总是耐心地帮助我化繁为简，梳理出一条清晰的逻辑线；当我为论文发愁而情绪低落时，您总是开导我，帮助我开阔思绪，走出迷茫；当我撰写出小论文找您沟通时，您总是用严谨的态度教导我，要注重研究方法的科学性和论文撰写格式的规范性，对于参考文献的引用规范问题，您多次告诉我正确引用的方式；为了便于分享研究文献，您更是亲自建了一个文献管理平台，帮助研究团队管理文献；当我在生活上遇到挫折时，您总是及时关心，让我用良好的心态面对学习，协调好项目、研究和生活中的事情。您对我无私而真诚的帮助，我无法用文字一一列出，但会牢记于心。您广博的学识、丰富的阅历、严谨的治学态度以及平易近人的性格给我留下了极深的印象，这些为我今后的人生树立了标杆。您经常说要继承您的导师带学生的方式，您一直通过言传身教在践行，不仅传授于我为学之道，更重要的是教给了我为人之道，这些对我以后的人生有着深刻的影响。

感谢我的硕导周跃良教授。您一直是我的良师益友。我在大学本科的时候初次读到您的博士论文，致谢中的第一句话“当我忍着肩膀和手臂的疼痛敲击键盘的时候”让我特别诧异，如今我也深有体会。从博士论文的选题到论文完成初稿，您都给我提供了许多建设性意见。我常常受到挫败感的困扰，您总是给我打气，鼓励我，从不批评我，给我战胜困难的理由和动力。感谢您一直以来对我学习上的指导和生活上的关心！从您身上学到的一些为人处世的方法将继续指导我未来的工作和生活。

当然，这篇博士论文的完成还要感谢为我提供调研的一些领导和老师等。没有他们的帮助，我很难获取实验数据、落实研究设计。特别要感谢为本研究提供实验环境的教师和学生，北京市东城区和平里第九小学的单宁校长、佟燕文老师等，北京市东城区东四九条小学的武建老师、周楠老师等，谢谢您们在教学一线一丝不苟的奉献精神和探索精神。

感谢论文开题时给我提供宝贵意见的何克抗教授、祝智庭教授、程建钢教授、樊磊教授、李芒教授和陈德怀教授。感谢北京师范大学教育技术学院的余胜泉教授提供跨越式项目学校供我调研。感谢班主任蔡苏老师在我读书期间给予我的帮助和关心。感谢李艳燕副教授多次倾听我的想法，阅读我的初稿，帮助我梳理研究思路，与您的每一次交流都让我获益匪浅，您带着我们博士生的加拿大之行至今令我记忆犹新。感谢董艳副教授在我心情不佳时给予的鼓励，您的小 DV 是我拍摄记录课堂的重要工具。

感谢知识工程中心的崔光佐教授、杨开城教授、李玉顺副教授、周颖副教授、赵国庆老师、张进宝老师、温孝东老师、郑兰琴老师、李平老师、田涛等，与你们的每一次交流都让我获益匪浅，谢谢你们为我博士求学提供了良好的学习氛围和温馨的学习环境。

在这个时刻，我特别想谢谢演播楼 118 实验室的兄弟姐妹们，118 实验室是一个温暖的大家庭，遇到不顺心的事情大家总能相互帮助、相互鼓励。在此特别感谢张晓英师姐帮助我梳理思路，带领我一起做研究设计！感谢师弟杨俊峰在论文的英文校对和数据分析中给予的鼎力相助以及平时的相互共勉！感谢师弟胡永斌在论文参考文献校对中给予的帮助，以及平时慷慨借给我多种学习工具！感谢师弟肖广德在论文的文字校对中给予的帮助！感谢小师妹程薇在我撰写论文的日子里能够继续推进项目和研究，承担起了电子教材项目团队的相关工作！感谢师妹黄月为我提供住宿让我能够安心撰写论文！感谢刘斌老师与我一同进行实验研究，收集数据，缓解实验压力！感谢高步云、齐兴斌、徐连荣等师弟对我的鼓励！

当然，对于已经毕业的师兄师姐们，我也心存感激！感谢师姐林秀钦、马玉慧、郭炯、王晓晨、郤红艳、张润芝，感谢师兄余亮、王运武、孙杰、李松、李乾。感谢博士同学赵姝、张永和、魏雪峰、郭俊杰、马晓玲、鞠慧敏、张辉宇、丁杰、杨现民、曹培杰、解敏、孙洪涛、何伏刚，感谢硕士同学肖飞生、刘尧月、李弦、钱旭鸯等，感谢本科同学高峰、王觅等，感谢学妹郭晓鹏、柴石岩等，感谢好友龙龙同学，感谢程志老师，感谢你们在我博士学习期间给予的支持和鼓励！

最后但非最轻，衷心感谢我的父母、弟弟、朋友等，如果没有你们，我无法想象自己将如何度过这段极具挑战性的学习生涯，衷心祝愿我的亲人们健康幸福！

在学习期间，让我感动的人和事太多，无以言表。对于那些默默帮助过我的人，再次谢谢你们一起陪伴我度过的岁月！

现在书稿即将出版，在书稿整理过程中，得到了一些本硕博学生的支持，非常感谢可爱的学生们，在他们的帮助下，这本书才得以面世！未来我将继续带领学生们一起探索教育真问题，采用跨学科思维，为实现教育现代化做出一点小贡献！